Hanbit
RealTime
143

최대 성능을 위한

유니티 5 게임
프로그래밍 최적화

크리스 디킨슨 지음   유건곤, **최종우** 옮김

이 도서는
Unity 5 Game Optimizationr(PACKT publishing)의
번역서입니다

Packt>   **H3** 한빛미디어
Hanbit Media, Inc.

표지 사진 **이현종**

이 책의 표지는 이현종님이 보내 주신 풍경사진을 담았습니다.

리얼타임은 독자의 시선을 담은 풍경사진을 책 표지로 보여주고자 합니다.

사진 보내기 **ebookwriter@hanbit.co.kr**

최대 성능을 위한 유니티 5 게임 프로그래밍 최적화

초판발행 2017년 8월 25일

지은이 크리스 디킨스 / **옮긴이** 유건곤, 최종우 / **펴낸이** 김태헌
펴낸곳 한빛미디어(주) / **주소** 서울시 마포구 양화로 7길 83 한빛미디어(주) IT출판부
전화 02-325-5544 / **팩스** 02-336-7124
등록 1999년 6월 24일 제10-1779호 / **ISBN** 978-89-6848-858-0 93000

총괄 전태호 / **기획** 김상민 / **편집** 조수현
디자인 표지·내지 여동일, 조판 김경수
영업 김형진, 김진불, 조유미 / **마케팅** 송경석, 조승모 변지영

이 책에 대한 의견이나 오탈자 및 잘못된 내용에 대한 수정 정보는 한빛미디어(주)의 홈페이지나 아래 이메일로 알려주십시오.
한빛미디어 홈페이지 www.hanbit.co.kr / **이메일** ask@hanbit.co.kr

Published by HANBIT Media, Inc. Printed in Korea
Copyright © Packt Publishing. First published in the English language under the title 'Unity 5 Game
Optimization'(9781785884580). This translation is published and sold by permission of Packt
Publishing, which owns or controls all rights to publish and sell the same.

지금 하지 않으면 할 수 없는 일이 있습니다.
책으로 펴내고 싶은 아이디어나 원고를 메일(ebookwriter@hanbit.co.kr)로 보내주세요.
한빛미디어(주)는 여러분의 소중한 경험과 지식을 기다리고 있습니다.

지은이 · 옮긴이 소개

지은이_ **크리스 디킨슨**^{Chris Dickinson}

크리스 디킨슨은 어릴 적부터 과학, 수학, 비디오 게임에 흥미가 있었다. 2005년 리즈대학교^{Universty of Leeds}에서 전자 물리학 박사 학위를 획득했고, 졸업 즉시 과학 연구를 위해 실리콘 밸리로 떠났다. 하지만 연구가 적성에 맞지 않아 소프트웨어 분야로 이직을 했다. 지난 10여 년간 소프트웨어 개발자로 경력을 쌓아 시니어 개발자가 됐다. 그는 주로 소프트웨어 자동화와 내부 테스트 툴을 개발했지만 비디오 게임에 대한 열정은 결코 식지 않았고, 2010년 『게임과 시뮬레이션 프로그래밍』 논문으로 학사 학위를 받으며 3D 그래픽과 게임 개발에 대한 지식을 쌓았다.

저서로는 게임 물리의 기초를 집필한 『Learning Game Physics with Bullet Physics and OpenGL』(Packt, 2013)이 있으며, 소프트웨어 개발을 하는 틈틈이 독립 게임 프로젝트도 진행하고 있다.

옮긴이_ **유건곤**

구 가천의대학교(현 가천대학교) 정보공학부를 졸업했다. 2010년부터 금융권 개발자로 활동하며 베스트투자증권, 한화증권, LIG투자증권, 우리투자증권, NH투자증권 같은 증권사의 SI 개발에 참여했다. 그러다 시스템 트레이딩 회사로 이직하여 해외 트레이딩 시스템 분석 개발 업무를 했다. SBS게임아카데미에서 2년간 강의를 했고 현재는 한국스마트ICT융합협회 소속으로 웹타임, 멀티캠퍼스 등의 교육센터에서 강의를 하고 있다.

옮긴이_ **최종우**

대원외국어고등학교 중국어과와 고려대학교 경영학과를 졸업했으며 프로그래밍에 흥미를 느껴 개발자로 진로를 전환했다. SBS게임아카데미에서 프로그래밍 강사를 거쳐 현재는 서울대 CAP-Lap 연구실에서 석사 과정에 재학 중이다.

지은이 서문

지난 5년간 게임 분야에서 엄청난 양의 지식을 얻을 수 있었다. 이는 동료, 지도 교수, 친구, 가족의 응원이 없이는 불가능한 일이었다. 게임 개발 학교에 다니느라 일상생활이 굉장히 불규칙한 것을 이해해준 동료에게 감사의 인사를 전한다. 최신 게임 개발 정보와 핵심 자료를 알려준 지도 교수께도 감사를 표하고 싶다. 늘 넘치는 응원과 호기심으로 지켜봐 준 친구들도 감사하다. 또한 지금까지 살아오고 사랑하며 배울 기회를 준 가족에게도 감사하다. 끝으로 늘 좋은 아내이자 최고의 친구가 되어준 제이미Jamie에게, 창의적인 감각을 유지할 수 있도록 밤늦게까지 늘 돌봐주고 도와줘 고맙다는 말을 전하고 싶다.

빠르게 변화하는 시대에 예전처럼 직접 엔진을 만들어 사용하기에는 시간과 비용이 너무 많이 필요하여서 많은 회사 및 개인들이 유니티 엔진을 사용하고 있다.

게임을 빠르고 편리하게 만들 수 있도록 게임 엔진이 많은 것을 도와주고 있지만 한 가지 우려되는 점이 있다. 쉽고 편리하게 만들 수 있게 되면서 엔진 안쪽의 내용을 파악하기가 힘들어졌다는 점이다.

초기 개발에는 이러한 의문이 전혀 들지 않는다. 자신의 게임을 빠르고 쉽게 만들어서 다른 사람들에게 즐거움을 전하며 이익을 거둘 생각에 게임을 만들지만, 막상 게임을 출시하고 나면 미처 고민하지 못했던 문제점들이 눈에 띈다.

각기 다른 핸드폰에서 동작하다 보니 게임은 느려지기 일쑤다. 물리적, 그래픽적 문제들이 생겨나지만 무엇을 잘못한 건지 알 수조차 없다. 그러한 여러 문제를 해결하려면 우선 유니티 엔진의 내면을 깊이 이해하고, 엔진과 리소스 엔진에 부담이 안 되도록 하는 '최적화'를 해야 한다.

이 책은 그러한 문제점을 해결하기 위한 여러 가지 프로그래밍 최적화 기술을 담고 있다. 많은 사람이 앞으로 게임을 만드는 데 유니티 엔진을 사용하고, 게임 출시 이후 맞닥뜨릴 여러 문제를 개선하고 최적화하는 데 이 책이 좋은 지침이 되길 기원한다.

마지막으로 같이 책을 번역한 최종우 강사에게 고마움을 전하고 더운데도 열심히 수업에 나와 공부하는 학생들과 나를 믿고 같이 함께 하는 학원 강사와 직원들 그리고 가족들에게 고마움을 전한다.

유건곤

이 책은 유니티 5의 최적화를 다루지만, 여기서 배울 수 있는 기본 개념들과 기법들은 유니티를 넘어서 일반 게임 개발에도 응용할 만한 내용이 많다.

원전을 최대한 살리려고 노력하며 가능하면 독음 번역을 최소화하여 해석하되, 영어를 함께 적는 방식으로 구글 검색에 도움이 되도록 번역했다.

게임 개발은 저자의 말처럼 즐거운 일이다. 모쪼록 이 책이 어려움을 겪는 개발자들에게 게임 개발의 즐거움을 되찾아 주고, 개발자는 게이머에게 이 책으로 되찾은 즐거움을 다시 퍼뜨려 주길 바란다.

역자 서문을 쓰는 이 순간까지 번역을 진행하는 내내 밤낮으로 나를 괴롭히던 기록적인 폭염이 잦아들고 있다. 에어컨을 찾아서 카페를 전전해야 했던 지난 몇 주와는 바람이 다른 것을 느낀다. 이 책을 읽는 독자에게도 이 선선한 바람이 전해지기를…

끝으로 이 좋은 책을 번역할 기회를 주신 한빛미디어, 나에게 C 프로그래밍을 가르쳐 준 유건곤 개발자, 새로운 도전을 음으로 양으로 응원해주신 심충식 아저씨, 그리고 키네시스를 비롯한 인터넷의 얼굴 모를 프로그래밍 고수들, 가족 그리고 하나님께 감사하다.

최종우

UX$^{User eXperience01}$는 모든 게임의 핵심 요소다. 게임의 스토리와 방식은 UX의 일부에 지나지 않는다. 그래픽이 얼마나 자연스럽게 움직이는가, 멀티플레이어 서버와 연결이 얼마나 자연스러운가, 플레이어의 입력에 얼마나 민첩하게 반응하는가, 심지어 최종 배포본의 파일 크기로 인한 다운로드 시간마저도 UX의 범주에 들어간다. 저렴하면서도 막강한 기능의 게임 개발 엔진 '유니티'가 게임 개발의 진입 장벽이 낮추고 있지만, 게임의 콘텐츠와 품질에 대한 사용자의 기대는 나날이 높아지고 있다. 이제 게임 개발자는 게임의 모든 것이 사용자와 평론가에게 낱낱이 분석된다는 사실을 받아들여야 한다.

성능 최적화의 목표는 UX와 관련이 있다. 최적화가 잘 안 된 게임은 초당 프레임 수^{fps,} $^{frame per second}$가 낮아 화면이 끊기거나 입력 랙^{Lag}으로 인한 지연 현상 때문에 게임을 즐기기 어려운 정도로 실행이 원활하지 않을 수 있다. 최악의 경우에는 에러로 게임이 멈추기도 한다. 긴 로딩 시간, 그래픽 깨짐, 지나치게 많은 배터리 소모(특히 모바일 게임에서 중요한 요소다) 모두 최적화와 관련이 깊다.

이러한 문제가 하나라도 발생하는 상황은 개발자에게 그야말로 악몽이 아닐 수 없다. 사용자는 개발자가 잘 만든 99가지를 놔두고 문제가 발생한 단 하나에 집중해 리뷰하기 때문이다. 성능 최적화의 핵심은 '컴퓨팅 자원의 적절한 분배'다. CPU와 GPU의 클럭, 메인 시스템 메모리^{RAM}의 용량, 비디오 메모리$^{GPU RAM}$의 자원량과 대역폭과 같은 모든 자원이 적재적소에 분배되고 병목현상 없이 우선순위에 따라 작동하도록 하는 게 바로 '성능 최적화'다. 아주 짧은 게임의 멈칫거림이나 늘어지는 현상은 사용자의 몰입을 방해하여 개발자가 의도한 경험을 제대로 전하지 못하게 만들기 때문에 주의해야 한다.

---

01 옮긴이주_ 사용자 경험, 즉 어떤 사물이나 서비스를 경험하는 데 따른 개인의 감정이나 태도를 뜻한다.

게임을 개발하다 보면 때로는 적절한 타협이 필요하다. 제한된 자원과 시간으로 가장 빠르게, 효과적으로 최적화할 길은 언제나 분명히 있다. 이 말인즉슨, 타협할 수 있는 '선'이 반드시 있다는 것이다. 적절한 선을 정하지 않으면 지극히 작고 알아채기조차 어려운 사소한 문제에 시간을 허비할 수도 있다. 이 선을 결정하는 데 가장 좋은 질문은 "사용자가 이 문제를 인식할 수 있는가"다. 만약 이 질문에 대한 대답이 "아니요"라면 성능 개선은 필요 없다. 소프트웨어 개발의 오래된 격언 중 하나는 "어설픈 최적화는 만 가지 악의 근원"이라는 말이다.[02] 이 말은 어설픈 최적화가 불필요한 재작업을 낳는 중대한 잘못이란 뜻이다. 문제가 될지 안 될지 알지 못한 채 문제라는 의심만으로 코드를 수정하는 것은 한정된 개발 자원을 쓸데없이 낭비하는 것에 불과하다.

이 책은 개발자들에게 최적화를 실행하기 위한 툴과 지식, 기술뿐 아니라 어디에서 기인한 문제인지 원인을 발견하는 것까지를 다룬다. 문제는 CPU, GPU, RAM과 같은 하드웨어뿐 아니라 물리 엔진을 비롯한 프로그램의 하부 시스템, 유니티 자체의 결함에 의해서도 발생할 수 있다는 데 있다. 최적화는 같은 하드웨어에서 더 많은 표현과 처리를 가능하게 할 뿐 아니라 더 흥미롭고 다채로운 게임을 만들게 해준다. 최적화 차이가 게임이 시장에서 살아남는 밑거름이 될 수 있는 것이다.

이 책에서 다루는 내용

1장 성능 문제를 발견하기에서는 유니티 프로파일러Unity Profiler를 사용해 앱을 분석하고 병목현상을 찾는 문제 분석 방법을 소개한다.

---

02 옮긴이주_ 많은 개발자가 실제로 눈에 보이지 않는 최적화를 위해 97%의 시간을 할애한다는 도널드 커누스의 말을 인용했다.

2장 스크립팅 전략에서는 유니티 C#의 대표적인 예제들과 오버헤드[03] 최소화, 객체 간의 상호작용 개선 등을 다룬다.

3장 배칭의 유용성에서는 유니티의 정적 배칭[04]과 동적 시스템을 설명하고 렌더링 시스템의 부하를 줄이는 법을 설명한다.

4장 아트 자원을 활용하라에서는 아트 자원들 속에 있는 기술과 함께 불러오기, 압축, 인코딩 과정에서 빠지기 쉬운 함정을 피하는 법을 배운다.

5장 더 빠른 물리에서는 2D와 3D 유니티 엔진의 물리 시스템을 상세히 소개하고 물리 객체들을 적절히 구성해 성능을 높이는 비법을 소개한다.

6장 역동적인 그래픽에서는 렌더링 시스템의 깊은 곳까지 탐험한다. CPU, GPU에 의한 렌더링 병목현상을 개선하는 방법과 모바일 기기를 위한 특별한 기술을 배운다.

7장 메모리 관리의 주인에서는 '모노 프레임워크Mono Framework'라는 유니티 엔진의 내부를 살펴본다. 메모리가 어떻게 관리되는지, 프로그램을 힙 할당과 '실시간 폐공간 회수[05]'를 피하는 법을 소개한다.

8장 전략적 기술과 팁에서는 작업 속도와 화면 관리에 도움이 되는 팁을 알려준다.

---

03 옮긴이주_ 특정한 목표를 달성하기 위해 간접 혹은 추가로 요구되는 시간, 메모리, 대역폭 혹은 다른 컴퓨터의 자원을 말한다. (출처 : 두산백과, http://terms.naver.com/entry.nhn?docId=2829829&cid=40942&categoryId=32828)

04 옮긴이주_ 배칭은 3D에서 여러 원형과 객체를 각각 연산하지 않고 하나의 덩어리로 만들어 연산하는 방법이다.

05 옮긴이주_ 가비지 콜렉션Garbage Collection을 말한다. 동적 데이터 구조에서 힙을 효과적으로 사용하기 위해 사용되지 않는 힙 공간의 할당을 해제하는 것이다.

이 책의 대상 독자

이 책은 중급 및 고급 유니티 개발자를 위한 책이다. 게임 성능을 개선하거나 병목현상을 해결하는 데 알아야 할 최적화 기법이 이 책에 담겨있다. 그 병목현상이 CPU 과부하에 의한 것인지, 순간적인 과부하 때문인지, 느린 메모리 접근 때문인지, 조각 현상 때문인지, 폐공간 회수 때문인지, 적은 GPU 처리 용량[06] 때문인지 아니면 메모리 대역폭이 문제인지 이 책을 통해 원인을 분석하고 문제를 해결하는 법을 알려준다. 메모리 관리와 스크립팅 부분에서는 C#에 대한, 셰이더 최적화 파트에서는 기초적인 컴퓨터 그래픽(아마도 3D)에 대한 기본적인 이해를 전제로 글을 썼다.

예제 코드 내려받기

보조 자료(예제 코드, 연습문제 등)는 http://www.hanbit.co.kr/scr/2850에서 내려받을 수 있다.

---

06 옮긴이주_ GPU 필레이트^{Fillrate}는 그래픽 칩이 처리할 수 있는 시간당 최대 픽셀 수를 뜻한다.

chapter 1

성능 문제 발견하기

소프트웨어 성능 평가의 대부분은 매우 과학적인 방법으로 이루어진다. 가장 먼저 성능 지표[01]를 측정한다. 실제로 일어날 만한 시나리오에 따라 성능 부하를 테스트한다. 실험 케이스들의 측정 자료를 수집하고 분석해 병목현상을 발견한다. 발견된 병목현상의 근본적인 문제를 찾는다. 설정을 바꾸거나 코드를 수정하며 근본 원인을 고친다. 이를 반복한다.

게임 제작은 예술이다. 하지만 예술성을 지녔다고 해서 객관적이고 과학적인 방법을 사용하지 말아야 할 이유는 없다. 때로는 하드웨어 문제로 게임을 즐기지 못할 수도 있다. 그러므로 다양한 하드웨어 환경에서 프로그램을 테스트하고 이상적인 실행 환경과 비교해야 한다. 그래야 다양한 각도로 문제를 바라보고 해결 방법을 찾을 수 있다.

이 장에서는 이러한 과정을 수행하기 위한 다양한 툴과 방법을 소개한다. 이러한 툴과 방법을 통해 개발 중인 유니티 프로그램의 근본적인 문제를 발견하고 어디를 고쳐야 하는지 알게 된다. 문제를 해결하기 위한 사전 준비 단계라 할 수 있다. 이 어지는 장들에서는 실질적인 문제 해결 방법을 다룬다.

가장 먼저 유니티 프로파일러Unity Profiler의 핵심 기능을 살펴보고 여러 가지 스크립팅 기술을 통해 잘 보이지 않는 병목현상을 추적해 나가는 방법을 알아본다. 여러 가지 팁도 살펴보겠다.

---

01 옮긴이주_ 최대 메모리 사용량, CPU 사용량, 동시 사용자 수가 여기에 해당한다.

1.1 유니티 프로파일러

유니티 프로파일러는 유니티 에디터^{Unity Editor}에 내장된 분석 툴로, 병목현상의 주 원인을 추적하는 데 필요한 유니티의 여러 요소들의 실시간 통계 자료를 보여준다.

- 유니티 엔진의 요소별 CPU 사용량
- 렌더링 통계
- 프로그래밍 할 수 있는 파이프라인 단계
- 메모리 사용량 통계
- 오디오 사용량 통계
- 물리 엔진 사용량 통계

> **NOTE**
>
> 유니티 5의 모든 버전에는 프로파일러가 포함돼 있다. 심지어 퍼스널 에디션^{Personal Edition}에서도 프로파일러는 제공된다. 단, 유니티 4 퍼스널 에디션은 유니티 4 프로 에디션을 구매하거나 유니티 5로 업그레이드해야 유니티 프로파일러를 이용할 수 있다.

이러한 다양한 통계 자료 수집에는 추가적인 자원이 소모된다. 계측 플래그는 컴파일러를 통해 활성화되며 실시간 로그 수집을 위해 프로그램에 자동으로 코드를 추가한다. 그로 인해 간접적이기는 하지만 CPU와 메모리 자원이 추가로 소모된다. 프로파일러를 켜고 끌 때 소프트웨어가 멈칫거릴 수 있다. 프로파일러를 켜는 데 드는 추가 자원이 적지 않기 때문이다. 그러므로 벤치마크나 프로파일링을 할 때는 에디터 모드를 사용하지 않는 게 좋다. 에디터 모드의 여러 객체와 인터페이스도 추가적인 메모리 자원을 소모하기 때문이다. 그러므로 데이터 수집이 필요한 소프트웨어 테스트는 독립적으로 실행해야 한다.

> **TIP**
>
> 유니티 프로파일러를 개발 중인 프로그램과 연결할 줄 안다면 '1.1.2 프로파일러 창'은 건너뛰어도 좋다.

1.1.1 프로파일러 시작하기

이제부터 소개할 다양한 방법을 통해 유니티 프로파일러와 개발 중인 프로그램을 연결할 수 있다.

- 유니티 에디터 플레이 모드Unity Editor Play mode나 독립 실행 애플리케이션을 컴퓨터에서 직접 프로파일링 하기
- 유니티 에디터 자체를 프로파일링 하기
- 유니티 웹플레이어Unity Webplayer에서 로컬 인스턴스Instances로 애플리케이션을 실행하기
- iOS 기기(아이패드 또는 아이폰)에서 원격으로 실행하기
- 안드로이드 기기(구글 넥서스, 삼성 갤럭시 등)에서 원격으로 실행하기
- 프로파일러를 설정하기 위한 각각의 요구사항들

유니티 에디터 플레이 모드 또는 독립 실행 애플리케이션 프로파일링

프로파일러를 실행하려면 에디터를 켜야 한다. 프로파일러는 에디터뿐 아니라 해당 컴퓨터에서 직접 실행했거나 외부 기기에서 실행 중인 애플리케이션에 대한 원격 프로파일링을 지원한다. 프로파일러는 유니티 에디터의 리본 메뉴 중 Window → Profiler(Ctrl + 7)를 클릭해 활성화할 수 있다. 만약 에디터 플레이 모드로 애플리케이션을 이미 실행했다면 프로파일러 창Window에서 여러 가지 데이터를 바로 확인할 수 있다.

그림 1-1 프로파일러 메뉴

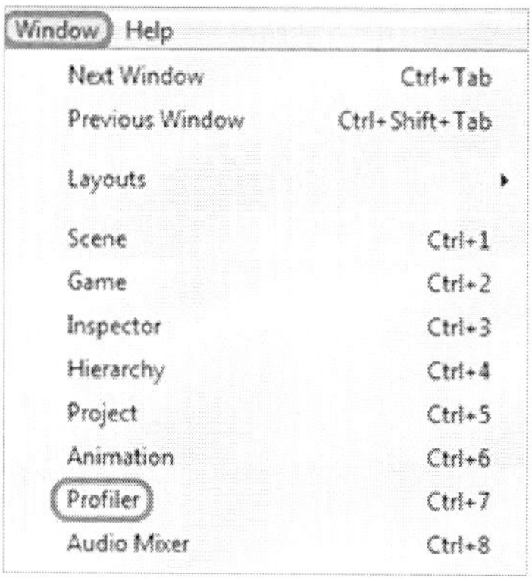

프로젝트를 에디터 내부의 플레이 모드를 통해 프로파일링 할 것인지, 아니면 독립적으로 빌드된 프로젝트로 프로파일링 할 것인지는 프로파일러 창의 액티브 프로파일러Active Profiler 리본 메뉴에서 정할 수 있다.

그림 1-2 **액티브 프로파일러**

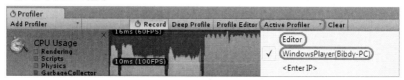

에디터 프로파일링

개인이 제작한 스크립트같이 편집기 자체를 프로파일링 해야 할 경우 [그림 1-3]처럼 액티브 프로파일러Active Profiler 옵션에서 Editor를 선택한 후 Profile Editor(좌측) 옵션을 체크한다.

그림 1-3 **에디터 프로파일링**

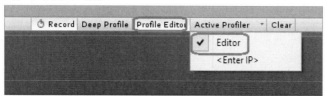

유니티 웹플레이어 프로파일링

프로파일러는 유니티 웹플레이어Unity Webplayer로 실행 중인 웹 애플리케이션을 브라우저에서 확인할 수 있다. 웹 애플리케이션의 데이터 수집뿐 아니라 다양한 웹 브라우저에서 실행 중인 애플리케이션의 이상 유무까지도 확인할 수 있다.

웹플레이어 애플리케이션을 빌드할 때 개발 모드^{Development Mode}를 활성화하면 프로파일링을 이용할 수 있다.

1. 컴파일한 (혹은 빌드한) 웹플레이어 애플리케이션을 웹브라우저에서 실행한 후 Alt 키(맥의 옵션 키)를 누른 상태로 웹플레이어 내부를 마우스 오른쪽 버튼으로 클릭해 풀다운 메뉴를 연다. 다음 [그림 1-4]같이 Release Channel → Development를 선택한다.

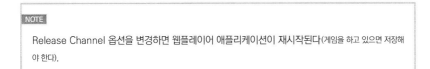

> **NOTE**
>
> Release Channel 옵션을 변경하면 웹플레이어 애플리케이션이 재시작된다(게임을 하고 있으면 저장해야 한다).

그림 1-4 개발 채널

2. [그림 1-5]처럼 유니티 에디터를 켜고 프로파일러 창을 활성화한다. 프로파일러 창의 액티브 프로파일러^{Active Profiler} 메뉴를 연다. 윈도^{Windows OS} 컴퓨터라면 WindowsWeb Player(COMPUTER NAME)를, 맥 OS 컴퓨터라면 OSXWeb Player(COMPUTER NAME)를 선택한다(에디터 자체를 프로파일할 때는 Editor를 선택한 곳에서 Webplayer를 선택한다).

그림 1-5 윈도 웹플레이어

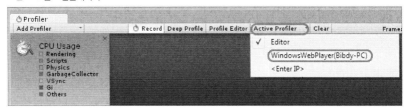

iOS 기기 원격 프로파일링

프로파일러는 와이파이^{WiFi}를 통해 아이패드나 아이폰과 같은 iOS 기기를 원격으로 접속할 수 있다. 다음은 iOS 기기와 프로파일러를 연결하는 과정이다.

> **NOTE**
>
> 맥 OS 컴퓨터에서만 프로파일러가 iOS 기기로 원격 접속할 수 있다.

1. 프로젝트를 빌드할 때 개발 모드와 프로파일러의 자동 연결 기능을 설정한다.
2. 맥 OS와 iOS 기기는 같은 와이파이 무선 네트워크 혹은 애드혹$^{Ad-hoc}$ 와이파이에 접속한다.
3. iOS 기기를 USB나 라이트닝 케이블$^{Lightning\ Cable}$로 맥과 연결한다.
4. Build & Run 메뉴를 눌러 애플리케이션을 빌드한다.
5. 유니티 에디터를 통해 프로파일러 창을 열고 액티브 프로파일러$^{Active\ Profiler}$ 메뉴에서 iOS 기기가 인식됐는지 확인하고 선택한다.

이제 프로파일러 창을 통해 iOS 기기 정보를 읽을 수 있다.

> **TIP**
>
> 프로파일러는 데이터 송수신에 54998번과 55511번 포트를 사용한다. 방화벽을 사용할 경우 반드시 두 포트의 외부 접속을 허용해야 프로파일링을 할 수 있다.

안드로이드 기기 원격 프로파일링

유니티 프로파일러는 와이파이 연결 또는 ADB$^{Android\ Debug\ Bridge}$ 툴 이 두 가지 방법을 통해 안드로이드 기기(안드로이드 스마트폰과 태블릿)와 연결할 수 있다. ADB는 안드로이드 SDK$^{Software\ Development\ Kit}$에 포함된 디버깅 툴이다.

와이파이로 프로파일링 하는 방법은 다음과 같다.

1. 프로젝트를 빌드할 때 개발 모드와 프로파일러의 자동 연결 기능을 설정한다.
2. 컴퓨터와 안드로이드 기기는 같은 와이파이 무선 네트워크에 접속한다.

3. USB 케이블로 안드로이드 기기와 컴퓨터를 연결한다.

4. 애플리케이션을 Build & Run으로 빌드한다.

5. 유니티 에디터를 통해 프로파일러 창을 열고 액티브 프로파일러^{Active Profiler} 메뉴에서 안드로 이드 기기가 인식됐는지 확인하고 선택한다.

ADB를 이용한 프로파일링 방법은 다음과 같다.

1. 윈도 프롬프트^{Prompt} 창(CMD^{Command} 창)에서 adb devices 명령어를 실행해 ADB가 안드로이 드 기기를 인식했는지 확인한다(만약 기기가 인식되지 않았다면 적절한 드라이버가 설치됐는지, 안드로이드 기기에 서 USB 디버깅을 허용했는지 확인한다).

> **NOTE**
>
> CMD 창에서 ADB 명령어를 입력했는데 adb devices 명령어가 없다는 에러 메시지가 나오면 환 경설정에 안드로이드 SDK 폴더를 추가해야 한다.

2. 프로젝트를 빌드할 때 개발 모드와 프로파일러의 자동 연결 기능을 설정한다.

3. USB 케이블을 이용해 안드로이드 기기와 컴퓨터를 유선으로 연결한다.

4. 애플리케이션을 Build & Run 메뉴로 빌드한다.

5. 유니티 에디터를 통해 프로파일러 창을 열고 액티브 프로파일러^{Active Profiler} 메뉴에서 안드로 이드 기기가 인식됐는지 확인하고 선택한다.

이제 프로파일러 창을 통해 안드로이드 기기의 정보를 읽을 수 있다.

1.1.2 프로파일러 창

지금부터는 프로파일러의 인터페이스와 핵심 기능을 알아보자.

> **NOTE**
>
> 이 책은 유니티 5.x 버전의 프로파일러를 기준으로 작성됐다. 따라서 유니티 4 프로패셔널에서 제공 하는 프로파일러는 이 책에 소개된 인터페이스와 다르거나 일부 기능이 없을 수도 있다.

프로파일러 창은 크게 세 부분으로 나누어진다.

- 제어 영역^{Controls}

- 타임라인 영역^{Timeline}

- 작업 분석 영역^{Breakdown View}

각 영역의 구성은 [그림 1-6]과 같다.

그림 1-6 프로파일러 창

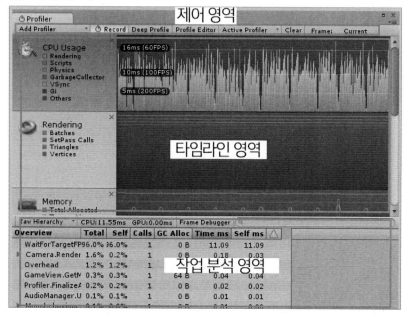

제어 영역

프로파일러에서 가장 상단에 위치한 툴바는 프로파일러로 수집할 정보량을 조절
하는 데 사용한다.

- **프로파일러 추가**^{Add Profiler} 프로파일러는 기본적으로 CPU와 렌더링의 상태를 비롯한 유
  니티 엔진의 여러 요소를 보여준다. 프로파일러 추가 옵션을 통해 비활성화된 요소를 추
  가할 수 있다.⁰²

---

02 옮긴이주_ 활성화돼 있는데 보이지 않는 창들은 스크롤을 옆으로 움직이거나 창을 늘리면 볼 수 있다.

* **기록**Record 프로파일러가 어떤 데이터를 기록할지 결정한다. 에디터의 플레이 모드가 실행 중이거나 프로파일러 에디터 옵션이 켜진 상태에서만 데이터가 기록됨에 주의하자.

* **심층 분석**Deep Profile 기본 프로파일러는 Awake(), Start(), Update(), FixedUpdate()와 같은 호출(혹은 콜백Callback) 함수[03]에 의해 만들어진 메모리 할당과 시간만을 기록한다. 반대로 심층 분석에서는 사용된 모든 함수의 메모리 할당과 시간을 기록하도록 스크립트를 다시 컴파일한다. 따라서 기본 상태보다 더 많은 하드웨어 성능을 요구한다. 특히 메모리 요구량이 급격히 증가하는데, 프로젝트 규모나 컴퓨터 성능에 따라서는 심층 분석을 실행하는 것만으로 메모리 부족 현상이 발생할 수 있다.[04]

> TIP
>
> 심층 분석을 하면 전체 프로젝트가 다시 컴파일된다. 따라서 이미 실행 중인 프로젝트를 프로파일링할 때는 이 옵션을 켜고 끄지 않는 것이 좋다.

심층 분석 옵션은 코드 전체에 사용되는 함수를 일괄 측정하기 때문에 대부분의 프로파일링에는 적합하지 않다. 기본 프로파일링이 충분히 자세하지 않은 경우, 아주 작은 테스트 장면을 프로파일링 하는 경우, 게임의 일부 기능만을 따로 프로파일링 하는 제한된 경우에 적합하다. 심층 분석으로 일반적인 크기의 장면이나 좀 더 큰 프로젝트를 정밀 분석하기에는 여러 문제가 있다. 이런 경우에는 차후 설명할 목표 코드 프로파일링Targeted Profiling of Code Segments을 이용하는 게 좋다.

* **에디터 프로파일링**Profile Editor 에디터 자체를 프로파일링 하는 기능이다. 자체 제작한 스크립트를 분석할 때 유용하다.[05]

> TIP
>
> 에디터 프로파일링은 액티브 프로파일러Active Profiler를 에디터 옵션으로 설정해야 이용할 수 있다.

---

03 옮긴이주_ 메서드가 멤버 함수를 의미할 때는 이후에도 함수라고 표기했다.

04 옮긴이주_ 낮은 사양의 컴퓨터에서 심층 분석을 꼭 해야 한다면 컴퓨터의 가상 메모리를 강제로 추가 할당하는 게 도움이 된다.

05 옮긴이주_ 아무런 프로젝트를 걸지 않아도 프로파일링이 되므로 프로파일러가 어떻게 동작하는지 살펴보기에 좋다.

- **액티브 프로파일러**Active Profiler 에디터 자체 또는 같은 컴퓨터에서 실행 중인 유니티 프로그램, 외부 기기에서 실행 중인 유니티 애플리케이션 중 무엇을 분석할지 선택할 수 있다.

- **지우기**Clear 타임라인에 남은 모든 프로파일 기록을 삭제한다.

- **프레임 선택**Frame Selection 프레임 카운터를 통해 기록을 시작하면 얼마나 많은 프레임을 프로파일링 했는지 알 수 있다. 한 프레임 앞이나 뒤로 갈 수 있는 버튼이 있고 마지막 버튼인 Current를 통해서는 프레임 선택을 취소하고 최신 프레임으로 이동할 수 있다. Current를 사용하면 분석 영역의 내용이 계속해서 갱신된다.

- **타임라인 영역** 수집한 프로파일링 데이터를 보여준다. 엔진 파트별로 창이 나눠어 있는데 각각의 창에는 세부 구성 요소들을 화면에 표시하거나 감출 수 있는 다양한 색의 사각형 아이콘이 있다. 이 사각형 아이콘으로 엔진의 분야별 구성 요소를 확인할 수 있다. 특정한 창을 선택하면 선택한 창의 필수 요소들이 작업 분석 영역Breakdown View에 표시된다. 작업 분석 영역은 어떤 영역을 선택했는가에 따라 다른 정보들을 보여준다.

> **TIP**
>
> 각 창은 창의 우측 상단 '×' 표시를 클릭하면 닫을 수 있고 Add Profiler 옵션으로 다시 추가할 수 있다.

CPU 영역

CPU 영역에서는 실행 중인 유니티의 다양한 하위 시스템(MonoBehaviour 객체, 카메라, 렌더링, 물리 연산, 에디터 인터페이스를 포함한 사용자 인터페이스, 오디오, 프로파일러 자신)의 CPU 사용량을 보여준다. CPU 영역을 선택하면 작업 분석 창은 다음 세 가지 방법으로 CPU 사용량을 표시한다.

- 계층 구조Hierarchy
- 원시 계층 구조Raw Hierarchy
- 타임라인Timeline

계층 구조는 연관된 자료구조와 전역 유니티 함수 호출 내용을 모아 보여준다. 예를 들면 렌더링 구분 함수인 BeginGUI ( )와 EndGUI ( )의 호출 내역을 합쳐 보여주는 식이다.

원시 계층 구조는 각각의 유니티 전역 함수 호출을 다른 항목으로 표시한다. 같은 이름의 항목이 여러 번 등장해 읽기가 어렵지만 특정한 전역 함수가 호출된 횟수나 어떤 순간에 더 많은 자원을 사용하는지를 알 수 있다. BeginGUI( )와 EndGUI( ) 함수는 호출에 따라 흩어진 상태로 보여주기 때문에 원하는 정보를 찾기가 더 어렵다.

이 경우 타임라인^{Timeline} 모드가 더 유용하다([그림 1-6]에서 창으로 나눠진 타임라인과는 다른 작업 분석 영역의 표시 옵션이다). 이 모드는 CPU 사용량을 스택의 연관성과 호출에 따라 그래프로 시각화한다. 가장 위쪽 직사각형은 유니티 엔진으로부터 직접 호출받는 Start( ), Awake( ), Update( )와 같은 함수들이다.

그 아래 직사각형은 이 함수들이 호출한 함수들로, 객체와의 연관 관계와 무관하게 호출 상태를 기준으로 보여준다.

사각형의 넓이는 호출된 함수의 상대적인 처리 시간을 뜻한다. 상대적으로 짧은 처리 시간을 요구하는 함수는 눈에 띄지 않도록 회색 상자로 보인다.

CPU 타임라인 모드의 가장 큰 장점은 사각형의 상대적 길이를 통해 한 프레임 동안 어떤 스택의 호출이 가장 많은 시간을 소모했는지를 직관적으로 알 수 있다는 점이다. 최소한의 노력으로 문제의 원인을 발견할 수 있는 것이다.

예를 들어 [그림 1-7]과 같은 성능 문제에서 회색이 아닌 직사각형 3개는 직사각형의 길이가 비슷하므로 3개 모두 비슷한 시간에 처리가 완료됐다.

그림 1-7 타임라인 방식의 CPU 분석 창

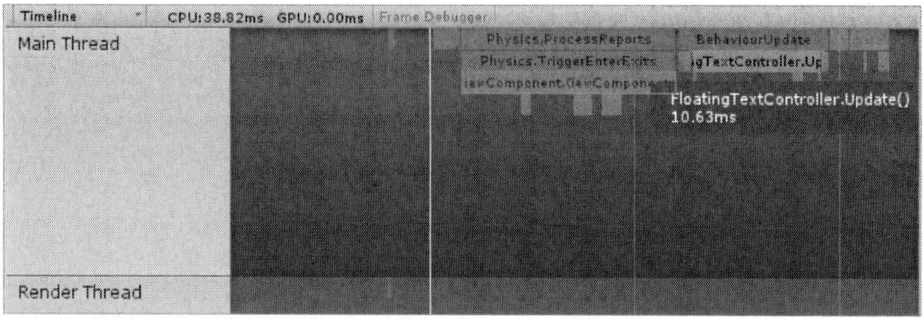

여기서 두 가지 결론을 유추할 수 있다. 하나는 개선할 함수가 3개로 코드를 개선할 여지가 많다는 점이고, 다른 하나는 직사각형 3개의 길이가 비슷하므로 하나의 함수를 개선한다고 해서 성능 개선 효과가 크지 않을 것이란 사실이다. 결국, 3개 함수를 모두 개선해야 현재 프레임의 처리 시간을 줄일 수 있다. 이렇듯 CPU 분석 창은 다음 장에서 살펴볼 스크립트 전략 수립에 매우 유용한 정보를 제공한다.

GPU 영역

GPU 영역은 GPU에 의해 호출되는 함수를 보여준다는 점을 제외하면 CPU 영역과 크게 다르지 않다. GPU에서 호출하는 유니티 함수는 주로 카메라, 그리기, 불투명도, 투명도, 지형, 광원, 그림자 등이다. GPU 영역의 정보들은 '6장 역동적인 그래픽'에서 주요하게 다룬다.

렌더링 영역

렌더링 영역은 Setpass calls[06] 횟수, 화면에 나타난 배치Batch[07]수, 동적 배치와 정적 배치로 발생한 배치의 수, 텍스처에 소모된 메모리양 등 렌더링 관련 통계를 보여준다. 렌더링 영역은 '3장 배칭의 유용성'에서 주로 다룬다.[08]

메모리 영역

메모리 영역은 단어의 뜻 그대로 메모리를 보여준다. 메모리 영역을 선택하면 작업 분석 영역을 다음 두 모드로 바꿀 수 있다.

- 단순 모드Simple Mode
- 정밀 모드Detailed Mode

---

06 옮긴이주_ 몇 번 그리기 요청을 보냈는가를 의미한다. (1MB 파일 1,000개 복사, 1GB 파일 하나 복사)

07 옮긴이주_ CPU에서 GPU로 넘어가는 폴리곤 덩어리 수를 말한다. 배치가 완료돼야 SetPass call이 가능하다.

08 옮긴이주_ 엄밀히 말하자면 SetPass call+배치는 드로우 콜Draw Call이다. 유니티 4까지는 드로우 콜이 공식 용어로 쓰였으나 유니티 5부터는 드로우 콜을 SetPass call과 배치로 나눠 표현하도록 유도하고 있다. 하지만 아직도 대부분의 경우에서 둘의 개수는 정확히 일치한다.

단순 모드에서는 유니티 엔진 하부 구성 요소의 메모리 사용량 전반을 보여준다. 가비지 컬렉터가 활동하며 정리할 힙의 크기, 프로파일러로 수집된 데이터를 보관하기 위한 메모리의 크기, 그래픽, 오디오(FMOD. 오디오 미들웨어) 등이다.

정밀 모드에서는 각 객체와 모든 구성 요소, 자체적으로 요구하는 메모리와 관리하는 메모리 크기를 모두 보여준다. 객체가 메모리를 차지한 이유와 언제 할당되고 해제될지도 알 수 있다. 메모리 영역은 '7장 메모리 관리의 주인'에서 자세히 다룬다.

오디오 영역

오디오 영역은 오디오를 재생하거나 정지할 때 오디오 프로그램과 음원 파일에 필요한 자원 등 오디오를 위한 CPU와 메모리 사용량을 보여준다. 오디오 영역은 '4장 당신의 아트 자원을 활용하라'에서 자세히 살펴본다.

성능을 최적화할 때 보통 오디오에는 크게 신경을 쓰지 않는다. 하지만 제대로 처리하지 않은 오디오는 병목현상의 주된 원인이 된다. 따라서 개발 중에 오디오 시스템의 메모리와 CPU의 요구량을 미리 확인하는 습관을 들이는 것이 좋다.

3D/2D 물리 영역

물리 영역은 엔비디아^{Nvidia}의 피직스^{PhysX}를 기반으로 한 3D 물리 영역과 Box2D 기반의 2D 물리 영역이 있으며 물리 객체, 접촉된 횟수(3D. 2D 공통), 충돌체(2D만) 등의 정보를 보여준다. 이 두 영역은 '5장 더 빠른 물리'에서 상세히 설명한다.

집필 당시의 유니티 버전은 v5.2.2f1이었다. 3D 물리 영역에서는 몇 개 되지 않는 정보만 표시하는 반면, 2D 물리 영역에서는 더 다양한 정보를 보여줬다.

1.2 성능 분석을 잘 하는 법

보통 좋은 코드일수록, 좋은 프로젝트일수록 문제점을 쉽게 발견할 수 있다. 문제는 어떻게 고치는 가다. 예를 들어 함수가 단 하나의 거대한 for 구문을 실행한다면 루프의 반복 실행 자체 또는 루프 내부에서 성능 문제가 발생한다고 볼 수 있다. 안타깝게도 개인 개발자가 아닌 이상 다양한 사람이 프로그램 개발에 참여하다 보면 언제나 깔끔하고 같은 코딩 스타일을 유지할 수는 없다. 문제 수정에 사용한 '땜빵'이나 해커 스타일의 단순 무식한 코드를 처음부터 세련되게 수정할 시간도 없다. 그러므로 이상한 코드를 분석, 개선하는 일은 개발자에게 필연이라고 할 수 있다.

많은 개발자는 성능 최적화가 문제 해결의 한 방식임을 때때로 잊는다. 프로파일러를 사용해 데이터를 분석하는 일은 문제가 어디에서 발생하는지, 얼마나 심각한 문제인지를 찾는 것이다. 작지만 중요한 단서를 무시하거나 잘못된 데이터 탓에 잘못된 결론을 짓는다면 많은 시간과 노력을 낭비하게 된다. 이 대부분은 디버깅과 마찬가지로 "문제는 매우 기술적이고 복잡할 거야"라는 마음으로 프로파일링을 하기 때문이다.

다음 대조표는 '유령' 같은 문제를 추적하는 데 드는 시간과 노력을 낭비하지 않도록 도와준다. 물론 각각의 프로젝트는 전혀 다른 고려가 필요하고 디자인 패턴 또한 제각각이다. 이 대조표는 유니티 프로젝트의 다양성을 충분히 고려해 설계됐다.

- 스크립트는 의도대로 현재 씬Scene에 있는가?
- 스크립트는 계획된 횟수만큼 현재 씬에 적용했는가?
- 프로파일링 중에는 최대한 코드를 수정하지 않았는가?
- 내부 방해 요인을 최소화했는가?
- 외부 방해 요인을 최소화했는가?

1.2.1 스크립트 존재 여부 확인

인간의 뇌는 패턴 인식에 매우 뛰어난 능력을 발휘한다. 그래서 있어야 할 것이 없는 것을 찾는 일은 쉽지만, 무언가가 없다는 사실을 발견하기는 어렵다. 뇌는 '형태 재인Pattern Recognition'의 인식 방법을 통해 없는 부분을 자동으로 처리한다. 유니티로 개발할 때 이러한 일이 흔히 일어나는 순간은 의도된 스크립트의 존재 여부를 확인할 때다. 의도한 스크립트가 현재 씬에 제대로 있는지 확인하는 일은 단순하기 때문에 흘려버리기 쉽다. 스크립트 호출 여부를 확인하는 것은 시간과 노력을 절약하는 가장 쉽고 중요한 과정이다.

계층 구조 창의 텍스트 박스에서 다음 명령어를 실행하면 스크립트 존재 여부를 빠르게 확인할 수 있다.

```
t:<monobehaviour name>
```

예컨대 [그림 1-8]과 같이 계층 구조의 텍스트 입력 창에 t:mytestmonobehaviour 라고 입력하면(주의! 대소문자 구분을 하지 않는다) MyTestMonobehaviour를 구성 요소로 가진 모든 게임 객체 목록이 나타난다.

> **TIP**
>
> 이 객체 목록은 스크립트 명에 입력한 단어들이 있는 모든 게임 객체를 검색해 보여준다.[09]

---

09 옮긴이주_ 'Apple'이라고 입력하면 'apple1', 'applepie'란 이름의 스크립트가 연결된 모든 객체가 나타나는 식이다.

그림 1-8 스크립트 존재 여부 확인

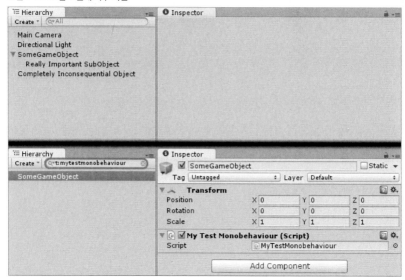

이전 테스트나 다른 사람에 의해 이미 정지된 게임 객체도 주어진 이름의 스크립트와 연결돼 있으면 목록에 나타난다.

1.2.2 스크립트 실행 횟수 확인

가령 MonoBehaviour 함수가 문제를 일으켰고 씬에서 단 한 번만 나타난다면 함수 중복 호출로 인해 충돌이 일어날 리 없다고 생각하기 쉽다. 이는 위험한 생각이다. 누군가 똑같은 객체를 여러 번 만들었을 수도 있고, 똑같은 객체의 인스턴트를 여러 번 썼을 수도 있다. 때로는 똑같은 함수를 중복 호출한 것이 과도한 자원을 소모하는 원인일 수도 있다. 따라서 미리 작성한 검색 목록을 확인할 때는 중복된 함수 호출도 확인해야 한다.

씬에 단 한 번만 등장하는 구성 요소가 검색 목록에 여러 번 나온다면 병목현상에 대한 기존 가설을 폐기해야 한다. 이러한 문제를 해결하기 위해서는 초기화 코드를 수정해 이런 일이 다시 일어나지 않도록 하거나 에디터에서 자체 도움말을 적어 다른 개발자와 기획자가 같은 실수를 하지 않도록 알려야 한다.

생산성을 높이려면 이러한 단순 실수를 줄여야 한다. 무언가를 하지 말라고 강력하게 제지하지 않는 이상 누군가는 언젠가, 어디선가, 어떤 이유에서든 하기 마련이고 문제 해결에 많은 시간과 노력이 들기 때문이다.

1.2.3 프로파일링 중 코드 변환하지 않기

사람의 기억력에는 한계가 있다. 그러므로 문제의 원인을 찾고자 프로파일링을 하는 동안에는 코드를 변경하지 않는 것이 좋다. 문제를 분석하는 동안 디버깅 용도로 로그 생성 코드를 넣어야 할 때가 있다. 코드를 추가하려면 필요한 코드를 생각하고 입력한 다음 다시 컴파일해야 한다. 프로파일링이 끝난 후에는 추가한 코드를 제거해야 한다. 만일 프로파일링이 끝난 후 코드 제거를 깜박한다면 최종 배포 버전은 디버그 로그를 기록하는 데 무의미한 자원을 소모할 것이다.

이러한 실수를 예방하는 가장 좋은 방법은 버전 컨트롤 툴을 이용하는 것이다. 코드를 추가할 때마다 파일의 버전을 바꾸고 작업이 끝난 후에는 원래 버전으로 되돌리는 것이다. 그러면 최종 배포 버전에 불필요한 코드가 삽입되는 것을 막을 수 있다.

디버깅 시 중단점을 이용하는 것도 한 방법이다. 중단점을 이용하면 코드 변경과 재컴파일로 인한 시간 낭비가 없고 전체 호출 스택을 확인할 수 있다. 이뿐만 아니라 변수의 데이터, if-else 구분 같은 코드 분기점도 쉽게 살펴볼 수 있다.

1.2.4 내부 방해 요인 줄이기

유니티 에디터 자체에는 개발자들을 헷갈리게 하는 애매한 점들이 있다.

한 프레임에 많은 연산이 필요해 눈에 띄게 화면이 정지되고 프로파일러가 결과물을 제대로 기록하지 못하는 경우가 그러하다. 게임이나 장면의 초기화 과정에서 이러한 현상은 특히 불편한데, 다음 절인 '자체 CPU 프로파일링Custom CPU Profiling'에서 이 문제를 해결할 수 있는 프로파일러 대체 기술을 살펴본다.

또 많은 개발자가 흔히 하는 실수는(필자가 이 책을 쓰는 동안 몇 번이고 저지른 실수다) 프로파일러를 조작할 때 에디터의 게임 창Game Window을 미리 클릭해 선택하지 않는 것이다. 프로파일러 창이 가장 마지막으로 클릭했거나 단축키로 조작한 창이라면 에디터는 이후 키보드 입력을 프로파일러에게 보내므로 게임 속 객체들이 키보드 입력에 동작하지 않는다.

수직 동기화VSync: Vertical Sync는 프로그램의 프레임을 출력 기기의 주파수에 강제로 맞추는 기능이다. 이 기능을 활성화하면 프로그램은 모니터의 재생속도에 맞춰 프레임 연산 속도를 늦춘다. 그러면 WaitForTargetFPS라는 대기 시간이 CPU 사용량을 점령한다. 따라서 프로파일러상에서는 똑같은 이름의 잡동사니 항목이 대량으로 보여 문제 원인을 찾기가 어려워진다.

프로파일러는 호출에 대한 각각의 상대적인 CPU 점유율을 보여주는데, VSync는 이러한 항목들을 가릴 수 있다. 따라서 성능을 테스트할 때는 Edit → Project Settings → Quality → currently selected build platform에서 VSync를 꺼야 한다. 간과하기 쉬운 것은 에디터 콘솔에 뜨는 다양한 예외 처리와 경고 메시지다. Debug.Log()를 비롯한 Debug.LogError(), Debug.LogWarning() 같은 함수들은 매우 많은 CPU와 메모리(힙) 자원을 요구한다. 게다가 사용하고 난 메모리 공간을 회수하는 데에도 CPU 자원이 많이 쓰인다.

대부분 오류는 컴파일러와 잘못된 객체 속성으로 인해 발생한다. 이러한 문제는 에디터를 이용할 때 눈에 잘 띄지 않고 프로그램을 실행할 때 여러 문제를 일으킨다. 예를 들어 Update() 함수에서 필요한 객체의 원형을 에디터에서 설정하지 않으면, Update()가 실행될 때마다 MonoBehaviour는 예외 처리를 요청한다. 이러한 예외 처리는 프로파일링을 통해 문제를 찾기 어렵게 만든다.

[그림 1-9]처럼 경고나 알림 표시를 끈다고 해서 CPU와 메모리 자원 소모가 사라지는 것은 아니다. 따라서 모든 경고를 표시하도록 하고 나타난 경고는 모두 해결하는 것이 좋다.

그림 1-9 경고와 알림 표시

1.2.5 외부 방해 요소 줄이기

여기서 살펴본 것들은 간단하지만 필수적인 작업이다. 테스트할 때는 CPU 혹은 메모리를 점유하고 있는 기타 프로세스를 최대한 줄이는 것이 대표적이다. 이러한 메모리가 부족하면 페이지 파일 스왑Swap이 많이 일어나 테스트 프로그램이 더욱 느려지므로 주의해야 한다.

1.3 코드 삽입을 통한 목표 프로파일링

앞서 작성한 대조표로도 문제가 해결되지 않는다면 더 상세한 분석이 필요한 진짜 문제가 있다. 진짜 문제를 해결하려면 좀 더 정밀한 진단이 필요하다. 프로파일러 창은 성능의 전반적인 부분을 보여준다. 그 덕분에 어떤 프레임에서 어떤 MonoBehaviour와 함수가 문제를 일으키는지 재빨리 알 수 있다. 때로는 좀 더 상세한 심층 분석이 필요하다. 문제를 재생할 수 있는지, 어떤 상황에서 병목현상이 발생하는지, 코드의 어느 부분이 문제인지 찾아야 하는 경우다.

심층 분석을 하려면 코드의 일정한 부분을 프로파일링 해야 한다. 지금부터 더 세밀한 분석을 도와줄 기술을 소개하겠다. 유니티에서는 이러한 기술들을 다음 두 가지 범주로 분류한다.

- 스크립트에 코드를 넣어 프로파일러 쓰기
- 더 정밀한 시간 분석과 로그 기록

> NOTE
>
> 이 절에서는 C# 코드를 이용해 스크립트의 병목현상을 발견하는 과정을 살펴본다. 유니티의 다른 부분에서 발생한 병목현상을 찾는 방법은 다른 장에서 다룬다.

1.3.1 프로파일러 스크립트 넣기

전역 프로파일러 클래스를 이용하면 프로파일러를 스크립트에 넣을 수 있다. 유니티 개발 문서에 소개된 다양한 프로파일러 함수 중 가장 중요한 함수는 프로파일러를 활성화 또는 비활성화하는 Profiler.BeginSample()과 Profiler.EndSample()이다.

> **TIP**
>
> 개발자용 함수인 BeginSample()과 EndSample()은 C++ 디버깅 모드의 assert() 함수처럼 개발자용으로 빌드된 프로그램에서만 컴파일된다. 따라서 일반 배포용 버전에서는 어떠한 자원도 낭비하지 않는다. 차후 프로파일링을 다시 해야 하더라도 이들 함수는 코드에 남겨두어도 된다.

BeginSample() 함수는 CPU 사용량 영역의 계층 모드 속 인스턴스를 새로운 이름으로 오버로딩 한다. 예를 들어 다음 코드는 계층 모드를 자체 이름(My Profiler Sample)으로 분석 창에 호출하는 예다.

```
void DoSomethingCompletelyStupid() {
    Profiler.BeginSample("My Profiler Sample");
    List<int> listOfInts = new List<int>();
    for (int i = 0; i < 1000000; ++i) {
        listOfInts.Add(i);
    }
    Profiler.EndSample();
}
```

실행 결과는 [그림 1-10]과 같다. 아무 쓸모도 없는 정수 100만 개를 목록에 넣은, 아무것도 하지 않는 멍청한 함수로 인해 CPU 사용량이 치솟고 몇 메가의 메모리가 사용되고 있다. 자원 사용량은 'My Profiler Sample'이라는 이름으로 프로파일러 분석 창에 나타난다.

그림 1-10 BeginSample( ) 함수 예

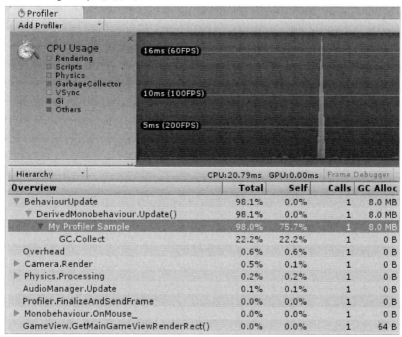

심층 분석 모드에서는 [그림 1-11] 같이 임의로 넣은 자체 이름의 함수 호출 내역

이 계층의 최상단에 나타나지 않는다.

그림 1-11 심층 분석 모드 예

Hierarchy ▼	CPU:115.27ms	GPU:0.00ms	Frame Debugger				
Overview	Total	Self	Calls	GC Alloc	Time ms	Self ms
▼ BehaviourUpdate	99.5%	0.0%	1	8.0 MB	114.80	0.00
▼ DerivedMonobehaviour.Update()	99.5%	0.0%	1	8.0 MB	114.79	0.00
▼ Profiler.BeginSample()	99.5%	0.0%	1	8.0 MB	114.78	0.10
▼ DerivedMonobehaviour.DoSomething	99.4%	91.3%	1	8.0 MB	114.68	105.36
▼ List`1.Add()	8.0%	0.1%	1000000	8.0 MB	9.32	0.22
▼ List`1.GrowIfNeeded()	7.8%	0.0%	19	8.0 MB	9.10	0.00
▼ List`1.set_Capacity()	7.8%	0.0%	19	8.0 MB	9.09	0.00
▼ Array.Resize()	7.8%	0.0%	19	8.0 MB	9.09	0.01
▼ Array.Resize()	7.8%	3.3%	19	8.0 MB	9.08	3.82
GC.Collect	4.1%	4.1%	1	0 B	4.74	4.74
▼ Array.Copy()	0.4%	0.0%	19	0 B	0.50	0.00
▼ Array.Copy()	0.4%	0.0%	19	0 B	0.50	0.00
Array.FastCopy	0.4%	0.4%	19	0 B	0.49	0.49
Array.GetLowerBc	0.0%	0.0%	38	0 B	0.00	0.00
List`1.get_Capacity()	0.0%	0.0%	19	0 B	0.00	0.00
List`1..ctor()	0.0%	0.0%	1	0 B	0.00	0.00
▼ Profiler.BeginSampleOnly()	0.0%	0.0%	1	0 B	0.00	0.00
My Profiler Sample	0.0%	0.0%	1	0 B	0.00	0.00

계층의 최상단에 자체 이름의 함수가 나타나지 않는 이유는 알려지지 않다. 그렇다고 자체 이름의 함수가 없는 것은 아니므로 계층 구조 모드를 이용해 정밀 분석을 할 때는 함수 이름을 천천히 잘 살펴봐야 한다.

1.3.2 자체 CPU 프로파일링

유니티에 포함된 프로파일러는 문제 발견을 위한 툴일 뿐이다. 때로는 자체 개발한 프로파일링을 통해 정보를 얻어야 할 때도 있다. 유니티 프로파일러가 충분한 정보를 제공하지 않는 경우, 프로파일러의 추가 자원 소모가 너무 큰 경우, 그저 모든 것을 직접 해보고 싶은 경우다. 이유를 불문하고 코드를 추가해 직접 분석하는 것 자체가 나쁠 것은 없다. 언제까지나 유니티만으로 개발하진 않을 테니까.

프로파일링 툴은 매우 복잡하다. 짧은 시간에 유니티 프로파일러와 견줄 만한 프로파일링 프로그램을 만드는 것은 거의 불가능하다. 하지만 CPU 사용량을 알고 싶다면 정밀한 타이머 시스템, 저렴한 로그 기록 시스템, 테스트 코드만으로 시작할 수 있다. 닷넷[NET] 라이브러리의 System.Diagnostics 네임스페이스 하위에는 Stopwatch라는 클래스가 있다(엄밀히 말하면 모노 프레임워크에 속한다). 이 Stopwatch 클래스를 이용하면 언제라도 시간을 측정할 수 있다.

불행하게도 이 클래스는 측정 시간이 정확하지 않다. 이 클래스는 약 1,000분의 1초에서 최대 1만 분의 1초 정도의 정확도라서 CPU 주파수를 매우 정밀하게 측정할 수 없다. 정확성에 관한 이야기는 잠시 뒤로 미루어두고 Stopwatch 클래스를 최대한 이용하는 방법을 알아보자.

이러한 초정밀 측정이 왜 필요한지부터 생각해보자.

대부분 게임은 초당 30프레임에서 60프레임으로 그래픽 프레임을 처리한다. 이는 한 프레임을 0.033초나 0.016초 이내에 연산해야 한다는 뜻이다. 만약 성능 개선의 목표가 0.01초라면 100만 분의 1초 단위의 정확성은 사실상 큰 의미가 없다.

이와 반대로 매우 정밀한 측정이 필요한 경우도 있다. 이럴 땐 반복 수행에 걸린 전체 시간을 측정된 시간으로 나누면 정밀도를 높일 수 있다.

다음은 일정 횟수로 테스트한 전체 시간을 Stopwatch 클래스로 측정하는 타이머-반복 테스트 예제다.

```
using UnityEngine;
using System;
using System.Diagnostics;
using System.Collections;

public class CustomTimer : IDisposable {
    private string m_timerName;
    private int m_numTests;
    private Stopwatch m_watch;

    // 타이머에 이름과 전체 테스트 횟수를 입력한다.
    public CustomTimer(string timerName, int numTests) {
        m_timerName = timerName;
        m_numTests = numTests;
        if (m_numTests <= 0)
            m_numTests = 1;
        m_watch = Stopwatch.StartNew();
    }

    // 'using'이 종료할 때 호출된다.
    public void Dispose() {
        m_watch.Stop();
        float ms = m_watch.ElapsedMilliseconds;
        UnityEngine.Debug.Log(string.Format("{0} finished: {1:0.00}ms  total,
        {2:0.000000}ms per test for {3} tests", m_timerName, ms, ms / m_
        numTests, m_numTests));
    }
}
```

다음 코드에서는 Custom Timer 클래스를 사용했다.

```
int numTests = 1000;

using (new CustomTimer("My Test", numTests)) {
    for(int i = 0; i<numTests; ++i) {
        TestFunction();
    }
} // 제작한 타이머의 Dispose() 메모리 해제 함수가 자동으로 호출된다.
```

이 방법을 사용할 때는 세 가지 사항에 주의해야 한다. 첫째, 이렇게 얻은 수치는 평균치다. 각각의 실행마다 얻은 시간 차가 크면 이 방법은 큰 의미가 없다. 둘째, 공통 메모리에 접근 빈도가 높은 함수는 실제보다 캐시 사용률이 높아 평균 실행 시간이 낮을 수 있다. 셋째, JIT^{Just In Time} 컴파일[10]의 효과를 생각해야 한다. JIT 컴파일은 첫 실행에서만 효과를 누릴 수 있는 만큼 평균치에선 효과가 드러나지 않는다. 이중 JIT 컴파일은 '7장 메모리 관리의 주인'에서 좀 더 상세히 살펴본다.

using 블록은 사용이 끝난 객체를 자동으로 파괴하는 가장 일반적인 방법이다. using 블록은 종료될 때 객체의 Dispose() 함수를 자동으로 호출해 자원을 정리하는데, 객체에 Dispose() 함수를 강제로 정의하는 IDisposable 인터페이스가 필요하다.

using 블록은 잠깐 필요한 객체를 만들고 파괴하는 데에도 유용하다.

> NOTE
>
> 아이러니하게도 C#에서 명칭 공간을 의미하는 using은 블록을 선언하는 using과 변수명 충돌을 일으킨다. 그러므로 using 블록과 명칭 공간을 의미하는 using 선언을 혼동해서는 안 된다.

결과적으로 using 블록과 제작한 타이머 클래스를 이용하면 목표 테스트 코드가 끝난 후 자원을 확실하게 회수할 수 있다.

---

10 옮긴이주_ JIT compilation는 동적 컴파일링의 일종으로 호출과 함께 컴파일을 실행하는 방법의 하나다.

또 다른 고려 사항은 프로그램의 예열 시간이다. 유니티는 씬이 시작할 때 다양한 게임 객체의 Awake( )와 Start( ) 함수를 호출하며 물리 엔진과 렌더링 시스템을 초기화하는 데 많은 자원을 소모한다. 이러한 초기 자원 소모는 몇 초 이내로 끝나지만 코드 테스트에 상당한 악영향을 끼친다. 따라서 직접 제작한 타이머 클래스로 코드를 테스트할 때는 언제나 프로그램이 안정 상태에 진입한 후 테스트해야 한다.

가능하다면 테스트 코드 블록에 Input.GetKeyDown( ) 함수를 넣는 것이 좋다. 그러면 원하는 때 테스트를 실행하고 종료할 수 있다. 다음은 스페이스 바를 누르는 동안에만 테스트 코드가 실행되는 예다.

```
if (Input.GetKeyDown(KeyCode.Space)) {
int numTests = 1000;

    using (new CustomTimer("Controlled Test", numTests)) {
        for(int i = 0; i<numTests; ++i) {
            TestFunction();
        }
    }
}
```

자체 제작한 CustomTimer 클래스에는 세 가지 중요한 설계 요소가 있다. 첫째, 테스트가 종료되는 순간, 단 한 번 로그를 기록한다. 둘째, 변수를 받기 전에 Stopwatch 함수가 종료된다. 마지막은 문자열을 string.Format( ) 형식으로 만든 점이다.

앞서 설명한 바와 같이 유니티가 사용하는 콘솔 로그 방법은 대단히 많은 자원을 요구한다. 그러므로 게임을 플레이하거나 프로파일링을 할 때는 로그를 기록하게 해서는 안 된다. 각 함수가 호출되거나 루프[loop]가 반복될 때마다 상세한 로그를 기록하고 싶다면 자체 제작한 CustomTimer처럼 이러한 데이터들이 생성될 때마다 로그를 기록하기보다는 캐시를 이용해 저장한 후 한 번에 기록하는 게 좋다. 이

러한 대체 방법은 Debug.Log( ) 메시지 때문에 프로파일링 데이터가 오염되는 것을 막아준다.[11]

두 번째로 주의해야 할 것은 변수를 저장하기 전에 Stopwatch가 멈춘다는 사실이다. 이는 당연하다. 계속 돌고 있는 Stopwatch에서 기록한 변숫값과 Stopwatch를 멈춘 후 적은 값은 다를 수밖에 없다. 또한 모노 프로젝트의 소스 코드(특히 유니티가 사용하는 버전)를 정확하게 분석하지 않는 이상 Stopwatch가 어떻게 시간을 측정하고 1초를 몇 번의 CPU 틱[Tick]으로 측정하는지, OS가 언제 이 시간 정보를 다른 애플리케이션으로 넘겨주는지와 같은 정보를 알 수 없다. 따라서 예방 차원에서라도 Stopwatch를 멈춰놓고 자료를 받는 게 안전하다.

마지막으로 string.Format( )을 이용한다는 점에 주의해야 한다. 세부 사항은 '7장 메모리 관리의 주인'에서 다루겠지만, +Operator를 사용하는 문자열[Sting]은 너무 많은 메모리를 소모하기 때문에 가비지 컬렉터가 작동하는 원인이 된다. 대량의 CPU와 메모리를 소모하는 것은 더 정확한 자료 수집을 저해하므로 그보다는 string.Format( )을 쓰는 게 바람직하다.

1.4 프로파일링한 자료를 저장하고 불러오는 방법

현재 유니티 프로파일러는 자료를 저장하고 불러오는 데 심각한 문제를 가지고 있다.

- 프로파일러 창에서 한 번에 볼 수 있는 프레임이 300프레임으로 제한돼 있다.
- 사용자 인터페이스를 통해 프로파일러 자료를 저장할 방법이 없다.
- 프로파일러의 이진 데이터는 스크립트 코드를 통해 저장할 수 있으며, 기존 유니티 옵션으로는 이 데이터를 불러올 수 없다.

---

11 옮긴이주_ 물론 이 방법도 문자열을 메모리에 저장하는 데 약간의 CPU 사이클을 소모한다. 하지만 아웃풋까지 처리하는 방법보다는 측정 자료가 오염될 가능성이 상대적으로 낮다.

이러한 문제 때문에 유니티 프로파일러는 대규모 프로젝트나 장기간의 테스트에 활용하기 어렵다. 최근 몇 년 동안 이 문제를 개선해 달라는 요구가 끊이질 않고 있지만 아직 해결되지 않고 있다. 그래서 많은 개발자가 자체 개발을 통해 문제를 해결하고 있다.

다행히도 로그를 기록할 수 있는 Profiler 클래스의 함수 몇 가지가 공개돼 있다.

1. Profiler.enabled 함수를 이용하면 프로파일러의 기록 버튼을 누른 것처럼 프로파일러 기록을 켜고 끌 수 있다.

> NOTE
>
> Profiler.enabled 함수의 상태가 변경돼도 프로파일러의 기록 버튼이 활성화되지는 않는다. 사용자 인터페이스와 코드 모두를 이용해 프로파일러를 켜고 꺼야 할 경우 이점에 특히 주의해야 한다.

2. Profiler.logFile을 이용하면 프로파일러로 출력할 로그의 저장 위치를 설정할 수 있다. 하지만 기본적으로 저장되는 이진 데이터 파일은 시간에 따른 프로그램의 화면 재생률뿐이고, 프로파일러에서 볼 수 있는 다양하고 유용한 자료들은 저장되지 않는다. 따라서 화면 재생률과 다른 유용한 데이터도 함께 저장해야 한다면 3번 옵션을 이용해야 한다.

3. Profiler.enableBinaryLog 함수로는 타임라인과 분석 창에 기록된 추가 정보를 이진 데이터로 저장할지, 말지를 설정할 수 있다. 새로운 이진 데이터 파일은 Profiler.logFile과 같은 위치에 같은 '파일명.data'으로 저장된다.

지금까지 소개한 함수들을 이용하면 대량의 프로파일러 자료를 여러 개의 파일로 나눠 저장할 수 있다. 이렇게 저장된 데이터는 차후 유용하게 쓰인다.

1.4.1 프로파일러 데이터 저장하기

프로파일러의 데이터 저장 툴을 만들려면 코루틴Coroutine에 익숙해져야 한다. 일반적인 함수는 한 번에 처음부터 끝까지 실행되는 반면, 코루틴은 실행을 원할 때까지 함수가 정지된다. 이런 특징은 'yielding'이라고 부르며 yield 선언이 필요하다. yield 선언은 언제 실행할지 결정하는데, 선택 가능한 옵션은 다음과 같다 (yield 선언을 사용하는 데 필요한 객체들도 함께 소개한다).

- 일정 시간이 지난 뒤(WaitForSeconds)

- 다음 업데이트 이후(WaitForEndOfFrame)

- 다음 정기 업데이트^{Fixed Update} 이후(WaitForFixedUpdate)

- 다음번 마지막 업데이트^{Late Update} 직전에(Null)

- 웹 객체가 할 일을 마쳤을 때(예를 들면 파일 다운로드(WWW)가 여기에 해당한다)

- 또 다른 코루틴^{Coroutine}이 종료되면(a reference to another Coroutine)

TIP

다음의 두 유니티 개발 문서는 코루틴과 실행 순서를 알기 쉽게 설명한다. 이러한 유용한 툴이 유니티 엔진에서 어떻게 작동하는지 읽어보기 바란다.

- http://docs.unity3d.com/Manual/Coroutines.html
- http://docs.unity3d.com/Manual/ExecutionOrder.html

TIP

코루틴과 스레드의 가장 큰 차이는 독립된 스레드를 생성하는 가다. 코루틴은 주 유니티 스레드에서 실행되고 어떤 객체가 yield 선언을 통과하는 순간까지 작동을 멈춘다

다시 원래 주제로 돌아가서 프로파일링의 데이터를 저장하는 코드를 만들어보자. 다음은 코루틴을 이용해 300프레임마다 작동하는 ProfilerDataSaver Component 클래스 정의다.

```
using UnityEngine;
using System.Text;
using System.Collections;
public class ProfilerDataSaverComponent : MonoBehaviour {
    int _count = 0;

    void Start() {
        Profiler.logFile = "";
    }
```

```
void Update() {
    if (Input.GetKey(KeyCode.LeftControl) && Input.GetKeyDown(KeyCode.H)) {
        StopAllCoroutines();
        _count = 0;
        StartCoroutine(SaveProfilerData());
    }
}

IEnumerator SaveProfilerData() {
    // 플레이 모드가 멈출 때까지 이 함수를 호출한다.
    while (true) {
        // 파일 저장 경로를 설정한다.
        string filepath = Application.persistentDataPath + "/profilerLog"
        + _count;

        // 로그 파일을 설정하고 프로파일러를 켠다.
        Profiler.logFile = filepath;
        Profiler.enableBinaryLog = true;
        Profiler.enabled = true;

        // 300 프레임을 센다.
        for (int i = 0; i < 300; ++i) {
            yield return new WaitForEndOfFrame();

            // 프로파일러가 꺼지지 않도록 한다.
            if (!Profiler.enabled)
                Profiler.enabled = true;
        }
        // 다음 파일 명을 이용해서 기록을 다시 시작한다.
        _count++;
    }
}}
```

이 코드를 씬에 포함된 게임 객체에 붙인 후 Ctrl+H(맥 OS 사용자들은 왼쪽 control
키(KeyCode.LeftControl)를 왼쪽 command 키(KeyCode.LeftCommand)로 바꿔 눌러
야 할지도 모른다)를 입력한다. 그러면 프로파일러가 정보를 수집한다. (프로파일러 창
이 열려있는지와 관계없이) 코루틴을 사용해 Application.persistantDataPath가
가리키는 어디서라도 일련의 파일로 데이터를 저장한다.[12]

12 http://docs.unity3d.com/ScriptReference/Application-persistentDataPath.html

코루틴과 스레드의 가장 큰 차이는 독립된 스레드를 생성하는 가다. 코루틴은 주 유니티 스레드에서 실행되고 어떤 객체가 yield 선언을 통과하는 순간까지 작동을 멈춘다.

이렇게 생성된 로그 파일을 프로젝트 파일이 들어가는 Application.dataPath로 보내는 것은 바람직하지 않다. 프로파일러는 프로파일러나 플레이 모드를 멈춰도 가장 최근에 사용한 파일에 대한 핸들을 해제하지 않는다. 따라서 프로파일러가 기록하기 위해 핸들을 해제하지 않은 파일과 유니티 에디터가 생성해서 읽으려고 하는 메타 데이터(자료에 대한 정보를 임시로 저장하는 데이터) 간에는 필연적으로 호출 충돌이 일어난다. 이로 인한 파일 접근 에러는 유니티 에디터에 크래시[Crash]를 일으키고 작업한 씬을 잃게 만든다.

앞의 예제 코드로 데이터를 기록하면 하드디스크, IEnumerator, 코루틴 간의 자료 교체가 300프레임마다 발생한다. 300프레임이 끝나고 새로운 로그 데이터 기록할 때는 추가적인 컴퓨팅 자원과 시간이 소모된다.

이렇게 제작된 파일 쌍은 프로파일러가 한 번에 표시할 수 있는 한계 프레임인 300프레임 정보를 가지고 있다. 이제 남은 것은 이 로그 데이터를 프로파일러 창에 나타내는 것이다.

[그림 1-12]는 ProfilerDataSaverComponent로 제작된 데이터 파일의 모습이다.

그림 1-12 ProfilerDataSaverComponent로 제작된 데이터 파일

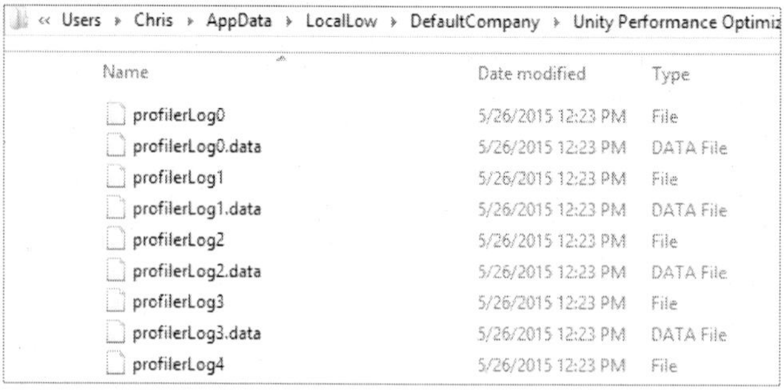

1.4.2 프로파일러 데이터 불러오기

Profiler.AddFramesFromFile() 함수는 텍스트와 이진 데이터로 이뤄진 프로파일러 로그 파일을 불러와 프로파일러의 타임라인 앞에 붙여놓는다. 예제 로그 파일은 300프레임씩 기록돼 있다. 이제 파일 읽기/파일 선택 버튼이 있는 사용자 인터페이스 창을 만들어보자.

다음은 프로파일러의 로그를 불러오는 Profiler DataLoaderWindow 클래스의 정의다.

```
using UnityEngine;
using UnityEditor;
using System.IO;
using System.Collections;
using System.Collections.Generic;
using System.Text.RegularExpressions;
public class ProfilerDataLoaderWindow : EditorWindow {
    static List<string> s_cachedFilePaths;
    static int s_chosenIndex = -1;

    [MenuItem("Window/ProfilerDataLoader")]
    static void Init() {
        ProfilerDataLoaderWindow window =
        (ProfilerDataLoaderWindow)EditorWindow.GetWindow
        (typeof(ProfilerDataLoaderWindow));
```

```
        window.Show();

        ReadProfilerDataFiles();
    }

    static void ReadProfilerDataFiles() {
        // 프로파일러가 Profiler.logFile = ""; 함수를 통해
        // 불러오려는 파일에 대한 핸들을 해제했는지 확인한다.

        string[] filePaths = Directory.GetFiles(Application.
        persistentDataPath, "profilerLog*");

        s_cachedFilePaths = new List<string>();
        // 정규 표현식을 이용해
        // .Profiler가 자동으로 불러올 data 파일을 무시하도록 만든다.
        Regex test = new Regex(".data$");

        for (int i = 0; i < filePaths.Length; i++) {
            string thisPath = filePaths[i];

            Match match = test.Match(thisPath);

            if (!match.Success) {
                // 이진 데이터 파일이 아니면 불러오기 리스트에 추가한다.
                Debug.Log("Found file: " + thisPath);
                s_cachedFilePaths.Add(thisPath);
            }
        }

        s_chosenIndex = -1;
    }

    void OnGUI() {
        if (GUILayout.Button("Find Files")) {
            ReadProfilerDataFiles();
        }

        if (s_cachedFilePaths == null)
            return;

        EditorGUILayout.Space();
        EditorGUILayout.LabelField("Files");
        EditorGUILayout.BeginHorizontal();

        // 버튼을 비롯한 사용자 인터페이스를 만들고,
        // 가장 최근에 선택된 버튼의 글자는 빨간색으로 표시되게 한다.
        GUIStyle defaultStyle = new GUIStyle(GUI.skin.button);
```

```
defaultStyle.fixedWidth = 40f;
GUIStyle highlightedStyle = new GUIStyle(defaultStyle);
highlightedStyle.normal.textColor = Color.red;

for (int i = 0; i < s_cachedFilePaths.Count; ++i) {
    // 한 줄에 5개 아이템을 배치한다.
    if (i % 5 == 0) {
        EditorGUILayout.EndHorizontal();
        EditorGUILayout.BeginHorizontal();
    }
    GUIStyle thisStyle = null;
    if (s_chosenIndex == i) {
        thisStyle = highlightedStyle;
    }
    else {
        thisStyle = defaultStyle;
    }

    if (GUILayout.Button("" + i, thisStyle)) {
        Profiler.AddFramesFromFile(s_cachedFilePaths[i]);
        s_chosenIndex = i;
    }
}
EditorGUILayout.EndHorizontal();
}
}
```

자체 EditorWindow를 제작하는 첫 단계는 [MenuItem] 속성으로 메뉴 호출 포인트를 설정하고 제어하는 창 객체를 만드는 것이다. 이 둘 다 Init() 함수에 구현돼 있다.

초기화 과정에서 ReadProfilerDataFiles() 함수를 호출하는데 이 함수는 Application.persistantDataPath(ProfilerDataSaverComponent로 파일을 저장한 것과 같은 폴더)에 있는 파일명을 읽어 캐시에 올린다.

OnGUI() 함수는 여러 가지 일을 수행하는데, 필요할 때 파일을 다시 로드하는 버튼과 읽어 들인 파일명을 구분하고 각각의 파일을 프로파일러로 불러들이는 버튼을 만든다. 또한 자체 GUIStyle을 이용해 가장 최근에 클릭한 버튼의 글씨를 빨간색으로 강조해 지금 프로파일러에 로드된 파일을 쉽게 알 수 있게 해준다.

예제의 ProfilerDataLoaderWindow는 [그림 1-13] 같이 에디터의 인터페이스 중 Window → ProfilerDataLoader에서 찾을 수 있다.

그림 1-13 ProfilerDataLoaderWindow

[그림 1-14]처럼 여러 개의 파일을 로드할 수도 있다. 각각의 숫자 버튼을 누르면 그 버튼에 해당하는 프로파일링 로그 데이터가 프로파일러로 로드된다.

그림 1-14 프로파일로 여러 개 파일 로드

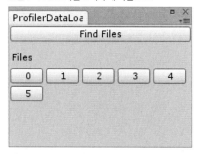

이번 예제의 ProfilerDataSaverComponent 클래스와 ProfilerData LoaderWindow 클래스는 완벽하지도, 기능이 풍부하지도 않다. 두 클래스는 그저 앞으로 살펴볼 주제를 위한 시작에 불과하다. 참고로 300프레임은 대부분 프로젝트에서 코드를 수정하기 위한 정보 분석에 충분한 분량이다.

1.5 프로파일링과 분석에 대한 마지막 당부

성능 최적화를 적나라하게 표현하자면 "귀중한 컴퓨팅 자원을 쓰고 있는 불필요한 것을 벗겨버리는 작업"이라고 할 수 있다. 적은 노력으로 최고의 프로그램 품질과 생산성을 유지하려면 반드시라고 해도 좋을 만큼 성능 최적화 툴을 적재적소에 사용할 줄 알아야 한다. 이러한 작업 흐름 또한 최적화라고 할 수 있다.

정보 수집 툴에 대한 대부분의 (혹은 모든) 조언은 다음 세 가지 중 하나에 속한다.

- 툴 이해하기
- 잡음(방해) 줄이기
- 문제에 집중하기

1.5.1 프로파일러 이해하기

프로파일러는 직관적으로 잘 만들어진 툴이다. 한두 시간 정도 테스트 프로젝트를 해 보고 옵션을 살피고 개발 문서를 읽으면 프로파일러 기능 대부분을 익힐 수 있다. 하지만 프로파일러의 장단점, 기능, 한계를 더 깊이 알면 알수록 프로파일러가 제공하는 수많은 정보의 의미를 더 잘 이해할 수 있다. 그러므로 충분한 시간을 들여 프로파일러를 가지고 놀기 바란다. 프로파일러를 어떻게 활용해야 효과적으로 정보를 얻을 수 있는지 모르는 상태에서 성능을 최적화해야 하는 최후의 2주를 맞고 싶지 않다면 말이다.[13]

타임라인 창의 그래프가 상대적이라는 사실에 주의하자. 이 그래프의 세로축은 절대 수치가 아닌 최후의 300프레임 동안의 평균을 기준으로 삼는다. 그러므로 그래프에 갑자기 산이 나났다고 해서 반드시 문제인 것은 아니다. 타임라인 창의 여러 부분은 유용한 벤치마킹 자료를 제공해 특정 순간의 프로그램 성능을 눈대중으로 알 수 있게 해준다. 그러므로 이 벤치마킹 자료는 내팽개치고 시간 그래프의 모양만 가지고 문제의 경중을 따져서는 안 된다.

---

13 옮긴이주_ 따라서 미리미리 사용해서 익숙해져야 한다.

그리고 자주 언급하겠지만 게이머가 이러한 상황을 인식할 때만, 비로소 심각한 문제라고 할 수 있다. 순간적인 CPU 과부하가 얼마든지 간에 벤치마크상 화면 재생률이 30 혹은 60(목표 화면 재생률)프레임을 넘는다면, 그 과부하는 무시해도 된다. 이를 문제라 여길 게이머는 거의 없을뿐더러 게임 품질에도 그다지 심각한 영향을 주지 않다.

1.5.2 잡음(방해) 줄이기

컴퓨터 과학에서 잡음은 의미 없는 데이터를 뜻한다. 특정 목표를 염두에 두고 맹목적으로 수집된 프로파일링 데이터는 쓸모가 없다. 너무 많은 데이터를 확인하고 처리하는 것은 정신에 피로를 더할 뿐이다. 그러므로 현재 상황에서 불필요한 데이터는 과감하게 삭제해 전체 정보의 양을 줄여야 한다.

프로파일러 데이터의 혼란을 줄이면 순간적인 과부하를 유발하는 요소를 더 쉽게 발견할 수 있다. 검색 범위는 각 타임라인 영역의 색 상자Colored Box로 지정할 수 있다. 한 가지 주의할 점은 색 상자로 선을 가린 상태가 에디터에 자동으로 저장된다는 점이다. 따라서 새로운 프로파일을 시작할 때는 모든 항목이 켜져 있는지 꼭 확인해야 한다.

게임 객체를 하나하나 비활성화해 프로파일링 데이터에서 쓸모없는 정보를 줄일 수도 있다. 이렇게 비활성화된 객체가 많을수록 성능이 약간 향상된다. 어떤 객체를 비활성화했을 때 성능 향상폭이 평균보다 높으면 방금 비활성화한 객체가 문제와 직접 관련이 있는 것이다.

1.5.3 문제에 집중하기

이번 절은 앞서 살펴본 잡음 줄이기와 중복된 내용처럼 보일 수도 있다. 그런데도 남겨놔야 할 것이 바로 가까이에 있는 문제다. 문제에 집중하는 것은 잡무에 빠지거나 부질없는 시도를 하는 것을 막아준다.

지금까지 살펴봤듯 프로파일러는 추가적인 자원이 필요하고 심층 분석을 할 경우 더 많은 자원을 소모한다. 로그까지 기록하면 더욱더 많은 자원을 사용한다. 그런데 문제를 찾는 데 너무 오래 걸리면 코드가 언제, 어디쯤에서 프로파일러를 시작하는지, 로그를 기록하는 코드를 어디에 추가했는지 잊어버리기 쉽다.

측정 그 자체로 인해 결과가 뒤바뀔 수도 있다. 샘플 데이터로 수행한 테스트 때문에 존재하지 않는 버그를 추적할 수도 있다. 프로파일링을 멈춘 상태에서 병목현상을 재현하면 이러한 어처구니없는 실수와 시간, 노력을 줄일 수 있다. 프로파일링을 완전히 끈 상태에서 병목현상을 재현할 수 있다면 재현된 병목현상이 문제의 원인일 가능성이 높다. 반대로 프로파일링 분석 중에만 병목현상이 나타난다면 프로파일링에 의한 병목현상일 수 있다.

끝으로 프로파일링을 통해 문제를 해결한 후 다음 조사로 넘어가기 전에 반드시 의도한 효과가 제대로 나타나는지 응용 프로그램에서 확인하는 것을 잊지 말아야 한다.

1.6 요약

첫 장에서는 성능 문제를 발견하는 다양한 방법들을 살펴봤다. 프로파일러의 기능과 비밀, 성능 문제를 조사하는 실무 기술, 쉽게 따라 할 수 있는 다양한 방법을 배웠다. 배운 것을 적절한 시기에 지혜롭게 사용한다면 업무 생산성을 꽤 높일 수 있을 것이다.

다른 장에서는 가능한 한 많은 성능 문제를 개선하고 고치는 방법들을 살펴본다. 다소 지겨울 수 있는 책의 첫머리를 잘 참아냈다. 이제 C# 스크립트 예제들의 성능 최적화 방법을 배우러 떠나보자.

스크립트 전략

유니티를 이용한 개발의 상당 부분은 스크립트 작업이다. 그러므로 잘 짜인 스크립트 예제를 살펴보는 것은 개발에 큰 도움이 된다. 스크립트 작업의 범주가 너무 넓기 때문에 여기서는 유니티 API와 엔진으로 인한 문제만을 살펴본다. 닷넷 라이브러리와 모노 프레임워크 같이 C# 언어와 관련된 심화한 주제들은 '7장 메모리 관리'의 주인에서 다룬다.

이 장에서는 스크립트 작업을 돕는 다양한 방법을 설명한다. 이 방법들은 지금 당장 겪고 있는 문제를 해결할 수도, 아니면 미래에 대한 준비가 될 수도 있다. 예제마다 성능 문제가 왜, 어떻게 발생했는지 알려주고 해결책을 알아본다.

2.1 컴포넌트 참조 캐시

유니티 스크립트 작업에서 흔히 저지르는 실수는 GetComponent( ) 함수를 자주 쓰는 것이다. 다음 스크립트 코드는 크리처[01]의 health 값이 0보다 낮으면 컴포넌트[Components] 개체를 중지시키고 사망 애니메이션을 실행한다.

```
void TakeDamage() {
    if (GetComponent<HealthComponent>().health < 0) {
        GetComponent<Rigidbody>().enabled = false;
        GetComponent<Collider>().enabled = false;

        GetComponent<AIControllerComponent>().enabled = false;
```

---

01 옮긴이주_ 생명체. 게임에서는 몬스터의 의미로 많이 쓰인다.

```
    GetComponent<Animator>().SetTrigger("death");
  }
}
```

TakeDamage( ) 함수는 실행될 때마다 5개의 서로 다른 Component를 참조한다.
이 방법은 메모리 소모량을 줄여주지만 (사실 별로 쓰이고 있진 않지만) CPU 사용량에
는 유리하지 않다. 이 함수가 Update( )같이 자주 사용하는 함수에 의해 호출되
거나 파티클 이펙트와 함께 물리 엔진에 연결된 레그돌Ragdoll[02] 생성처럼 한꺼번에
여러 함수에 의해 호출되면 많은 문제를 일으킨다.

이러한 코딩 스타일은 별다른 문제가 없어 보이지만 장기적으로는 많은 부작용을
일으킬 수 있다. 왜냐하면 참조 상태를 유지하는 데 필요한 메모리 공간이 부족할
수 있기 때문이다(유니티 버전, 플랫폼, 조각화 허용에 따라 다르지만 필요한 메모리 공간은 매
번 32비트나 64비트다). 메모리 부족이 극심한 경우가 아니면 초기화할 때 참조를 하
고 해제하지 않는 것이 더 효율적일 수도 있다.[03]

```
private HealthComponent _healthComponent;
private Rigidbody _rigidbody;
private Collider _collider;
private AIControllerComponent _aiController;
private Animator _animator;

void Awake() {
    _healthComponent = GetComponent<HealthComponent>();
    _rigidbody = GetComponent<Rigidbody>();
    _collider = GetComponent<Collider>();
    _aiController = GetComponent<AIControllerComponent>();
    _animator = GetComponent<Animator>();
}
```

02 옮긴이주_ 봉제 인형이란 뜻인데, 유니티에서는 물리 연산용으로 쓰이는 마네킹을 말한다. 보통 충돌에 의해
　　날아가는 시체를 생성할 때 주로 쓰는 객체다.

03 옮긴이주_ 논란의 여지가 있다. 하지만 일반적으로 유니티로 개발하는 게임이 모바일 게임인 점을 감안하면
　　납득이 된다. 상대적으로 저렴한 메모리 가격 덕분에 많은 스마트폰이 일반 데스크톱 PC 수준의 메모리 용량
　　을 가지고 있지만, CPU는 상대적으로 더 느리다.

```
void TakeDamage() {
    if (_healthComponent.health < 0) {
        _rigidbody.detectCollisions = false;
        _collider.enabled = false;
        _aiController.enabled = false;
        _animator.SetTrigger("death");
    }
}
```

이 코드는 컴포넌트 참조를 캐시로 저장하고 필요할 때마다 부른다. 이러한 처리 방식을 통해 메모리를 추가로 소모하는 대신 CPU 부하를 줄이고 있다.

2.2 ▮ 컴포넌트를 가장 빠르게 불러오는 방법

GetComponent( )는 GetComponent(string), GetComponent<T> ( ), Get Component(typeof (T)) 총 세 가지로 오버로딩돼 있다. 최적화를 위해서는 속도가 가장 빠른 버전을 호출하는 게 좋다. 속도는 유니티 버전에 따라 다르다. 결론부터 말하면 유니티 4에서는 GetComponent(typeof (T)) 함수가 가장 빨랐다. 몇 가지 간단한 테스트를 통해 이를 증명해보겠다.

```
int numTests = 1000000;
TestComponent test;
using (new CustomTimer("GetComponent(string)", numTests)) {
    for (var i = 0; i<numTests; ++i) {
        test = (TestComponent) GetComponent("TestComponent");
    }
}
using (new CustomTimer("GetComponent<ComponentName>", numTests)) {
    for (var i = 0; i<numTests; ++i) {
        test = GetComponent<TestComponent>();
    }
}
using (new CustomTimer("GetComponent(typeof(ComponentName))", numTests)) {
```

```
    for (var i = 0; i<numTests; ++i) {
        test = (TestComponent) GetComponent(typeof(TestComponent));
    }
}
```

이 예제는 GetComponent ( )를 오버로드한 함수들을 100만 번씩 실행한다. 일반
적인 프로젝트에서 사용하는 횟수보다 훨씬 더 많이 실행하는 것인데, [그림 2-1]
은 실행 결과다.

그림 2-1 GetComponent ( ) 실행 결과

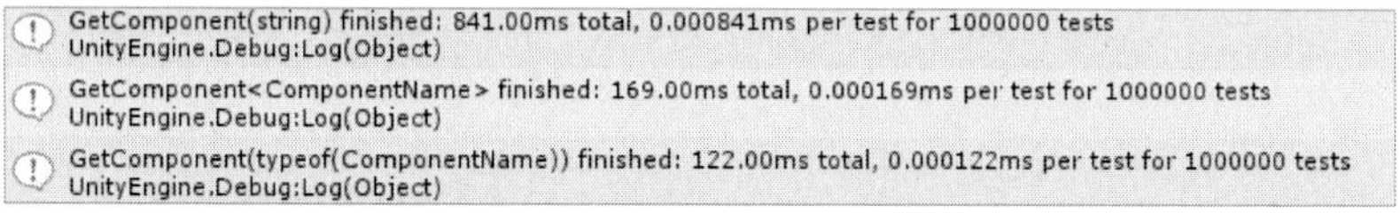

GetComponent (typeof (T))는 GetComponent (string)보다 약 7배,
GetComponent<T> ( )보다서는 약 1.4배가량 빨랐다. 이 테스트는 유니티 4.5.5
에서 수행했지만 유니티 3.x 버전에서도 똑같은 결과를 보였다.

NOTE

현저히 느린 GetComponent (string)은 될 수 있으면 쓰지 말자.

유니티 5에서는 다른 결과를 보였다. 유니티 5.0에서 System.Type의 참조 방식
이 개선되면서 GetComponent<T> ( )와 GetComponent (typeof (T))의 실행 속도가
사실상 같아졌다.

그림 2-2 GetComponent<T> ( )와 GetComponent (typeof (T)) 테스트 결과

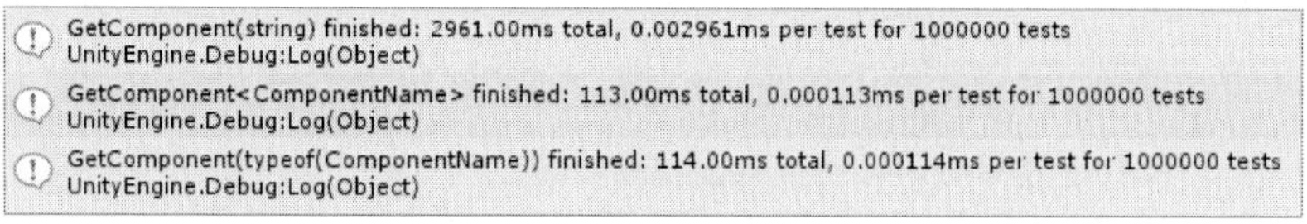

GetComponent⟨T⟩( ) 함수는 GetComponent(typeof(T))와 속도 차이가 거의 없었다. 반면 GetComponent(string)과는 30배 이상 속도 차이가 났다(특이한 건 GetComponent(string) 함수는 유니티 4보다 더 느렸다). 실험을 여러 번 반복하자 GetComponent⟨T⟩( )와 GetComponent(typeof(T))의 성능 차이가 약간씩 달랐다. GetComponent(string)만 아니라면 어느 쪽을 써도 상관이 없다.

유니티 4를 사용할 경우 collider, rigidbody, camera와 같은 빠른 접근자를 사용할 수 있다. 이러한 빠른 접근자는 대부분 미리 저장된 컴포넌트 멤버변수처럼 동작하기 때문에 모든 GetComponent( ) 오버로딩 함수보다 실행 속도가 더 빠르다.

```
int numTests = 1000000;
Rigidbody test;

using (new CustomTimer("Cached reference", numTests)) {
    for (var i = 0; i<numTests; ++i) {
        test = gameObject.rigidbody;
    }
}
```

> **TIP**
>
> 이 코드는 유니티 4 전용 코드로, rigidbody 항목이 삭제된 유니티 5에서는 컴파일이 되지 않는다.

유니티 4에서 실행한 결과는 [그림 2-3]과 같다.

그림 2-3 빠른 접근자

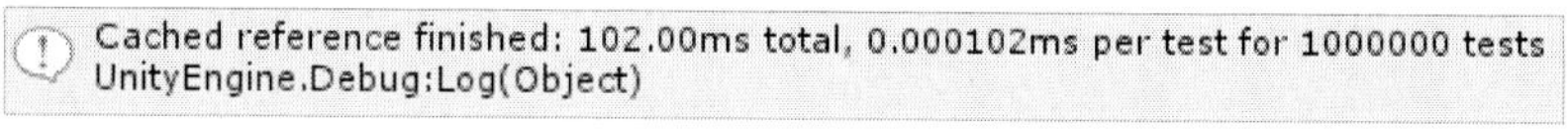

> ⚠ Cached reference finished: 102.00ms total, 0.000102ms per test for 1000000 tests
> UnityEngine.Debug:Log(Object)

유니티 개발진은 백엔드[Backend](개발자나 관리자만 접근할 수 있는 시스템의 뒷단) 단의 코드 캡슐화와 독립성을 확보하기 위해 transform을 제외한 빠른 접근자 변수들을 전부 제거했다.

유니티 4를 유니티 5로 업그레이드하면 빠른 접근자가 자동적으로 GetComponent<T>( ) 함수로 변환된다. 이렇게 변환된 GetComponent<T>( ) 함수는 캐시 없이 그때그때 호출되기 때문에 이전에 공부했던 컴포넌트 참조 캐시 문제를 일으킨다.

여기서 기억해야 할 점은 다음과 같다. 개발 환경이 유니티 4이고 기존에 빠른 접근자를 사용했다면 기존 유니티 버전을 유지하면 된다. 유니티 5에서 GetComponent(typeof(T)) 함수를 주로 사용하고 있다면 GetComponent<T>( )와 GetComponent(typeof(T)) 중 편한 것을 쓰는 게 성능 측면에서 바람직하다.

2.3 빈 호출 함수 줄이기

유니티 4나 5에서 새로운 MonoBehaviour 스크립트를 만들면 다음과 같은 표준 함수가 생성된다.

```
void Start() {      // 초기화에 사용할 것이다.
}

void Update() {      // Update 함수는 프레임마다 호출된다.
}
```

유니티는 초기화 과정에서 이 함수들을 힙에 올려놓고 중요한 순간에 호출할 준비를 한다. 하지만 엔진이 빈 함수를 호출할 때마다 컴퓨팅 자원이 조금씩 소모된다.

Start( ) 함수는 게임 오브젝트GameObject의 인스턴스를 처음 생성할 때, 씬을 로딩할 때, 프리팹Prefab에서 새로운 GameObject의 인스턴스를 만들 때 호출된다. 그러므로 빈 Start( ) 함수는 수많은 GameObjects의 인스턴스를 호출하는 시작 단계를 제외하면 성능에 그다지 영향을 주지 않을 것처럼 보인다. 하지만 이 추가 자원 소모는 중요 이벤트마다 실행되는 GameObject.Instantiate( )의 호출에 의해서도 발생한다. 따라서 동시에 여러 이벤트가 일어나 이미 낮아진 성능을 더 낮출 수도 있다.

Update( ) 함수는 씬이 렌더링 될 때마다 호출된다. 빈 Update( ) 선언이 포함된 수천 개의 GameObject가 있는 씬은 CPU 자원 낭비가 심각할 것이고 화면 재생률에도 문제가 있을 것이다. 다음은 이를 입증하는 코드다. 하나는 빈 Update( )를 선언했고 다른 하나에는 아무 내용이 없다.

```
public class CallbackTestComponent : MonoBehaviour {
    void Update() { }
}
public class EmptyTestComponent : MonoBehaviour {
}
```

[그림 2-4]는 빈 Update( )를 선언한 컴포넌트와 아무것도 없는 컴포넌트를 각각 32,768번씩 테스트한 결과다. 완전히 빈 컴포넌트는 수직 동기화 동작이 약간 다르고, 메모리에 원인 모를 미세한 차이가 있을 뿐이다. 그런데 빈 Update( )가 들어간 함수를 호출하자 엄청나게 많은 CPU 자원이 소모됐다.

그림 2-4 빈 Update( )와 아무것도 없는 컴포넌트들을 32,768번 테스트한 결과

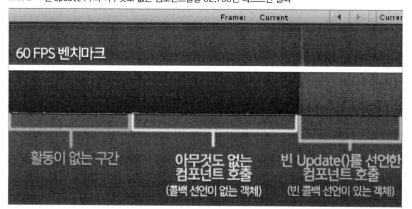

해결 방법은 뜻밖에 간단하다. 빈 선언들을 지우는 것이다. 빈 선언을 지우면 유니티는 호출할 것이 없어진다. 큰 프로젝트에서 이런 빈 선언들을 찾는 것이 어려울 수 있는데 정규 표현식^{Regex}을 이용하면 쉽게 찾을 수 있다.

다음 코드는 빈 Update ( ) 선언을 찾는 정규 표현식이다.

```
void\s* Update\s*?\(\s*?\)\s*?\n*?\{\n*?\s*?\}
```

이 정규 표현식은 빈칸이나 줄 넘김이 포함된 Update ( ) 함수를 찾아낸다.

빈 함수 문제는 자동 생성 함수가 아닌 OnGUI ( ), OnEnable ( ), OnDestroy ( ), FixedUpdate ( ) 등에서도 발생한다. MonoBehaviour 유니티 개발 문서[04]에서 이러한 함수 목록을 확인할 수 있다.

빈 함수를 만들 리 없다고 생각하기 쉽지만, 절대로 아닌 일은 절대로 존재하지 않는다. 예를 들어 일반적인 **MonoBehaviour**를 사용한 객체를 만들고 빈 함수를 확인하지 않았다면 자동 생성된 빈 함수가 전체 프로젝트에 퍼져 꽤 많은 자원을 낭비할 것이다. 특히 OnGUI ( )는 프레임마다 수차례 호출되고 UI 창에서도 호출되는 만큼 빈 함수를 꼼꼼히 살펴봐야 한다.

---

04 옮긴이주_ http://docs.unity3d.com/ScriptReference/MonoBehaviour.html

2.4 실행 중에 Find( )와 SendMessage( ) 함수 피하기

SendMessage( ) 함수와 GameObject.Find 계열의 함수들은 많은 자원을 요구한다. SendMessage( ) 함수는 단순한 호출 함수 대비 약 2,000배가량 느리며, Find( ) 함수는 씬의 모든 객체에 대해 한 번씩 접근하기 때문에 복잡도에 따라 엄청난 속도 저하를 가져온다. 따라서 최적화를 하려면 이들 함수 사용을 최대한 피해야 한다. 물론 Awake( )와 Start( )처럼 씬의 초기화 과정에서 기존에 있던 객체를 대상으로 한 Find( ) 함수는 합리적인 선택일 수도 있다. 그러나 진행 과정에서 객체 간의 상호작용을 위해 Find( ) 함수를 쓰는 것은 엄청난 자원을 소모한다.

Find( )와 SendMessage( ) 같은 함수에 의존하는 경향은 설계를 잘못했거나 디자인 패턴을 잘못 선택했을 때, C# 프로그래밍에 미숙할 때 두드러지게 나타난다. 많은 초급, 중급 개발자 사이에서 Find( )와 SendMessage( ) 사용이 유행처럼 번지고 있는데 그다지 좋은 현상은 아니다. 따라서 유니티 개발진은 콘퍼런스와 개발 문서를 통해 실제 게임 개발에서 이들 함수를 쓰지 않도록 권고하고 있다. Find( )와 SendMessage( )는 프로그래밍을 처음 접한 사람들에게 객체 간의 상호작용을 알려주거나 대체 불가능해 부득이하게 쓰는 등 제한적인 상황에서만 써야 한다.

유니티는 취미 삼아 개발에 도전하는 사람부터 전문가, 작은 개발팀, 거대한 규모의 게임 스튜디오까지 다양한 계층의 사람들을 타깃으로 삼고 있다. 이들 유니티 사용자는 저마다 전혀 다른 개발 능력을 갖추고 있다. 또한 씬과 Prefabs 같은 유니티만의 고유 콘셉트가 있고 다른 엔진에서 흔히 볼 수 있는 전능한 클래스나 원시 데이터 저장과 같은 기능도 없기 때문에 유니티를 처음 배우는 사람들은 대체 무엇을 해야 하는지 모를 수 있다. 다시금 말하지만 Find( )와 SendMessage( )는 이런 사람들에게 객체 간의 상호작용을 알려주는 용도가 아니라면 쓰지 않는 편이 좋다.

다시 이 장의 핵심 주제인 C# 스크립트를 통한 성능 최적화로 돌아가서 객체 간의 상호작용을 할 다른 대체 방법을 살펴보자.

앞서 설명한 최악의 케이스에서부터 시작해보자. 다음 예제는 Prefabs으로부터 일정한 수의 '적 인스턴스'를 생성한 후 EnemyManager에게 객체의 존재를 알리기 위해 Find ( )와 SendMessage ( )를 썼다.

```
public void SpawnEnemies(int numEnemies) {
    for (int i = 0; i < numEnemies; ++i) {
        GameObject enemy = (GameObject)GameObject.Instantiate(_enemyPrefab,
        Vector3.zero, Quaternion.identity);
        GameObject enemyManagerObj = GameObject.Find("EnemyManager");
        enemyManagerObj.SendMessage("AddEnemy", enemy,
        SendMessageOptions.DontRequireReceiver);
    }
}
```

언제나 같은 결과를 출력하는 함수를 루프 안쪽에 넣는 것은 성능 저하의 원인이 된다. 만약 Find ( )와 같이 무거운 함수라면 가능한 한 쓰지 않을 방법을 생각해야 한다. Find ( )를 루프 밖으로 꺼내 결괏값을 저장한 후 그 값을 루프 안에서 사용하면 될 것이다.

SendMessage ( ) 함수는 GetComponent ( ) 함수로 바꾸자. 사실상 같은 결과를 내는 무거운 함수를 훨씬 가벼운 함수로 대체하는 것이다. 그 결과는 다음과 같다.

```
public void SpawnEnemies(int numEnemies) {

    GameObject enemyManagerObj = GameObject.Find("EnemyManager");
    EnemyManagerComponent enemyMgr =
    enemyManagerObj.GetComponent<EnemyManagerComponent>();

    for (int i = 0; i < numEnemies; ++i) {
        GameObject enemyIcon = (GameObject)GameObject.Instantiate(_
        enemyPrefab, Vector3.zero, Quaternion.identity); enemyMgr.
        AddEnemy(enemy);
    }
}
```

GetComponent( ) 함수가 씬의 초기화 과정에서 호출되도록 바꿨다. 초기 로딩 시간에 조금 관대하다면 이것으로 최적화가 끝났다고 할 수 있다.

때로는 실행 중에 새로운 객체를 추가해 인스턴스를 생성해야 할 때도 있다. 예를 들어 씬에서 새로운 적 객체를 생성하고 EnemyManagerComponent에 등록한 후 제어해야 하는 경우다. Find( ) 함수 사용을 최소화하면서 새 객체가 기존 객체들을 찾을 수 있게 하려면 어떻게 해야 할까?

여기에는 장단점이 다른 몇 가지 해결책이 있다.

- 전역 클래스
- 싱글턴 컴포넌트Singleton Components
- 미리 생성된 객체 참조
- 전역 메시징 시스템

2.4.1 전역 클래스

전역 클래스란 코드 어디에서나 접근할 수 있는 클래스다. 이 객체는 프로그램의 시작과 함께 생성되고 프로그램 종료 시 소멸한다. 전역 manager 클래스는 이름만으로 정확한 용도를 알기도 어렵고 프로그램 실행 중에 어디서나 접근하고 수정할 수 있어 코드를 수정하기 어렵다. 이 때문에 그다지 선호하지 않는 개선책이다. 하지만 다른 방법보다 가장 쉽기 때문에 먼저 살펴보겠다.

유니티에서는 싱글턴Singleton 클래스를 C# 전역 클래스로 쉽게 대체할 수 있다. 둘다 전역에서 접근할 수 있는 객체이고 메모리상에 단 하나의 객체만이 존재한다. 차이는 싱글턴이 지역적Private으로 생성자를 숨기고 추가적인 접근자를 요구한다는 것뿐이다. 결국 C#에서 싱글턴은 전역 클래스와 똑같은 결과를 얻는 좀 더 복잡한 코드다.

이전 예제에서 본 EnemyManagerComponent를 전역 클래스로 정의한 결과는 다음과 같다.

```
using System.Collections.Generic;

public static class EnemyManager {
    static List<GameObject> _enemies;

    public static void AddEnemy(GameObject enemy) {
        _enemies.Add (enemy);
    }

    public static void RollCall() {
        for(int i = 0; i < _enemies.Count; ++i) {
            Debug.Log (string.Format("Enemy \"{0}\" reporting in...", _
            enemies[i].name));
        }
    }
}
```

주의해서 살펴볼 것은 전역 클래스 내부의 변수와 함수는 복제를 방지하기 위해서 static 키워드를 붙여 전역으로 정의했다는 점이다. 이를 통해 모든 변수와 멤버 함수들은 메모리상에 단 한 개만 존재하도록 보장했다.

전역 클래스에는 멤버 중 어느 것을 호출해도 즉시 초기화할 수 있는 전역 생성자를 설정할 수 있다. 전역 생성자는 다음 예제처럼 static을 추가해 정의한다.

```
static EnemyManager() {
    _enemies = new List<GameObject>();
}
```

C# 개발의 세계에서 전역 클래스는 좀 더 깔끔하고 쉬운 싱글턴 디자인 패턴으로 생각하면 된다.

2.4.2 싱글턴 컴포넌트

전역 클래스의 단점은 가장 낮은 단계의 클래스에서부터 상속을 받아 올라와야
한다는 점이다. 즉 전역 클래스는 MonoBehaviour에서부터 상속을 받지 못하므
로 코루틴과 같은 이벤트 호출 함수를 포함한 유니티 특유의 기능을 사용할 수 없
다. 유니티를 통해 선택할 수 있는 객체가 없기 때문에 Inspector를 통해 제작
한 객체를 살펴볼 수도 없다. 싱글턴 컴포넌트가 전역 클래스와 다른 점은 이러
한 유니티 특유의 기능들을 사용할 수 있는 클래스를 제작할 수 있다는 점이다. 싱
글턴 구성 요소는 GameObject 자신을 포함하고 있으며 일반적인 싱글턴 디자인
패턴과 마찬가지로 지역 생성자와 전역 접근자를 가지고 있는 클래스다. 다음은
SingletonAsComponent를 정의한 예다.

```
public class SingletonAsComponent<T> : MonoBehaviour where T :
SingletonAsComponent<T> {

    private static T _Instance;

    protected static SingletonAsComponent<T> _Instance {
        get {
            if (!_Instance) {
                T[] managers =
                GameObject.FindObjectsOfType(typeof(T)) as T[];
                if (managers != null) {
                    if (managers.Length == 1) {
                        _Instance = managers[0];
                        return _Instance;
                    }
                    else if (managers.Length > 1) {
                        Debug.LogError("You have more than one " +
                        typeof(T).Name + " in the scene. You only
                        need 1, it's a singleton!");
                    for (int i = 0; i < managers.Length; ++i) {
                            T manager = managers[i];
                            Destroy(manager.gameObject);
                        }
                    }
                }
            }
```

```
        GameObject go = new GameObject(typeof(T).Name,
        typeof(T));
        _Instance = go.GetComponent<T>();
        DontDestroyOnLoad(_Instance.gameObject);
      }
      return _Instance;
    }
    set {
      _Instance = value as T;
    }
  }
}
```

GameObject를 생성하자마자 DontDestroyOnLoad( ) 함수를 호출해야 제작된 객체가 전역으로 작동하면서 작업 종료까지 유지된다. DontDestroyOnLoad( ) 함수는 유니티에 지정된 객체가 프로그램 종료까지 유지돼야 함을 알려주는 특별한 함수다. 따라서 객체는 새로운 씬을 불러올 때 소멸하지 않고 기존 데이터를 모두 유지한다.

이 클래스에 대해 두 가지 알아둘 점이 있다. 첫째, behavior를 일반적으로 정의했기 때문에 구체적인 클래스를 만들려면 다른 클래스로부터 상속을 받아야 한다. 둘째, 함수는 정확한 _Instance variable(인스턴스 변수)을 할당하고 정확한 타입으로 형 변환을 해줘야 한다.

다음은 MySingletonComponent라고 이름 붙인 싱글턴 컴포넌트를 완성하는 데 필요한 코드다.

```
public class MySingletonComponent : SingletonAsComponent<MySingletonComponent> {
    public static MySingletonComponent Instance {
        get { return ((MySingletonComponent)_Instance); }
        set { _Instance = value; }
    }
}
```

이 클래스는 실행 중에 다른 객체가 Instance의 속성에 언제라도 접근할 수 있게 한다. 만약 필요한 컴포넌트가 씬 안에 없으면 SingletonAsComponent 클래스는 자체 GameObject를 인스턴스화하고 파생된 클래스의 인스턴스를 컴포넌트로 첨부한다. 그러면 Instance 속성을 통한 접근은 언제나 생성된 컴포넌트를 참조한다.

> **TIP**
>
> SingletonAsComponent에서 파생된 클래스를 씬 계층 구조에 넣어서는 안 된다. 씬 계층 구조에 들어간 클래스의 DontDestroyOnLoad( ) 함수는 호출되지 않을 뿐 아니라, 이렇게 하면 다음 씬이 로드될 때 싱글턴 컴포넌트의 GameObject가 지속하지 않는다.

싱글턴 컴포넌트를 제거하는 것은 조금 복잡하다. 유니티의 씬과 프로그램은 종료할 때 객체의 OnDestroy( ) 함수를 호출하는 방법으로 객체가 소멸한다. 플레이 모드를 종료할 때도 프로그램 종료와 같은 방식으로 객체가 소멸한다. 그런데 객체의 소멸 순서가 완전히 랜덤하기 때문에 싱글턴 컴포넌트가 가장 마지막으로 소멸하는지는 알 수 없다.

가령 다른 객체가 OnDestroy( ) 함수를 실행하고 있고 싱글턴과 무언가를 하려고 하는 시점에서 싱글턴이 이미 종료된 상태면 새로운 싱글턴 컴포넌트가 프로그램 종료 중에 생성된다. 이로 인해 씬 파일들이 오염되거나(객체가 호출을 유지하고 있으므로 파일의 핸들이 넘어가지 않는다) 프로그램 종료 이후 싱글턴 컴포넌트가 남을 수도 있다. 그러면 유니티는 [그림 2-5]와 같은 에러 메시지를 출력한다.

그림 2-5 싱글턴 컴포넌트 관련 에러

Some objects were not cleaned up when closing the scene. (Did you spawn new GameObjects from OnDestroy?)

객체들의 소멸 과정에서 싱글턴을 호출하는 이유는 싱글턴 컴포넌트가 종종 관찰자 패턴을 사용하기 때문이다. 관찰자 패턴은 어떤 작업을 수행하기 위해 다른 객체들을 등록하거나 해지하는 패턴이다. 이 패턴은 유니티가 호출 함수를 연결하는 방식과 매우 흡사하다. 차후 옵저버Observer 패턴을 이용해 등록하고 해지하는 예제를 전역 메시지 시스템이라는 절에서 살펴볼텐데, 이렇게 생성과 동시에 시스템에 등록된 객체는 보통 OnDestroy( ) 함수를 실행할 때 해제를 요청한다. 이로 인해 지금 논하고 있는 씬 혹은 시스템을 종료할 때 호출되고 생성되는 싱글턴 문제가 발생하는 것이다.

이 문제를 해결하려면 세 가지를 바꿔야 한다. 첫째, 싱글턴 컴포넌트가 생존 상태인지 확인하는 분기점이 필요하다. 다음 코드에는 싱글턴 소멸과 프로그램 종료가 포함돼 있다(MonoBehaviour의 소멸 과정에서 호출되는 OnApplication Quit( ) 함수가 유용하다).

```
private bool _alive = true;
void OnDestroy() { _alive = false; }
void OnApplicationQuit() { _alive = false; }
```

둘째, 외부 객체들이 이 분기점을 통해 싱글턴의 상태를 확인하도록 하자.

```
public static bool IsAlive {
    get {
        if (_Instance == null)
            return false;
        return _Instance._alive;
    }
}
```

마지막으로 싱글턴에 접근하는 모든 객체는 분기점을 점검해 싱글턴의 존재 여부를 확인해야 한다.

```
public class SomeComponent : MonoBehaviour {
    void OnDestroy() {
        if (MySingletonComponent.IsAlive) {
            MySingletonComponent.Instance.SomeMethod();
        }
    }
}
```

지금까지 다른 객체들이 소멸할 때 싱글턴 객체에 접근하지 않도록 하는 예제를 살펴봤다. 언급한 규칙을 따르지 않으면 플레이 모드를 종료하고 에디터 모드에 진입해도 싱글턴 객체가 남을 수 있다.

유니티의 Find( ) 함수를 쓰지 않기 위해 제작한 싱글턴 컴포넌트가 다른 싱글턴 컴포넌트의 존재 여부를 확인하고 __Instance의 참조 변수를 지정하기 위해 Find( ) 함수를 써야 한다는 점이 '싱글턴 컴포넌트의 역설'이다. 다행히도 Find( ) 함수는 처음 싱글턴 컴포넌트에 접근할 때 한 번만 사용된다. 하지만 싱글턴 컴포넌트에 처음 접근할 때가 씬의 생성 시점이 아니면 게임 플레이에 지장을 줄 만큼의 CPU 자원을 과도하게 사용할 수 있다. 이에 대한 대책은 중요한 싱글턴 객체를 호출해 인스턴스화하는 만능 클래스를 씬의 초반에 넣는 것이다.

그런데 이 방식은 이후 같은 매니저 클래스가 여러 개 필요할 수 있고, 하나의 클래스 기능을 모듈화해 분화하려면 대단히 많은 코드를 수정해야 한다.

또 다른 해결책은 스크립트 코드와 Inspector 인터페이스를 연결하는 유니티 고유 기능^{Serialization Systems}을 이용하는 것이다.

2.4.3 기존 객체로부터 참조하기

앞서 객체 간 상호작용 문제를 해결할 방법 중 하나가 유니티 고유의 연결 시스템을 이용하는 것이라고 했다. 소프트웨어 디자인 순수 주의자는 이 기능이 캡슐화를 깨기 때문에 반대한다. 연결 시스템은 private로 선언된 변수들을 public처럼 사용하게 만든다는 이유에서다. 물론 유니티 Inspector에만 public으로 작동하지만 캡슐화를 깬다는 점은 여전하다.

하지만 이 방법은 개발 생산성을 높이는 데 매우 효과적이다. 특히 프로그래밍 능력이 각기 다른 개발자, 예술가, 디자이너가 공통된 작업을 하는 게임 개발에서 그 효과가 더 두드러진다. 작업 생산성을 높이기 위해서는 때론 일부 규칙을 포기해야 한다.

유니티는 public 변수가 생성될 때 자동으로 Inspector 인터페이스와 연결해 값을 노출한다. public 변수는 코드의 어디에서든 값을 변경하고 저장할 수 있으므로 소프트웨어 디자인 관점에서 위험해 보인다. 예기치 않게 값이 변경되면 여러 가지 버그가 생기기 때문이다.

유니티는 이런 문제에 대한 보완책으로 각 클래스의 private나 protected 멤버에게 [SerializeField]라는 속성을 부여할 수 있게 했다. [SerializeField]는 Inspector 인터페이스에만 노출되고 수정할 수 있기 때문에 외부로 변수가 노출되고 값이 변경되는 것을 막아 코드 캡슐화를 최대한 유지하게 해준다.

다음은 3개의 private 변수에 [SerializeField] 속성을 부여하고 Inspector에 노출하는 예제다.

```
public class EnemySpawnerComponent : MonoBehaviour {

    [SerializeField] private int _numEnemies;
    [SerializeField] private GameObject _enemyPrefab;
    [SerializeField] private EnemyManagerComponent _enemyManager;

    void Start() {
        SpawnEnemies(_numEnemies);
    }

    void SpawnEnemies(int _numEnemies) {
        for (int i = 0; i < _numEnemies; ++i) {
            GameObject enemy = (GameObject)GameObject.Instantiate
                                (_enemyPrefab, Vector3.zero,
                                Quaternion.identity);
            _enemyManager.AddEnemy(enemy);
        }
    }
}
```

TIP

C#에서는 멤버변수들의 기본 속성이 `private`이기 때문에 `private` 키워드를 꼭 붙여줄 필요는 없다. 이 예제에서는 코드의 정확성을 위해 적었을 뿐이다.

[그림 2-6]은 해당 구성 요소를 Inspector 창에서 확인한 모습이다. 초기화 시기에 기본 할당한 `0`이나 `Null`을 값으로 가지고 있으며 Inspector 인터페이스를 통해 수정할 수 있다.

그림 2-6 Inspector 창에서 확인할 [SerializeField] 속성

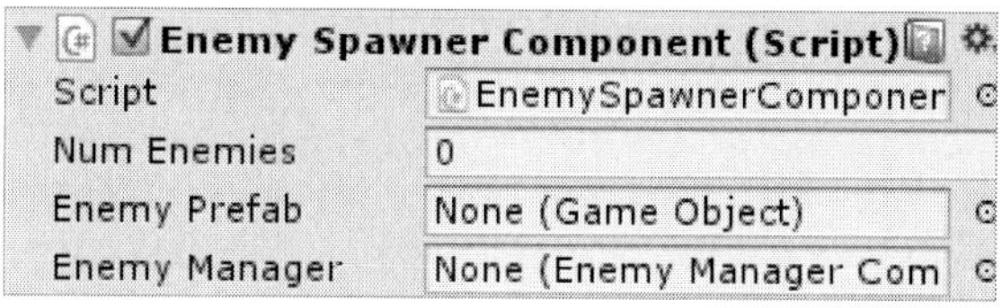

개발자는 프로젝트 창의 Prefabs을 드래그 앤 드롭해 `Enemy Prefab field`의 참조로 사용할 수 있다. 원한다면 다른 객체들도 참조할 수 있다. 하지만 다른 객체는 씬 내부에서 바뀌는 중일 수도 있어 참조가 위험할 수 있다. Prefabs은 새로운 객체를 원형으로 쓰기 위해 만들어졌으므로 가능하면 Prefabs을 참조의 원형으로 쓰는 것이 바람직하다.

`Enemy Prefab field`는 객체를 참조하는 것이 아니라 구성 요소를 참조한다는 점이 흥미롭다. 따라서 해당 객체에 필요한 구성 요소가 없으면 아무것도 등록되지 않는다.

TIP

구성 요소 참조의 핵심은 참조한 객체의 구성 요소를 참조하는 것이다. 이것은 이 장의 앞부분에서 살펴본 구성 요소 참조 캐싱을 대체할 방법의 하나다.

여기에는 한 가지 문제가 있다. 요구되는 구성 요소를 지닌 Prefabs도 다른 객체들처럼 참조를 위해 연결될 수 있다는 점이다. 유니티에서는 Prefabs을 하나의 객체처럼 메모리에 로드하고 Prefabs처럼 다른 객체의 원형으로 사용한다. 때문에 Prefabs의 값이 바뀔 수 있고 이후 인스턴스화하는 객체들이 모두 Prefabs의 영향을 받아서 변경된 값을 가질 수 있다.

더 큰 문제는 Prefabs이 플레이 모드와 에디터 모드에서 같은 메모리 공간을 차지해 플레이 모드에서 Prefabs에 준 변화가 영구적이라는 점이다. 즉 작은 실수로도 Prefabs을 오염시킬 수 있다. 그러므로 이 방식은 객체 간의 상호작용 문제를 해결하기 위한 해결책 중, 특히 팀-친화적인 방법인 동시에, 팀원들이 실수로 Null 참조를 남기는 것과 같은 문제를 발생시킬 가능성이 있어 완벽한 해결책이라고는 할 수 없다.

또한 Inspector 창에서 모든 객체를 연결할 수 없다는 점에도 주의해야 한다. 유니티는 원시 데이터 타입(ints, floats, strings, bools)과 자체 데이터 타입(Vector3, Quaternion 등), 열거형, 클래스, 구조체, 배열과 다른 연결 가능한 타입으로 이뤄진 리스트를 연결할 수 있다.

> **TIP**
>
> 일부 개발자는 키와 값을 다른 리스트에 저장하거나 하나의 리스트에 키와 값을 한 번에 저장하는 방식으로 연결 가능한 사전형 데이터를 만든다. 둘 다 약간 부족한 점이 있지만 충분히 사용할 수 있다.

마지막으로 살펴볼 해결책은 가장 적용하기 쉽고 확장성이 좋으며 휴먼 에러[Human Error]를 줄일 수 있도록 엄격한 규율을 적용한 방법이다.

2.4.4 전역 메시지 시스템

객체 간 상호작용 문제를 해결할 가장 마지막 방법은 전역 메시징 시스템을 만들어 모든 객체가 이 시스템에 접근하고 지정된 객체에 메시지를 전송하게 만드는 것이다. 객체는 메시지를 받거나 발생시키며 어떤 메시지를 얻을 것인지는 받는 쪽에서 결정한다. 발생자는 리스너를 신경 쓰지 않고 전역으로 메시지를 보내기만 하면 된다. 이 방식은 코드를 분리하고 모듈화를 유지하는 데 매우 유리하다.

전송할 메시지의 형태는 다양하다. 변수일 수도 혹은 참조, 명령, 함수일 수도 있다. 그러므로 모든 메시지는 전송하려는 메시지의 종류와 리스너를 구분할 수 있는 공통 선언을 가지고 있어야 한다.

다음 예제는 메시지 객체의 정의다.

```
public class BaseMessage {
    public string name;
    public BaseMessage() { name = this.GetType().Name; }
}
```

BaseMessage 클래스의 생성자는 클래스 타입을 string 값으로 저장하고 목록과 분배 작업에 사용한다. 새 값이 호출될 때마다 그 값이 힙에 저장되기 때문에 값의 저장에 주의해야 저장공간 낭비를 줄일 수 있다. 다른 메시지 클래스들은 어떤 내용이 추가되든지 간에 BaseMessage 클래스로부터 상속을 받아야 한다. 이렇게 상속받아 생성된 클래스의 name string은 베이스 클래스 값이 아닌 자기 자신의 값을 가지게 된다.

메시지 시스템 클래스는 다음과 같은 사항을 만족해야 한다.

* 코드 전역에서 접근 가능해야 한다.
* MonoBehaviour와 상관없이 모든 객체가 특정 타입의 메시지에 대해 리스너로 등록되고 해지돼야 한다. (관찰자 패턴)
* 등록된 리스너 객체는 메시지가 발송되면 호출된다.
* 시스템은 합리적인 시간 안에 모든 리스너에게 메시지를 전송할 수 있어야 한다. 동시에 많은 메시지를 한꺼번에 처리할 때 버벅대지 않아야 한다.

전역에서 접근 가능한 객체

첫 번째 고려사항에 의하면 전역 메시지 시스템은 전역에서 접근할 수 있어야 한다. 전체 시스템 내에 하나만 필요하기 때문에 싱글턴으로 만들면 된다. 한 번 싱글턴 패턴을 적용하면 인스턴스를 추가로 생성하기 어려우므로 싱글턴 패턴을 적용하기에 앞서 심사숙고를 해야 한다.

지금부터 살펴볼 예제는 개발 과정에서 반드시 하나의 전역 메시징 시스템이 필요하다는 가정하에 싱글턴 패턴을 적용했다.

등록

두 번째와 세 번째 고려사항은 등록 가능한 메시지 시스템에 `public` 함수를 추가하면 해결할 수 있다. 메시지가 발송될 때 메시지를 받는 객체를 호출하는 위임자를 만들고, 이 위임자를 통해 메시지의 호출 함수를 구분하도록 하는 것이다. 이때 사용하는 위임자의 이름을 얻어 관계된 메시지의 이름을 따라 지으면 코드가 한결 간결해지고 이해하기도 쉬워진다.

> **TIP**
>
> 위임자[05]란 C#에서 매우 유용하다. 한 함수를 다른 함수의 매개변수로 넘길 수 있어 주로 함수 호출에 사용한다. 자세한 내용은 MSDN의 C# 프로그래밍 가이드 속 C# 페이지[06]에서 확인할 수 있다.

예를 들어 '적 생성' 같이 모든 리스너가 동시에 반응해야 하는 메시지가 있다. 특정한 리스너를 위한 메시지도 있을 수 있다. '적의 체력이 변함'이라는 메시지는 수많은 적 중 플레이어가 데미지를 입힌 적의 체력바에만 적용돼야 한다. 이처럼 같은 메시지가 있어야 하는 객체를 일찍 구분할 방법을 만든다면 컴퓨팅 자원 소모를 줄일 수 있다.

---

05 옮긴이주_ https://goo.gl/ZeYrtV 또는 https://goo.gl/m2MCq9
06 옮긴이주_ 위임자는 C++의 포인터 개념과 참조 개념을 혼합한 것으로, 형식 일치를 통해 원 함수를 캡슐화한 것이다. 일반 포인터보다 객체지향적이며 보안이 우수하다.

따라서 만들려는 위임자는 메시지를 받는 순간 인자에 따라 메시지를 검색하고 진행 방향을 결정할 수 있어야 한다. 단순한 참과 거짓(True/False)이면 족하다. 이 함수는 참을 반환하면 이미 메시지를 처리했으며 추가적인 메시지를 진행하지 않겠다는 의미가 된다.

다음 예제는 위임자의 정의다.

```
public delegate bool MessageHandlerDelegate(BaseMessage message);
```

리스너에게는 이처럼 정의된 함수가 필요하다. 메시징 시스템에 리스너로 등록할 때에는 관련 참조를 전달해야 한다. 이 함수는 메시징 시스템이 메시지를 전송하는 진입점이 된다.

메시지 처리

메시징 시스템의 마지막 요구 조건은 동시에 너무 많은 메시지가 생성됐을 때 시간에 따라서 병목현상을 줄일 수 있어야 한다는 점이다. 이 말은 MonoBehaviour 이벤트 호출과 유니티의 Update( ) 함수를 사용해야 하며, 시간을 잴 수 있어야 한다는 뜻이다.

마지막 요구 조건은 두 가지 방식으로 해결할 수 있다. 첫 번째 방법은 전역 클래스 기반 싱글턴을 씬의 update( )를 알리는 MonoBehaviour식 만능 클래스와 조합하는 것이다. 두 번째 방법은 싱글턴 구성 요소를 메시징 시스템에 이식해 같은 일을 하는 건데, 다른 만능 클래스와 독립적으로 구성할 수 있는 이점이 있다. 두 방식의 차이는 메시징 시스템이 다른 객체를 직접 제어를 하느냐, 아니면 기타 클래스를 통해서 제어하느냐의 차이이다.

시스템을 독립적으로 구성하지 않을 이유가 없으므로 이 두 방식 중 싱글턴 컴포넌트가 더 나은 방식이라고 할 수 있다. 얼핏 생각하기에 메시징 시스템은 게임 로

직에 의존적으로 보이지만 게임이 일시 정지된 상황 등을 생각하면 메시징 시스템
이 반드시 게임 로직과 직접 연결돼 있어야 하는 것은 아니다. 게임이 일시 정지된
상황이라도 UI와 같은 기타 구성 요소는 메시징 시스템을 통해 메시지를 전달받
을 수 있어야 하기 때문이다.

메시징 시스템 이식하기

다음은 싱글턴 구성 요소 클래스로부터 상속을 받아서 등록하는 데 필요한 객체를
만든 예다.

```csharp
using System.Collections.Generic;

public class MessagingSystem : SingletonAsComponent<MessagingSystem> {
    public static MessagingSystem Instance {
        get { return ((MessagingSystem)_Instance); }
        set { _Instance = value; }
    }

    private Dictionary<string, List<MessageHandlerDelegate>>
    _listenerDict = new Dictionary<string, List<MessageHandlerDelegate>>();

    public bool AttachListener(System.Type type,
    MessageHandlerDelegate handler) {
        if (type == null) {
            Debug.Log("MessagingSystem: AttachListener failed due to no
            message type specified");
            return false;
        }

        string msgName = type.Name;
        if (!_listenerDict.ContainsKey(msgName)) {
            _listenerDict.Add(msgName, new
            List<MessageHandlerDelegate>());
        }

        List<MessageHandlerDelegate> listenerList =
        _listenerDict[msgName];
        if (listenerList.Contains(handler)) {
            return false; // listener already in list
        }
```

```
        listenerList.Add(handler);
        return true;
    }
}
```

이 사전형 데이터는 리스너들의 위임자를 요구하는 메시지 타입에 따라 리스트로 구성한다. 이 말은 곧 어떤 메시지인지 확인된 순간, 그 메시지 타입에 등록된 모든 위임자의 리스트를 검색할 수 있다는 뜻이다. 그러면 반복자를 통해 리스트 내의 리스너들에게 메시지 처리 여부를 확인한다.

AttachListener() 함수는 다음의 두 인자를 요구한다. System.Type 형식으로 이뤄진 메시지의 타입과 메시징 시스템을 통해 발송된 메시지를 받기 위한 MessageHandlerDelegate다.

메시지 대기 순서와 처리

메시징 시스템은 메시지를 순서대로 처리하기 위해 들어온 메시지들의 순서를 기억한다.

```
private Queue<BaseMessage> _messageQueue = new
Queue<BaseMessage>();

public bool QueueMessage(BaseMessage msg) {
    if (!_listenerDict.ContainsKey(msg.name)) {
        return false;
    }
    _messageQueue.Enqueue(msg);
    return true;
}
```

이 함수는 주어진 메시지 타입이 queue에 추가되기 직전, 사전에 있는지 확인한다. 발생한 메시지를 처리하는 리스너가 있는지 빠르게 확인하는 것이다. _messageQueue 변수가 이러한 처리를 위한 새 멤버변수다.

다음 예제는 유니티 엔진이 규칙적으로 실행하는 Update ( ) 함수에 추가할 내용이다. 이 코드는 메시지 queue의 내용을 순차적으로 발송하며, Update ( )에서 함수를 실행하고 나면 시간이 얼마나 지났는지를 점검한다. 처음 실행된 후 지정된 시간(0.16667초)이 넘게 진행되고 있으면 자동으로 메시지 발송을 멈춘다.

```
private float maxQueueProcessingTime = 0.16667f;

void Update() {
    float timer = 0.0f;
    while (_messageQueue.Count > 0) {
        if (maxQueueProcessingTime > 0.0f) {
            if (timer > maxQueueProcessingTime)
                return;
        }

        BaseMessage msg = _messageQueue.Dequeue();
        if (!TriggerMessage(msg))
            Debug.Log("Error when processing message: " + msg.name);

        if (maxQueueProcessingTime > 0.0f)
            timer += Time.deltaTime;
    }
}
```

이는 한 번에 많은 메시지가 발생하더라도 메시징 시스템이 과도한 시간을 소비해 게임이 멈추지 않도록 1프레임이란 진행 시간 한도를 정해둔 것이다.

마지막 예제는 메시지를 리스너들에게 분배하는 TriggerMessage ( ) 정의다.

```
public bool TriggerMessage(BaseMessage msg) {
    string msgName = msg.name;
    if (!_listenerDict.ContainsKey(msgName)) {
        Debug.Log("MessagingSystem: Message \"" + msgName + "\" has no
        listeners!");
        return false; // no listeners for message so ignore it
    }

    List<MessageHandlerDelegate> listenerList =
```

```
    _listenerDict[msgName];

    for (int i = 0; i < listenerList.Count; ++i) {
        if (listenerList[i](msg))
            return true; // message consumed by the delegate
    }
    return true;
}
```

TriggerMessage( )는 전체 메시지 시스템의 핵심 함수다. TriggerEvent( ) 함수는 리스너가 필요한 메시지 타입을 확인하고 리스너가 원하는 메시지를 처리할 수 있게 분배한다. 위임자가 true를 반환하면 메시지가 리스너에게 들어갔다는 의미이므로 현재 메시지가 리스너들에게 필요한지 아닌지를 묻는 작업을 중지하고 Update( )가 다음 메시지를 처리하도록 한다.

보통은 QueueEvent( )를 통해 메시지를 순차적으로 보낸다. 긴급하고 중요한 메시지면 순서나 속도 조절을 건너뛰고 TriggerEvent( )를 통해 메시지를 바로 보낸다. 그러면 다음번 Update( )가 실행되기 전에 메시지가 바로 전송되므로 다음 프레임의 모습이나 결과에 결정적인 영향을 주는 메시지를 빠르게 처리할 수 있다.

메시지 예제

이제껏 살펴본 메시지 시스템에서 사용할 메시지 예제를 통해 이 시스템의 전체 모습과 콘셉트를 다시 정리해보자. 다음은 데이터를 보낼 수 있는 간단한 메시지 클래스의 예다.

```
public class MyCustomMessage : BaseMessage {
    public readonly int _intValue;
    public readonly float _floatValue;
    public MyCustomMessage(int intVal, float floatVal {
        _intValue = intVal;
        _floatValue = floatVal;
    }
}
```

멤버변수를 읽기 전용 값으로 선언한 메시지 객체의 예다. 읽기 전용 선언을 통해 객체 생성 이후 값이 변하는 것을 막았다. 이를 통해 메시지가 리스너들 사이에서 전달되는 동안 값이 변하지 않게 했다.

메시지 등록

다음은 메시지 등록의 예다. 코드 어디에서나 MyCustomMessage를 부르는 메시지가 발생하면 HandleMyCustomMessage( )를 호출한다.

```
public class TestMessageListener : MonoBehaviour {
    void Start() {
        MessagingSystem.Instance.AttachListener(typeof(MyCustomMessage),
        this.HandleMyCustomMessage);
    }

    bool HandleMyCustomMessage(BaseMessage msg) {
        MyCustomMessage castMsg = msg as MyCustomMessage;
        Debug.Log(string.Format("Got the message! {0}, {1}",
        castMsg._intValue, castMsg._floatValue));
        return true;
    }
}
```

이 리스너는 코드 어디에서든 MyCustomMessage를 부르는 브로드캐스트가 발생하면 HandleMyCustomMessage( ) 함수를 이용해 해당 메시지를 검색한다. 그리고 찾은 메시지를 형 변환해 필요한 정보를 얻은 뒤 자신만의 방법으로 처리한다. 다른 클래스들도 같은 방식으로 등록한 후 각 메시지를 자신만의 위임자를 통해 다르게 처리할 수 있다.

등록할 때 AttachListener( ) 함수로 정의를 하기 때문에 HandleMyCustom Message( ) 함수에 선언된 Msg 인자를 보면 어떤 타입의 메시지가 전송될 것인지 알 수 있다. 즉, 전송된 메시지에 빈 정보가 전송되지 않을 것과 형 변환이 안전하다는 것을 확신할 수 있다. 하나의 위임자가 여러 가지 메시지를 처리하도록 하는 것은 기술적으로 얼마든지 가능하다. 그러나 다중 위임자의 핵심은 위임자가 어떤 메시지를 받을지 결정하고 받은 메시지의 종류에 따라 정확하게 처리되도록 하는 것이다. 만약 모듈의 비결합성을 유지하기 바란다면 하나의 고유 함수가 하나의 메시지를 처리하도록 하는 게 가장 이상적이다.

HandleMyCustomMessage 함수는 AttachListener( )의 호출로 참조를 받아올 때 MessageHandlerDelegate의 함수 시그니처Signature(입력 인자의 수, 타입, 그리고 출력 인자의 타입을 일컫는 말)에 맞춰서 인자를 받아온다. 그래야 위임자가 형 변환을 안전하게 할 수 있다. 만일 이 함수 시그니처가 다르면 AttachListener( )에 제대로 사용될 수 없는 함수가 되기 때문에 컴파일러 에러가 발생한다.

예제 코드는 위임자의 이름을 자유롭게 지을 수 있다. 여러 이름 중 가장 좋은 이름은 위임자 함수를 처리하는 메시지에 따라서 이름을 짓는 것이다. 이렇게 하면 개발자 본인뿐 아니라 이 메시징 시스템을 사용하는 사람들 모두 어떤 메시지 객체 타임이 호출되는지를 쉽게 알 수 있다.

메시지 보내기

마지막으로 살펴볼 코드는 시스템을 이용한 메시지 전송이다. 이 예제는 스페이스 바를 누르면 MyCustomMessage의 인스턴스를 메시징 시스템을 통해 브로드캐스트를 한다.

```
public class TestMessageSender : MonoBehaviour {
    public void Update() {

        if (Input.GetKeyDown(KeyCode.Space)) {
            MessagingSystem.Instance.QueueMessage(new MyCustomMessage(5,
            13.355f));
        }
    }
}
```

씬에 TestMessageSender와 TestMessageListener 객체를 동시에 집어놓고 스페이스 바를 누르면 콘솔 창에 로그 메시지가 나타나며 성공을 알린다.

그림 2-7 콘솔 창의 로그 메시지

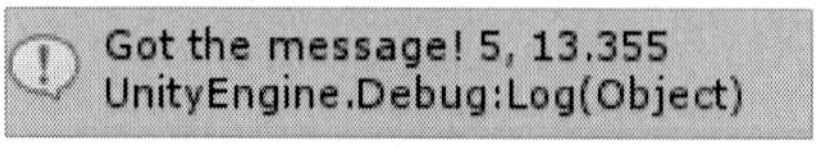

Got the message! 5, 13.355
UnityEngine.Debug:Log(Object)

씬이 초기화된 순간, TestMessageListener의 Start() 함수가 HandleMy CustomMessage의 위임자를 등록하기 위해 호출되고 메시징 시스템의 싱글턴 객체가 생성된다. 싱글턴 객체를 적용하기 위해 추가로 해야 할 일은 없다.

메시지 지우기

메시지 객체는 클래스의 일종이기 때문에 동적 힙 메모리를 사용하고 곧 버린다. 직접 메모리를 해지할 수 없는 C#의 특성상 이렇게 버려진 메모리가 많아지면 가비지 컬렉터가 동작한다. 프로그램이 오랫동안 기동하면 가비지 컬렉터가 주기적으로 활동하는데, 굳이 메시지를 업데이트마다 자주 보내 가비지 컬렉터가 더 자주 활동하게 할 필요는 없다.

더 중요한 정리 작업은 소멸되거나 재생성된 위임자를 등록 해지하는 것이다. 이 작업이 제대로 이뤄지지 않으면 메시지 시스템은 계속 위임자를 참조하기 때문에 객체는 지워지지 못하게 된다.

AttachListener()와 짝을 이루는 DetachListener() 함수는 객체가 파괴되거나 멈추고 메시지 시스템과의 연결을 끊어야 할 때마다 정확하게 호출돼야 한다.

다음 예제는 메시지 시스템이 리스너를 특정 조건으로 분리하는 코드다.

```
public bool DetachListener(System.Type type, MessageHandlerDelegate handler) {
    if (type == null) {
        Debug.Log("MessagingSystem: DetachListener failed due to no  message
        type specified");
        return false;
    }
```

```
    string msgName = type.Name;

    if (!_listenerDict.ContainsKey(type.Name)) {
        return false;
    }

    List<MessageHandlerDelegate> listenerList =
    _listenerDict[msgName];
    if (!listenerList.Contains(handler)) {
        return false;
    }

    listenerList.Remove(handler);
    return true;
}
```

다음은 리스너 클래스에 추가해야 하는 DetachListener( ) 함수다.

```
void OnDestroy() {
    if (MessagingSystem.IsAlive) {
        MessagingSystem.Instance.DetachListener(typeof(MyCustomMessage),
        this.HandleMyCustomMessage);
    }
}
```

SingletonAsComponent 클래스에서 선언된 IsAlive 인자에 주목하자. 이 인자 값을 확인하면 앞서 살펴본 SingletonAsComponent의 종료 문제를 안전하게 해결할 수 있다.

메시징 시스템을 마치며

완벽하게 상호작용하며 메시지를 주고받는 전역 메시징 시스템을 완성한 것을 축하한다! 메시징 시스템 예제의 가장 큰 장점은 반-MonoBehaviour적이어서 메시지 전송자와 리스너 모두가 MonoBehaviour로부터 상속을 받을 필요가 없다는 것이다. 필요한 것은 메시지 타입을 알려주고 위임자와 맞는 함수 시그니처를 가르쳐주는 클래스뿐이다.

메시지 시스템을 벤치마킹하려면 한 프레임 동안 얼마나 많은 메시지를, CPU 자원 부족 없이 처리 가능한가를 살펴봐야 한다. 이론적으로는 하나의 메시지를 100개의 리스너에게 분배하는 것과 100개의 메시지가 하나의 리스너에게 전달되는 CPU 사용량은 같다.

메시지 시스템 예제는 UI와 게임 이벤트를 모두 처리하고도 남을 정도로 강력하게 디자인돼 있다. 따라서 성능 문제가 발생한다면 메시지 전송 문제가 아니라 메시지를 리스너가 처리하는 과정(형 변환 등)에서 문제가 있을 소지가 크다.

예제에는 없지만 다음과 같은 방법으로 메시지 시스템을 더 유용하게 개선할 수 있다.

- 메시지 전송자가 시간이나 프레임을 기준으로 메시지의 처리와 분배를 잠시 멈출 방법을 고안해보자.
- 같은 메시지를 조금 더 빨리 받아들여야 하는 리스너가 있을 수 있다. queue에 따라서 등록한 리스너가 비순차적으로 메시지를 더 빨리 받을 방법을 적용해보자.
- 특정한 종류의 메시지가 처리되는 중에는 같은 리스트에 멤버가 추가되지 않게 막는 것도 고민해볼 만하다. C#은 TriggerEvent()를 반복하는 동안 AttachListener()에 의해 위임자 리스트가 변경될 것이기 때문에 예외 처리를 한다.

지금까지 메시지 시스템을 살펴봤다. 독자들의 프로젝트에서 발생할 수 있는 여러 문제의 해결책을 찾는 것은 개개인의 학술적 흥미에 맡기도록 하겠다.

이제부터는 스크립팅을 통해 개선할 수 있는 다른 문제에 대해 살펴본다.

2.5 사용하지 않는 스크립트와 객체 비활성화하기

씬은 거대한 오픈 월드를 만들 때 매우 분주하다. Update( ) 함수에서 불러내는 객체의 숫자는 게임 속도와 직결된다. 하지만 많은 객체는 게이머 입장에서 전혀 필요가 없을 수 있다. 객체가 플레이어의 시야에서 벗어났을 수 있고 (플레이어 뒤에 있거나) 플레이어에게서 너무 멀리 떨어져 있을 수도 있다. 물론 모든 활동이 동시에 진행돼야 하는 거대한 도시 제작 시뮬레이션이라면 눈에 보이지 않는 객체도 계속 처리돼야 한다. 그러나 플레이어가 넓은 세상을 돌아다니는 레이싱 게임이나 1인칭 시점 게임이라면 보이지 않는 객체가 비활성화된다고 해서 게임 플레이에 지장을 주지는 않는다.

2.5.1 시야에 따라 객체를 비활성화하기(프러스텀 컬링)

때로는 시야에 보이지 않는 GameObject나 구성 요소를 멈추고 싶을 때가 있다. 유니티는 카메라에 잡히지 않는 객체를 자동으로 비활성화시키는 '프러스텀 컬링 Frustum Culling' 기능을 자동으로 실행한다. 다른 객체로 가려진 객체를 렌더링 하지 않는 기능인 '오클루전 컬링Occlusion Culling'도 가지고 있다(6장에서 설명할 것이다). 이 둘은 렌더링 가능한 객체에만 적용된다. 하지만 렌더링이 가능하지 않은 AI 스크립트와 같은 구성 요소는 개발자가 직접 동작하지 않게 조치를 해야 한다.

이 문제는 OnBecameVisible( )와 OnBecameInvisible( ) 함수 호출로 해결할 수 있다. 이름에서 유추할 수 있듯 이 호출 함수들은 렌더링 될 수 있는 객체가 카메라에서 보이거나 사라지면 호출된다. 만약 씬 내부에 여러 개의 카메라가 있다면 (멀티플레이어 게임 등) 단 하나의 카메라에 객체가 잡혀도 호출된다. 즉 모든 카메라에서 보이지 않을 때만 호출되는 것처럼 원하는 때만 작동시킬 수도 있다.[07]

---

07 옮긴이주_ 원문은 이 호출 함수는 정확하게 이 기능이 의도됐을 때 불러진다는 말인데, 동어 반복이라 모든 카메라에서 보이지 않을 때를 강조한 내용을 추가했다.

보이기/안 보이기 관련 호출 함수들은 렌더링 시스템과 상호작용한다. 이 두 호출 함수는 메시나 스킨이 있는 메시^{SkinnedMesh}와 같이 렌더링 될 수 있는 객체와 연결 돼야 한다. 실제로 렌더링이 되는지에 따라 함수가 호출되기 때문에 상속받을 부모 객체나 상속을 내릴 자식 객체가 아니라 씬에 나타날 객체의 구성 요소를 연결해야 정확한 시점에 함수가 호출된다.

> **TIP**
>
> 주의해야 할 것은 씬 뷰(에디터 모드)에서 감춰진 카메라에 의해서도 `OnBecame Invisible()`과 `OnBecameInvisible()` 함수가 동작한다는 것이다. 플레이 모드에서 이 함수들이 의도대로 동작하지 않으면 씬 뷰의 카메라에 객체가 잡히진 않았는지 확인해야 한다.

다음은 시야에 따라 특정한 구성 요소를 동작시키거나 멈추는 `OnBecame Invisible()`과 `OnBecameInvisible()`의 예다.

```
void OnBecameVisible() { enabled = true; }
void OnBecameInvisible() { enabled = false; }
```

다음은 특정한 구성 요소가 아니라 구성 요소가 들어간 객체를 동작시키거나 멈추는 예다.

```
void OnBecameVisible() { gameObject.SetActive(true); }
void OnBecameInvisible() { gameObject.SetActive(false); }
```

2.5.2 객체를 거리에 따라 비활성화하기

구성 요소나 `GameObject`가 플레이어에게서 충분히 멀어지면 비활성화되도록 해야 할 때도 있다. 예를 들면 떠돌아다니는 몬스터가 플레이어에게서 매우 멀리 있는 경우다. 플레이어 시야에서 몬스터는 점으로 보이기 때문에 AI를 비롯한 게임 로직을 처리하지 않아도 상관없다.

다음 예제는 코루틴을 이용해 일정 시간마다 목표 객체와의 거리를 측정해 거리가 너무 멀면 비활성화한다.

```
[SerializeField] GameObject _target;
[SerializeField] float _maxDistance;
[SerializeField] int _coroutineFrequency;

void Start() {
    StartCoroutine(DisableAtADistance());
}

IEnumerator DisableAtADistance() {
    while (true) {
        float distSqrd = (Transform.position -
        _target.transform.position).sqrMagnitude;

        if (distSqrd < _maxDistance * _maxDistance) {
            enabled = true;
        }
        else {
            enabled = false;
        }

        for (int i = 0; i < _coroutineFrequency; ++i) {
            yield return new WaitForEndOfFrame();
        }
    }
}
```

기준이 되는 객체를 _target 영역에 할당하고 목표하는 최대 거리를 _maxDistance 에 설정한다. 마지막으로 코루틴이 작동할 시간 간격을 _coroutineFrequency에 선언한다. 이 예제는 일정 시간마다 해당 객체와 비교 대상인 객체 간의 거리를 비교해 지정한 거리보다 멀어지면 해당 객체를 비활성화한다.

이 예제에서 추가적인 성능 향상을 가져올 수 있는 점은 바로 거리 대신 거리의 제곱을 사용한 부분이다. 더욱 자세한 이야기는 다음 팁에서 설명하겠다.

2.6 거리 대신 거리 제곱 사용하기

CPU는 일반적으로 플롯 값을 곱하는 것을 나누는 것(특히 제곱근을 구하는 것)보다 빠르게 처리할 수 있다. 한데 Distance( ) 함수를 사용해 Vector3의 거리를 구할 때마다 제곱근을 계산해야 하면 (피타고라스의 정리를 사용하기 때문에) CPU 자원을 과도하게 사용하게 된다. 다행히 Vector3 클래스에는 거리의 제곱에 접근 가능한 sqrMagnitude 속성이 있다. 이를 통해 자원 소모가 많은 거리 비교 대신 거리의 제곱을 비교할 수 있다. 수학적으로는 절댓값 A 〉 절댓값 B일 때 A^2 〉 b^2를 통해 이를 증명할 수 있다.

```
float distance = (transform.position - other.transform.position).Distance();
if (distance<targetDistance) {
    // do stuff
}
```

앞의 예제는 다음과 같이 바꿀 수 있고 근삿값을 반환한다.

```
float distanceSqrd = (transform.position -
other.transform.position).sqrMagnitude;
if (distanceSqrd<targetDistance* targetDistance) {
    // do stuff
}
```

완벽히 같은 값이 아니라 근삿값을 반환하는 이유는 부동소수점의 정확성 문제 때문이다.

제곱근을 계산하면 컴퓨터의 계산 방식 문제[08]로 인해 완벽하게 일치하는 값을 반환받지 못한다. 얻을 수 있는 성능상의 이득이 계산상의 부정확함보다 크기 때문에 거리 대신 거리의 제곱을 사용하는 경우가 많다.

---

08 옮긴이주_ 컴퓨터는 자연 로그를 이용해서 근삿값을 구하는 방식으로 작은 수와 큰 수를 구한다. 일반적으로 소수점 아래 6자리까지는 실수와 같은 결과를 준다고 본다.

미세한 정확도 차이가 중요하지 않다면 성능 향상에 유리한 제곱근 대신 제곱을 사용하는 것이 좋다. 하지만 정확도가 중요한 경우 (거대한 규모의 우주 시뮬레이션을 만든다면) 성능상의 이득보다는 정확성을 택해야 할 것이다.

한 가지 덧붙이자면 이 기술은 거리뿐 아니라 모든 제곱근 계산에 적용할 수 있다. 거리 문제는 가장 흔히 접할 수 있는 문제로, 단지 독자들에게 Vector3 속성 중 sqrMagnitude가 있다는 점을 알리고 유니티 개발진의 의도대로 익숙해질 수 있게 예제에서도 쓴 것뿐이다.

2.7 문자열 속성을 검색하지 않기

문자열 속성을 검색하는 것은 다른 모든 자료형과 마찬가지로 메모리 자원을 추가로 요구하지 않는다. 하지만 유니티 내부에 무슨 문제가 있는지, GameObject의 문자열 속성을 인자 값으로 받으면 메모리 내에 값이 복사되며 힙 재할당이 이뤄진다. 힙 재할당이 자주 일어나면 가비지 컬렉터가 동작한다. 가비지 컬렉터 동작은 CPU 자원 소모로 이어진다.

이러한 현상을 일으키는 GameObject의 속성은 태그와 이름이다. 둘 중 한 속성이라도 검색을 하면 불필요한 메모리 재할당이 일어난다. 그러므로 두 속성 모두 실제 게임 플레이에는 사용하지 않는 것이 좋다. 꼭 사용한다면 성능에 신경을 쓰지 않아도 되는 에디터 스크립트 같은 영역으로 제한해야 한다. 하지만 태그 시스템은 게임 실행 중에 식별을 위해 흔히 쓰기 때문에 성능 저하의 원인이 되곤 한다.

예를 들어 다음 코드는 반복 실행될 때마다 메모리 재할당이 일어난다.

```
for (int i = 0; i < listOfObjects.Count; ++i) {
    if (listOfObjects[i].tag == "Player") {
        // do something with this object
    }
}
```

그러므로 객체는 구성 요소나 클래스 타입 혹은 문자열을 제외한 인자 값을 가지는 분별 값을 통해 구분하는 것이 좋다. 하지만 때로는 코너에 몰려 알면서도 나쁜 코드를 써야만 할 때가 있다. 시작할 때 이런 좋은 개발 방법을 모르고 있었거나 다른 사람이 만든 코드를 인계받아서, 아니면 무언가 필연적인 이유로 문자열을 지닌 인자 값으로 객체를 구분해야 할 수도 있다. 이유가 무엇이든지 간에 태그 시스템을 이용해 개발했다면 시스템을 유지하면서 힙 재할당을 막을 방법을 고안해야 한다.

운 좋게도 태그 속성은 비교할 때 자주 사용된다. GameObject는 힙 재할당을 피하면서도 태그를 비교할 방법을 제공한다. 바로 CompareTag( ) 함수다.

다음은 둘 간의 차이를 확인할 수 있는 예제다.

```
void Update() {
    int numTests = 10000000;
    if (Input.GetKeyDown(KeyCode.Alpha1)) {
        for (int i = 0; i < numTests; ++i) {
            if (gameObject.tag == "Player") {
                // do stuff
            }
        }
    }
    if (Input.GetKeyDown(KeyCode.Alpha2)) {
        for (int i = 0; i < numTests; ++i) {
            if (gameObject.CompareTag("Player")) {
                // do stuff
            }
        }
    }
}
```

숫자키 1과 2를 누르면 테스트할 수 있다. [그림 2-8]은 테스트 결과다.

그림 2-8 CompareTag ( ) 함수 예제 실행 결과

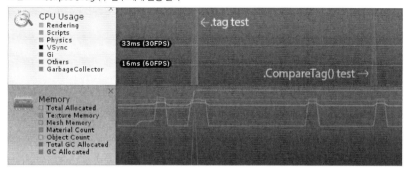

인스펙터의 분석 창을 보면 두 케이스에서 전혀 다른 양상을 보이는 곡선(그래프)을 발견할 수 있다.

그림 2-9 CompareTag ( ) 예제 상세 결과

Overview	.tag test	Total	Self	Calls	GC Alloc	Time ms	Self ms
▼ BehaviourUpdate		99.9%	0.0%	1	362.4 MB	2435.13	0.00
▼ StringAllocationTest.Update()		99.9%	79.9%	1	362.4 MB	2435.12	1946.66
GC.Collect		20.0%	20.0%	1	0 B	488.46	488.46

Overview	.CompareTag() test	Total	Self	Calls	GC Alloc	Time ms	Self ms
▼ BehaviourUpdate		99.8%	0.0%	1	0 B	1787.69	0.00
StringAllocationTest.Update()		99.8%	99.8%	1	0 B	1787.69	1787.69
WaitForTargetFPS		0.1%	0.1%	1	0 B	3.11	3.11

태그 규칙대로 검색하는 첫 번째 테스트를 천만 번 시행한 결과, 문자열 값에 368MB 용량의 메모리가 할당됐다. 처리하는 데 총 2,435ms가 걸렸고 그중 488ms를 가비지 컬렉터가 점유했다. CompareTag ( )를 이용한 두 번째 예제도 천만 번 테스트했는데, 1,788ms가 소요됐다. 메모리 할당이 일어나지 않기 때문에 가비지 컬렉터는 작동하지 않았다. 이 정도의 비교면 이름과 태그 속성을 왜 피해야 하는지 분명히 알 수 있을 것이다. 굳이 태그를 이용해야 한다면 CompareTag ( )를 이용하자.

단순히 "Player"와 같은 문자열을 전달하는 것은 기술적으로 본다면 프로그램이 시작할 때 초기화와 함께 미리 할당한 메모리를 참조하기 때문에 실시간 메모리 할당이 일어나지 않는다. 하지만 문자열을 이용한 동적 비교를 하면 실행할 때마다 새로운 문자열 객체가 생성돼 똑같은 힙 메모리 할당 문제가 발생한다.

가비지 컬렉터와 문자열 이용에 대한 미묘한 차이는 '7장 메모리 관리의 주인'에
서 좀 더 자세히 살펴본다.

2.8 업데이트, 코루틴, 반복 호출

업데이트는 기본적으로 프레임마다 호출된다. 때로는 업데이트와 연결된 함수를
제어하기 위해 업데이트 호출을 줄여야 할 때도 있다. 이렇게 해도 업데이트와 연
결된 함수는 우리가 알지 못하는 사이에 생각보다 자주 호출되고 있다.

```
void Update() {
    _timer += Time.deltaTime;
    if (_timer > _aiUpdateFrequency) {
        ProcessAI();
        _timer -= _aiUpdateFrequency;
    }
}
```

이처럼 정의된 함수는 거의 매 프레임마다 빈 함수를 호출한다. 엄밀히 말하면 그
보다 더 안 좋다. 거의 매 프레임마다 False가 반납되는 참/거짓을 체크한다. 이
자체로는 큰 문제가 없지만 씬에 보이지 않는 불필요한 함수를 과하게 호출하는
것은 성능을 떨어뜨린다.

다음은 앞의 예제를 코루틴으로 바꾼 예다. 코루틴에 설정된 시간 지연 호출 속성
을 이용했다.

```
void Start() {
    StartCoroutine(UpdateAI());
}

IEnumerator UpdateAI() {
    while (true) {
        yield return new WaitForSeconds(_aiUpdateFrequency);
        ProcessAI();
}}
```

이 방법 또한 문제가 있다. 코루틴은 일반 함수 호출보다 부가 자원을 2배가량 더 많이 사용할 뿐 아니라 다음 호출까지 현 상태를 기억하기 위에 메모리를 할당받는다. 게다가 코루틴은 한 번 초기화되면 업데이트 함수와 독립적으로 작동하기 때문에 GameObject가 비활성화돼도 작동을 한다. 코루틴에도 문제가 있는 만큼 어느 쪽을 사용할지 심사숙고해야 한다.

일부 상황에 한정되기는 하지만 프레임마다 아무 일도 하지 않는 함수를 호출하는 대신 특정 시점에 한 번씩 호출한다면 성능상의 이득을 얻을 수 있다. yield를 이용해 복잡한 호출 시점을 사용하지 않는다면 좀 더 간단한 함수인 InvokeRepeating( )를 대신 사용할 수도 있다. InvokeRepeating( ) 함수는 코루틴보다 부가 자원을 덜 사용한다(일반 함수 대비 코루틴의 2배, InvokeRepeating( ) 의 1.5배 정도다).

```
void Start() {
    InvokeRepeating("ProcessAI", 0f, _aiUpdateFrequency);
}
```

InvokeRepeating( ) 함수도 코루틴과 마찬가지로 GameObject 업데이트와 무관하게 독립적으로 작동하므로 객체가 비활성화돼도 동작한다는 점에 주의하자.

어느 쪽을 사용하든 한 프레임에 너무 많은 함수가 호출될 가능성은 여전하다. 씬 초기화 과정에서 이처럼 수천 개의 객체가 동시에 초기화를 한다고 상상해보라. _aiUpdateFrequency가 동작할 때마다 ProcessAI( )를 호출하고 좀 전의 상상과 비슷한 일이 계속 일어날 것이다. 다음은 이 문제의 해결책들이다.

* 코루틴이 작동할 때마다 대기 시간 변수에 새로운 난수를 넣는다.
* 코루틴 초기화 과정에서 프레임마다 정해진 수의 코루틴만 초기화하도록 분산 배치한다.[09]
* 프레임마다 호출될 코루틴의 수를 제어하는 마스터 클래스를 제작해 코루틴 호출을 위임한다.

09 옮긴이주_ 이런 방법이면 대기시간이 전부 같을 때 코루틴이 동작하는 프레임이 분산된다.

과도하게 업데이트하도록 정의된 함수를 코루틴으로 옮기면 불필요한 부가 자원 사용을 줄일 수 있다. 하지만 과도한 지연 이벤트가 일어나는 문제까지 해결하지는 못한다.

Update ( )를 최적화하는 또 다른 방법은 Update ( )를 쓰지 않는 것이다. 정확히 말하면 한 번만 쓰는 것이다. 유니티는 Update ( )를 호출할 때 GameObject의 원시 코드와 중간 코드 연결에 많은 자원을 사용한다. 상세한 설명은 '7장 메모리 관리의 주인'에서 설명한다. 어쨌든 지금 당장은 Update ( )에 보이지 않는 추가 작업이 더 붙는다는 점만 알아두자.

따라서 이러한 추가 자원 사용을 최소화하려면 Update ( )를 적게 사용해 불필요한 연결을 최소화해야 한다. 자체적인 업데이트 스타일의 함수가 담긴 구성 요소와 이를 제어하는 만능 클래스라면 가능할 것이다.

사실 많은 유니티 개발자는 이미 메뉴 정지나 쿨타임 조작 이펙트와 같은 작업에서 시간을 세밀하게 제어하기 위해 자신만의 업데이트 함수를 만들어 사용하고 있다.

자체 업데이트 함수 시스템에 들어갈 객체는 공통 진입점을 가져야 한다. 공통 진입점은 인터페이스 클래스를 이용해 생성할 수 있다. 인터페이스 클래스란 이식 가능한 함수의 집합이다. 같은 인터페이스를 이식한 클래스끼리는 같은 멤버 함수를 지닌다. 다시 말해 인터페이스 클래스는 구체화된 클래스에 직접적인 상속은 하지 않으면서 같은 멤버변수를 사용할 수 있게 해준다. C++에서 발생하는 죽음의 다이아몬드 상속 문제를 해결하기 위해 C# 계열은 다중 상속 대신 인터페이스 클래스를 사용한다.

다음 예제는 하나의 함수만을 정의한 간단한 인터페이스 정의다.

```
public interface IUpdateable {
    void OnUpdate(float dt);
}
```

다음은 앞의 인터페이스를 이식할 MonoBehaviour 정의다.

```
public class UpdateableMonoBehaviour : MonoBehaviour, IUpdateable {
    public virtual void OnUpdate(float dt) { }
}
```

Update( )가 아니라 OnUpdate( )란 이름에 주목하자. 언제나 같은 콘셉트의 자체 함수를 만들 때는 기존 함수(여기서는 Update( ))와 이름이 같지 않도록 주의해야한다.

UpdateableMonoBehaviour에 속하는 OnUpdate( ) 함수에는 Time.deltaTime 대신 현재 변위 시간을 검색하는 dt 변수를 선언했다. OnUpdate( )는 가상 함수로 만들어져서 이어받는 클래스마다 원하는 코드를 넣을 수 있게 설계돼 있다. OnUpdate( ) 함수는 유니티에 내장된 Update( ) 함수와 다르게 자동으로 호출되지 않는다. 그러므로 정해진 시간마다 OnUpdate( ) 함수를 호출하는 'GameLogic' 만능 클래스가 필요하다. 이 구성 요소를 초기화하는 과정에서 OnUpdate( ) 함수 호출의 시작과 종료 시점을 알려면 GameLogic 객체의 생성과 소멸 시점을 알아야 한다.

다음으로 만들 GameLogic 클래스는 이전에 살펴본 싱글턴 컴포넌트 예제와 전역 메시지 시스템 예제에서 이어지는 코드다. 싱글턴 컴포넌트를 사용했고 전역 메시지 시스템에 사용할 등록과 해지가 정의돼 있다.

유사 MonoBehaviour 클래스들이 시스템에 후킹 하기 가장 좋은 위치는 Start( )와 OnDestroy( )다.

```
void Start() {
    GameLogic.Instance.RegisterUpdateableObject(this);
}

void OnDestroy() {
    GameLogic.Instance.DeregisterUpdateableObject(this);
}
```

이러한 작업에 Start() 함수가 가장 좋은 이유는 호출되는 시점 때문이다. Start() 함수는 기존에 존재하는 모든 구성 요소가 Awake() 함수를 실행한 뒤에 호출된다. 따라서 업데이트를 호출해 시작하는 데 필요한 여러 중요한 객체 초기화가 완료된 상태에서 호출된다.

주의할 점은 MonoBehaviour에서 상속받은 클래스에서 Start() 함수를 사용할 경우 자동으로 오버라이딩을 한다는 것이다. 따라서 자식 클래스의 Start() 함수를 초기화에 사용하면 GameLogic 객체에 구성 요소의 상태를 알리는 베이스 클래스의 기본 기능이 사라지게 된다. 그러므로 Start() 함수 내부에 추가로 Initialize() 가상 함수를 넣고 자식 클래스 초기화에 사용해야 한다.

다음 예제를 보자.

```
void Start() {
    GameLogic.Instance.RegisterUpdateableObject(this);
    Initialize();
}

protected virtual void Initialize() {
    // 상속받은 클래스들의 초기화 코드는 이 함수를 오버라이드해서 사용해야 한다.
}
```

최대한 코드를 자동화해 새 구성 요소마다 같은 코드를 재이식하지 않도록 해야 한다. 어떤 클래스가 예제로 만든 UpdateableMonoBehaviour로부터 상속을 받는다면, 해당 객체는 OnUpdate()를 멤버를 가지고 있어서 필요할 때마다 사용할 수 있다.

끝으로 GameLogic 클래스의 코드를 작성해보자. GameLogic 클래스는 싱글턴으로 작성하든 자체 클래스로 코딩하든 메시지 시스템을 이용하든 코드가 늘 비슷할 수밖에 없다. UpdateableMonoBehaviour 클래스는 언제나 IUpdateableObject 객체들을 등록하고 해제할 수 있어야 한다. GameLogic 클래스는 자기 자신의 Update( ) 함수를 호출할 때 반복자를 통해 등록된 모든 객체의 OnUpdate( ) 함수를 호출해야 한다. 다음은 GameLogic 시스템의 정의다.

```
public class GameLogic : SingletonAsComponent<GameLogic> {
    public static GameLogic Instance {
        get { return ((GameLogic)_Instance); }
        set { _Instance = value; }
    }

    List<IUpdateableObject> _updateableObjects = new
    List<IUpdateableObject>();

    public void RegisterUpdateableObject(IUpdateableObject obj) {
        if (!_Instance._updateableObjects.Contains(obj)) {
            _Instance._updateableObjects.Add(obj);
        }
    }

    public void DeregisterUpdateableObject(IUpdateableObject obj) {
        if (_Instance._updateableObjects.Contains(obj)) {
            _Instance._updateableObjects.Remove(obj);
        }
    }

    void Update() {
        float dt = Time.deltaTime;
        for (int i = 0; i < _Instance._updateableObjects.Count; ++i) {
            _Instance._updateableObjects[i].OnUpdate(dt);
        }
    }
}
```

자체적으로 정의한 모든 MonoBehaviours 클래스가 UpdateableMono Behaviour에서 상속을 받는다면, N번의 Update( ) 호출을 단 한 번의 Update( ) 호출과 N번의 가상 함수 호출로 대체할 수 있다. 이렇게 바뀐 코드는 N번의 가상 함수를 추가로 호출하는 대신 Update( ) 함수의 원시-관리 코드 연결을 단 한 번만 실행한다. 대량의 자원이 낭비되는 것을 확연히 줄인 것이다.

기존 프로젝트의 진행 상황에 따라서는 이러한 코드 작성은 많은 시간을 잡아먹고 버그를 발생시키고 기존과 다른 의전 체계를 만들어 두려울 수 있다. 하지만 충분한 시간이 주어진다면 이렇게 코드를 고쳐야 위험 대비 압도적인 이점을 얻을 수 있다. 성능상의 이점이 궁금하다면 진행 중인 프로젝트와 유사한 테스트 씬을 만들어 이득이 비용보다 큰지 직접 확인해보기 바란다.

2.9 트랜스폼을 바꿀 때 캐싱 고려하기

트랜스폼(혹은 3차원 변형) 컴포넌트는 부모 클래스로부터 상대적인 값만을 받아 저장한다. 다시 말하자면 트랜스폼 컴포넌트에 접근해 위치, 회전, 크기 속성을 변경할 때 부모 클래스의 트랜스폼으로부터 받은 값을 이용해 계산하기 때문에 의도치 않은 대량의 매트릭스 곱셈 연산이 일어난다. 특히 계층 구조 상 아래에 있는 객체는 층을 내려갈 때마다 연산을 반복해야 해 많은 CPU 자원을 사용한다. 게다가 트랜스폼 값은 충돌, 물리 객체, 광원, 카메라 등 중요한 내부 작업에 쓰이기 때문에 성능 저하의 체감 폭은 훨씬 크다.

따라서 localPosition, localRotation, localScale이 월드 좌표를 기준으로 하는 트랜스폼보다 부하가 적은 것은 맞지만, 월드 공간을 로컬 공간으로 바꾸는 연산은 말도 안 되게 복잡하다. 어떻게 보면 이미 해결된 간단한 수식을 복잡한 3D 계산 문제로 풀기보다는 성능 저하를 감수하는 것이 더 나을 수도 있다.

끝으로 드문 경우지만 한 프레임 내에서 트랜스폼 속성을 여러 번 바꿔야 하는 복잡한 이벤트가 있을 수도 있다. (아마도 이건 불필요한 수준의 복잡한 디자인을 하고 있다는 방증일 것이다.) 이럴 때는 트랜스폼 값을 다른 멤버변수에 저장했다가 프레임 종료 시에만 바꾸는 것이 좋다.

```
private bool _positionChanged;
private Vector3 _newPosition;

public void SetPosition(Vector3 position) {
    _newPosition = position;
    _positionChanged = true;
}

void FixedUpdate() {
    if (_positionChanged) {
        transform.position = _newPosition;
        _positionChanged = false;
    }
}
```

이 예제 코드는 프레임 내에서 바뀐 트랜스폼 값을 뉴 포지션이라는 값에 저장하고 다음번 FixedUpdate( ) 함수 호출 때 바꾼다.

이 코드가 게임의 물리 행동에 악영향을 주지는 않을까? 모든 물리 계산은 FixedUpdate( ) 직후에 이뤄진다. 따라서 해당 코드를 사용하더라도 프레임 렌더링이 시작되기 전에 물리 엔진이 트랜스폼의 변화를 계산하므로 물리 행동에 별다른 영향이 없다.

2.10 더 빠른 게임 오브젝트 빈 참조 확인

유니티 객체를 대상으로 하는 빈 참조에는 원시-관리 코드 연결이 일어나 불필요한 성능 저하를 가져온다(이전에도 말했고 '7장 메모리 관리의 주인'에서 더 자세하게 다룰 것이다).

```
if (gameObject != null) {
    // do stuff with gameObject
}
```

다음 코드는 앞의 코드와 기능적으론 완벽하게 같고 2배 더 빠르다(물론 앞의 코드보다 가독성은 낮다).

```
if (!System.Object.ReferenceEquals(gameObject, null)) {
    // do stuff with gameObject
}
```

이 방식은 게임 오브젝트^{GameObject}와 구성 요소를 포함한 원시-관리 방식의 모든 유니티 객체에 적용할 수 있다. 하지만 일부 벤치마킹에서 (인텔 코어 i5 3570K 기준) 두 코드 모두 나노 초 단위의 시간이 걸렸다. 따라서 빈 참조 확인을 엄청나게 많이 하지 않는 이상 얻을 수 있는 이득은 거의 없다.

그럼에도 이 방식이 가치 있는 것은 원시-관리 코드 연결과 관련된 알려지지 않은 다른 성능 개선의 가능성 때문이다.

2.11 요약

이 장에서는 유니티 엔진의 성능 저하를 막을 수 있는 여러 방법을 스크립트 예제 중심으로 살펴봤다. 물론 '1장 성능 문제 발견하기'에서 언급했듯 이러한 최적화는 실제로 그 문제가 존재한다는 사실을 입증하고 나서 적용해야 한다. 특히 몇몇 기술은 이식에 위험이 뒤따르기 때문에 문제를 확실히 확인하고 개선책의 효과와 필요를 인지한 후 써야 한다. 때로는 성능과 디자인 못지 않게 작업 능률도 중요하므로 성능 향상을 위해 너무 많은 것을 희생하는 것은 아닌지 따져봐야 한다. 여러 번 이야기했듯 좀 더 심화한 스크립트 기술은 '7장 메모리 관리의 주인'에서 살펴볼 것이다. 지금은 잠시 쉬어가며 동적/정적 배칭과 같은 유니티 내장 기술들을 개선할 방법을 알아보자.

chapter 3

배칭의 유용성

3D 그래픽과 게임에서 배칭은 많은 수의 데이터 조각을 하나의 거대한 데이터 덩어리로 만드는 것을 말한다. 이 처리의 목적은 전체 배치를 독립적인 요소로 취급해 병렬로 처리하거나 부가 자원을 줄여 계산 시간을 단축하는 데 있다. 때때로 배칭은 메시^{Mesh}, 정점, 경계선, UV 좌표 등 3D 객체 등을 의미하기도 한다. 광의적 의미로는 오디오 파일이나 스프라이트, 텍스처 파일(아틀라싱이라고도 부른다)과 같은 거대 데이터세트에도 배칭이란 개념이 쓰인다.

따라서 의미 혼동을 피하려면 유니티에서 배칭이 3D 객체의 정적 배칭과 동적 배칭만을 의미한다고 생각하자. 유니티에서 배칭 관련 함수는 지오메트리 인스턴싱 Geometry Instancing[01]에서 같은 복제 객체를 단 한 번만 처리하게 만드는 핵심 요소다.

배칭은 지혜롭게 사용할 때만 성능 향상 효과를 얻을 수 있다. 배칭 시스템은 참 미묘하다. 작동하기 위한 조건도 헷갈리고 언제 성능상의 이점을 얻을 수 있는지도 알기 어렵다. 오히려 성능이 저하되기도 한다.

유니티의 배칭 시스템은 사실 알 수가 없다. 유니티 개발진은 자신들의 배칭 관련 내부 자료를 공개하지 않고 있다. 하지만 배칭의 작동 방식, 프로파일러 분석 데이터, 그리고 배칭의 동작 조건 등을 살펴보면 많은 것들을 알 수 있다. 이 장의 목적은 배칭 시스템에 대해 떠도는 잘못된 소문을 바로 잡는 것이다. 두 배칭 시스템을 관찰하고 설명하며 써 보고 예제를 통해 알아갈 것이다. 이를 통해 정확한 결정을 내려 프로그램 성능을 개선해본다.

---

01 옮긴이주_ 같은 메시를 한 장면에서 반복해 사용할 때 쓰는 기법이다.

3.1 드로우 콜

정적/동적 배칭을 말하기에 전에 이 둘이 공통으로 해결하려는 그래픽 파이프라인의 문제부터 집고 넘어가자. '6장 역동적인 그래픽'에서 이 주제에 대해 좀 더 깊이 있게 다루기 때문에 여기서는 조금 가볍게 살펴보겠다.

배칭의 주 목표는 드로우 콜이라는 화면 내 객체 그리기 요청 횟수를 줄이는 것이다. 드로우 콜의 기본은 CPU가 GPU에게 어떤 사물을 그려달라고 요청을 보내는 것이다. 드로우 콜이 일어나는 데에는 몇 가지 중요한 선결 과제가 있다. 먼저 메시와 텍스처 데이터가 시스템 메모리RAM에서 비디오 메모리VRAM로 전송돼야 한다. 이 작업은 보통 씬이 초기화될 때 수행된다. 그후 CPU는 GPU에게 드로우 콜을 요청하려는 객체를 그리는 데 필요한 렌더링과 옵션을 준비시킨다.

CPU와 GPU는 플랫폼과 목표하는 그래픽 세팅에 따라 다이렉트X나 OpenGL 같은 그래픽 API를 통해 서로 통신을 한다. 이 API들은 서로 연계된 세팅, 상태 함수, 설정 가능한 데이터세트, 하드웨어 설정 등 매우 복잡하다. 이처럼 하나의 객체를 렌더링 하기 전에 필요한 다양하고 복잡한 설정은 '렌더 상태'라는 단일 개념으로 부른다. 렌더 상태에 변화가 있기 전까지 GPU는 기존의 렌더링 상태를 유지하며 객체를 같은 방식으로 렌더링 한다.

렌더 상태를 바꾸는 데에는 시간이 오래 걸린다. 여기서는 자세히 다루지 않지만 렌더 상태가 전체 그래픽 파이프라인[02]에 영향을 주는 전역 변수들의 모임이란 것만은 기억하기 바란다. 병렬 처리 시스템 전체에 영향을 주는 전역 변수를 바꾸는 것은 말처럼 쉽지 않다. GPU에 새로운 렌더 상태를 적용하기 위해서는 선행돼야 하는 작업이 많다. GPU는 이러한 선행 작업, 즉 배칭이 마무리될 때까지 기다린다. GPU의 대량 병렬 처리 능력을 고려하면 배칭이 완료되기까지 기다리는 GPU 대기 시간은 큰 낭비가 아닐 수 없다. 이렇게 시간을 잡아먹는 설정 동기화

---

02 옮긴이주_ 윈도 클리핑, 셰이딩, 렌더링 등으로 나뉘어 각각의 하부 모듈에서 연산을 병렬적으로 수행한다.

는 새 텍스처 입력, 셰이더, 광원, 그림자, 투명도 등 GPU와 관련된 거의 모든 변화에서 일어난다.

이렇게 렌더 상태가 결정되고 나면 CPU는 어떤 머티리얼Material을 이용해 어떤 메시를 어디에 위치시키고 회전하거나 크기를 변경해 (변환 매트릭스에 포함되는 세 가지 속성) 만들지를 결정한다. CPU는 이렇게 결정된 명령어 세트를 GPU에게 전달하기 위해 커맨드 버퍼에 저장한다. 커맨드 버퍼에 저장된 명령어 세트는 선입선출 큐FIFO queue 방식으로 GIP에 의해 처리되며, GPU는 커맨드 버퍼가 비워질 때까지 저장된 명령어 세트를 순차적으로 처리한다.

알아두어야 할 점은 새 드로우 콜이 반드시 새로운 렌더 상태를 의미하는 것은 아니라는 점이다. 만일 두 객체의 렌더 상태가 완벽하게 일치할 경우 GPU는 렌더 상태를 바꾸지 않고 바로 렌더링을 시작한다.

렌더링 과정은 2개의 하드웨어가 긴밀하게 상호 통신하며 동작하기 때문에 병목현상에 매우 취약하다. CPU와 GPU 어느 쪽에서나 병목현상이 발생할 수 있기 때문이다. CPU에 의한 병목현상은 주로 과도한 드로우 콜이 원인인 경우가 많다. CPU가 드로우 콜의 명령어를 순차적으로 준비하는 동안 단일 객체 렌더링을 매우 빠르게 실행할 수 있는 GPU는 아무 일도 하지 않는다. 이런 상황을 CPU에 의한 병목현상이라고 부른다. 반대로 GPU에 의한 병목현상은 CPU보다 느린 GPU가 커맨드 버퍼가 가득 찰 때까지 요청된 렌더링을 완료하지 못하는 상황을 말한다.

> **TIP**
> '6장 역동적인 그래픽'에서 CPU 혹은 GPU에 의한 병목현상을 좀 더 자세히 살펴본다.

그래픽과 관련된 일련의 과정에서 속도에 영향을 미치는 또 다른 요인은 하드웨어 드라이버다. 드라이버는 개발 중인 게임, 다른 프로그램, 심지어 OS와 같이 (바탕

화면을 렌더링 하기 위해) 그래픽 API를 사용하는 여러 프로그램에 그래픽 자원을 분배한다.

그래서 때로는 최신 드라이버를 사용하는 게 성능 향상에 큰 도움이 되기도 한다.

마이크로소프트Microsoft의 다이렉트X 12DirectX 12, 애플Apple의 메탈Metal, 그리고 크로노스 그룹Kronos Group의 불칸Vulcan과 같은 차세대 그래픽 API는 명령어 세트를 단순화하고 병렬로 처리해 드라이버의 오버헤드를 줄여준다(특히 명령이 명령 버퍼로 전달되는 방법). 따라서 개발 중인 차세대 그래픽 API가 대중화되면 좀 더 많은 드로우 콜을 편안하게 사용할 수 있을 것이다. 하지만 그 전에는 드로우 콜에 의한 자원 소모에 주의를 기울여 CPU에 의한 병목현상이 일어나지 않도록 해야 한다.

3.2 재질과 셰이더

셰이더Shader란 GPU가 정점과 픽셀 데이터를 어떻게 렌더링 할지 정의한 짧은 프로그램이다. 하지만 셰이더는 표면 채색Diffuse Textures, 법선 맵핑Normal Maps, 색상 등의 필수적인 정보를 가지고 있지 않다. 셰이더는 이러한 필수 정보는 렌더 상태의 변수로부터 받아와 자신의 작업을 완료해야 한다.

유니티의 재질 시스템은 이러한 정보를 셰이더에게 전한다. 유니티에서 셰이더는 재질에 의존적이다. 모든 셰이더는 재질을 필요하고 모든 재질은 셰이더로 표현된다. 심지어 새롭게 추가돼 아무런 재질이 지정되지 않은 메시라고 해도, 기본적인 주변 광과 흰색이라는 (숨겨진) 재질이 설정된다. 따라서 이 관계는 절대로 바뀔 수 없다.

하나의 재질은 하나의 셰이더만을 지원할 수 있다. 반대로 말하자면 하나의 셰이더는 하나의 재질만을 표현할 수 있다. 따라서 하나의 메시에 다양한 셰이더를 적용하면 적용된 셰이더 수만큼의 다양한 재질이 필요하다.

이 두 가지 시스템이 바로 이 장의 서두에 밝혔던 렌더 상태 변수의 핵심이다. 즉 재질의 수가 적으면 렌더 상태의 변화가 최소화되고 결과적으로 프레임마다 CPU 가 GPU를 위해 준비하는 시간이 줄어들게 된다.

일단 간단한 씬을 만들어 재질과 배칭이 어떻게 작동하는지 살펴보자. 이 씬을 만들기 전에 테스트에 영향에 끼칠 수 있는 렌더링 전역 옵션은 비활성화하자.

- Edit → Project Settings → Quality 메뉴에서 Shadows를 Disable Shadows로 설정한다. (혹은 Fastest 프리셋을 설정한다.)
- Edit → Project Settings → Player메뉴의 Other Settings 탭에서 Static Batching, Dynamic Batching, GPU Skinning 옵션들이 켜져 있다면 끈다.

> **TIP**
>
> 정적 배칭Static Batching과 GPU 표면 처리GPU Skinning는 유니티 4의 퍼스널 에디션에는 포함돼 있지 않다. 유니티 4 프로 에디션으로 업그레이드해야 사용할 수 있다.

다음으로는 씬에 1개의 방향성 광원과 3개의 메시를 만들자. 4개의 육면체와 4개의 구 그리고 각기 다른 재질과 위치, 회전, 크기를 주자.

그림 3-1 **4개의 육면체와 4개의 구**

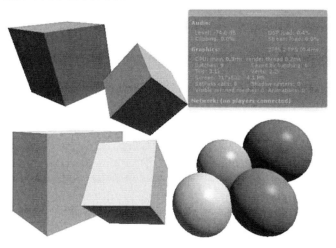

게임 뷰의 상태 팝업 창에서 배치라고 적혀진 값은 9일 것이다. (유니티 4인 경우 배치 대신 드로우 콜이라고 돼 있다) 카메라 지우기 설정이 'Don't Clear'로 돼 있지 않은 이상, 카메라의 배경 처리를 위해 추가적인 배치가 일어난다. 이 배치는 씬의 하늘 상자나 내부를 단일 색상으로 채운 배경 상자에 의해 발생한다.

다음 8개의 배치는 제작한 8개의 객체를 그리는 데 쓰인다. 드로우 콜은 GPU가 재질의 속성, 위치, 회전 크기 값을 이용해 각각의 객체들을 그리도록 요청한다. 이때 재질은 어떤 셰이더를 이용할 것인지, 어느 것이 그래픽 파이프라인에서 프로그래밍 가능한 부분을 제어할지를 결정한다(정점과 프래그먼트 단계).

알아두어야 할 점은 광원 또한 배칭이 필요한데, Player Settings → Rendering Path setting이 Forward로 돼 있다면 한 개의 지향성 광원을 추가적인 배치(드로우콜) 없이 사용할 수 있다는 점이다. 그 이외의 지향성 광원, 점 광원, 스포트라이트, 전 역광 등은 셰이더의 추가적인 패스를 통해 렌더링 된다. 총 광원의 개수는 Quality Settings → Pixel Light Count value 값에 따라 결정된다. (더 밝은 광원에게 우선권이 주어진다.)

> **TIP**
> 광원은 드로우 콜을 발생시키는 주된 원인이기 때문에 '6장 역동적인 그래픽'에서 좀 더 심도 있게 살펴볼 것이다.

앞서 언급했듯 드로우 콜을 줄이려면 렌더 상태의 변화를 최소화해야 한다. 따라서 재질의 사용을 최소화하는 것도 렌더 상태의 변화를 줄이는 데 도움이 된다. 추가로 같은 재질을 사용하는 객체가 있으면 객체마다 다른 배치를 사용할 필요가 없다. 하지만 실제로는 같은 재질의 여러 객체가 각각의 배치를 가지는 경우가 많다.

이러한 문제는 메시 정보를 효과적으로 묶지 못한 데에서 비롯한다. 렌더링 시스템은 같은 재질의 배치를 합치지 못한다. 즉 같은 배치 아래 묶여있지 않은 사물은 재질의 변화 여부와 상관없이 배치와 드로우 콜을 새롭게 요청한다. 이처럼 재질이 같지만 다른 객체로 지정된 것을 하나의 배치 아래에 묶는 '동적 배칭이 바로 드로우 콜을 줄이는 원리다.

3.3 동적 배칭

동적 배칭의 목적은 여러 개의 단순한 메시들을 하나의 메시인 것처럼 묶어 한번에 렌더링 하는 것이다. 동적 배칭은 현재 카메라에 잡힌 사물만을 대상으로 할 수 있다. 따라서 동적 배칭의 대부분은 실시간으로 이루어지고 프레임마다 배칭되는 사물의 개수가 다르다. 그래서 이름이 '동적 배칭'이다.

그림 3-2 같은 재질이 적용된 객체들

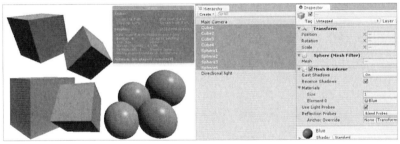

그림 [3-2]처럼 재질이 같은 큐브와 구로 이뤄진 씬으로 동적 배칭을 실험해보자. Player Settings에서 Dynamic Batching을 켜면 배치의 수가 처음 9개에서 6개로 줄어든다. 동적 배칭은 씬 위의 객체들이 같은 재질로 만들어진 것을 확인하고 배칭을 합쳐 한 번에 처리한다. 이처럼 동적 배칭은 CPU 자원 사용을 줄이는 유용한 기술로, 만들어지는 게임이 AI나 물리 연산에 조금 더 CPU 자원을 할당할 수 있는 여유를 준다.

조금의 불편하더라도 우리 스스로 물어봐야 할 것이 있다. 객체의 재질이 같은데 드로우 콜이 2개 또는 3개가 아니라 왜 6개인 것일까? 모든 큐브와 구를 하나의 드로우 콜로 묶던가(2개), 큐브와 구를 각각 하나의 드로우 콜(3개)로 묶지 못하는 것일까? (마지막 하나의 드로우 콜은 배경이다)

그 이유는 동적 배칭의 제한사항 때문이다. 다음은 동적 배칭의 제한사항 목록이다. 원문은 유니티 개발 문서[03]에서 볼 수 있다.

- 모든 메시는 같은 재질로 이뤄져 있어야 한다.
- 파티클 시스템Particle System 과 메시만이 동적 배치의 대상이 될 수 있다. 카툰 렌더링에 쓰이는 표면 처리된 메시나 렌더링 가능한 이외의 객체는 배치로 묶을 수 없다.
- 셰이더에 전성되는 정점 속성의 최대 개수는 900개다.
- 모든 메시가 균등 스케일 또는 비균등 스케일로 이뤄져 있어야 한다. 균등 스케일과 비균등 스케일이 섞여 있으면 동적 배치가 불가능하다.
- 모든 메시 인스턴스들은 같은 라이트맵을 사용해야 한다.
- 단일 패스를 사용하는 재질이어야 한다.[04]
- 메시는 실시간 그림자를 받지 않아야 한다.[05]

그리고 공식 개발 문서에 언급은 없지만 유니티 학술회에서 밝혀진 몇 가지 제한이 더 있다.

- 하나의 배치당 최대 300개의 메시만 포함할 수 있다.[06]
- 전체 배치에는 총 32,000개의 메시 인덱스만 존재할 수 있다.

이 리스트만 봐서는 동적 배치의 정확한 제한사항이나 문제를 알기 어렵다. 지금부터 좀 더 자세히 살펴보자.

---

03 옮긴이주_ http://docs.unity3d.com/Manual/DrawCallBatching.html
04 옮긴이주_ 여러 개의 셰이더를 사용하는 복합재질은 안 된다.
05 옮긴이주_ 실시간 그림자에 따라 라이트맵의 변화가 생길 수 있기 때문이다.
06 옮긴이주_ 이는 900개의 정점과 관련이 있다. 3D의 최소 단위가 삼각형인 만큼 900개의 정점 속성을 좌표로만 지정한 뒤 3개씩 분리된 삼각형을 만드는 경우에만 300개의 메시를 생성할 수 있다.

3.3.1 정점 속성

정점 속성은 메시 파일의 정점마다 지니고 있는 속성 정보다. 여기에는 정점의 위치, 법선 벡터(빛 계산을 위해), UV 좌표(텍스처 매핑을 위해 쓰이는 정보)와 그 외의 정보가 들어 있다. 이러한 정점 속성들의 총합이 900개 이하일 때만 동적 배치로 묶을 수 있다.

> **NOTE**
>
> 원시 데이터에 들어 있는 정점 속성은 유니티에서 불러들이는 총속성의 수보다 적을 수 있다. 그 이유는 엔진에서 메시를 불러올 때 하나의 메시 데이터(특히 정점)를 통해 내부 정점 속성의 수를 계산하기 때문이다.

정점마다 더 적은 속성 정보가 필요한 셰이더일수록 더 많은 정점을 동적 배치로 묶을 수 있다. 예를 들어 정점마다 3개의 속성 정보가 필요한 레거시 확산 셰이더 Legacy Diffuse Shaders를 사용하는 객체라면 총 300개의 정점 정보를 동적 배치로 묶을 수 있는 반면, 5개의 정점 속성을 요구하는 셰이더는 180개의 정점 정보만을 동적 배치로 묶을 수 있다.

이러한 제한 때문에 동적 배칭 이후 배치의 수가 2개나 3개가 아닌 6개가 된 것이다. 자동 생성으로 만들어진 큐브는 총 8개의 정점과 총 3개 정점 속성(정점당 좌표, 법선 벡터, UV 좌표)을 가진다. 그렇게 메시당 총 24개의 정보를 가지고 있으므로 4개의 큐브를 모두 하나의 동적 배치로 묶어도 900개 정점 속성 제한에 걸리지 않는다. 하지만 자동 생성된 구의 경우 총 515개의 정점을 가지고 있다. 정점 속성을 생각할 때 900개의 속성 제한을 가볍게 넘어선다. 결과적으로 4개의 큐브 배치 + 1개의 구 배치 × 4+배경화면 배치로 총 6개의 드로우 콜이 남게 된다.

3.3.2 균등 스케일링

유니티 개발 문서[07]에서는 메시들이 전부 균등 스케일링을 사용하거나 각각 고유의 비균등 스케일을 사용해야 동적 배치로 묶을 수 있다고 적혀있다. 하지만 실제로는 유니티 5 버전에서 동적 배치 시스템에 생긴 변화 때문에 유니티 버전에 따라 제한사항이 다르게 적용되고 있다.

> **TIP**
>
> 균등 스케일이란 스케일 벡터(비율 벡터)의 세 요소가 같은 것을 의미한다.

유니티 4와 5 모두에서 균등 스케일을 사용한 메시는 하나의 동적 배치로 합쳐진다. 하지만 비균등 스케일의 경우 조금 다르다. 유니티 5에서는 비균등 스케일로 이뤄진 메시를 스케일과 무관하게 새로운 배치에 합친다. 하지만 유니티 4에서는 같은 재질로 이뤄진 같은 메시일지라도 비균등 비율의 스케일을 사용한 경우 독립적인 배치로 나누어 버린다.

이는 모든 스케일 벡터가 양수인 경우다. 스케일 벡터에 음수가 있으면 동적 배치는 조금 다르게 작동한다. 먼저 유니티 4의 동적 배치는 음수와 무관하게 동작한다. 하지만 유니티 5에서는 1개 혹은 3개의 음수가 있을 때 동적 배치로 합쳐지지 않는다. 0개 혹은 2개의 음수가 있을 때만 다른 객체들과 동적 배치로 합쳐진다.

이러한 현상은 배치로 합칠 수 있는 객체를 찾는 새로운 알고리즘의 부작용 때문으로 추측된다. 엔진의 알고리즘을 공개하지 않는 이상, 동적 배치의 결과물로 추정할 수밖에 없어 더 자세한 이유는 알 수 없다. 음수 스케일링을 이용해 2번 '거울상 변환'을 한 객체는 원래 객체에서 한 방향으로 180도 돌린 것과 같다. 이것이 0개 혹은 2개의 음수 스케일 벡터만이 동적 배치로 합쳐지는 원리가 아닐까 추측하고 있다.

---

07 옮긴이주_ http://docs.unity3d.com/Manual/DrawCallBatching.html

결과적으로 유니티 5에서 동적 배치가 좀 더 효과적으로 동작하지만, 음수 스케일 벡터를 통해 거울상을 쉽게 만드는 방법을 사용하면 동적 배치가 동작하지 않을 수도 있다.

3.3.3 동적 배치 요약

유니티 5 버전에서는 동적 배치에 많은 개선이 이뤄졌다. 덕분에 좀 더 다양한 상황에서 동적 배치를 사용할 수 있게 됐다. 물론 동적 배치는 버전과 무관하게 다수의 단순한 메시를 묶어 렌더링 하기에도 유용하다.

동적 배치는 시스템의 특성상 단순하고 큰 차이가 없는 다수의 메시에 적용할 때 가장 큰 효과를 발휘한다. 다음은 동적 배치를 적용하기에 적당한 상황들이다.

- 돌, 나무, 수풀로 이뤄진 거대한 숲.
- 건물이나 공장 내부 혹은 우주 스테이션 내부처럼 컴퓨터나 파이프 같은 공통 요소들로 구성된 씬
- 단순한 기하학적 도형과 파티클로 이뤄진 게임(예를 들자면 지오메트리 워즈^{Geometry Wars})

동적 배치가 주는 혜택을 생각하면 동적 배칭에 시간을 투자할 만한 가치는 충분하다. 실제로 동적 배치를 써보면 성능이 낮아지는 경우는 거의 없다.

동적 배치를 사용할 때 가장 흔히 하는 실수는 작은 수의 메시를 포함하는 다수의 배치로 이뤄진 씬에 동적 배치를 적용하는 것이다. 이 경우 동적 배치를 적용시킬 메시를 검색하고 새로운 배치를 만드는 데 드는 부가 자원이 개별적인 드로우 콜을 만드는 것보다 더 많을 수 있다.

동적 배치 적용이 제한될 만한 씬에서 동적 배치를 사용하면 오히려 성능이 낮아질 수 있다.[08] 모든 상황은 고유하기 때문에 재질, 메시, 셰이더를 고려해 씬마다 동적 배치 적용 여부를 결정해야 한다.

---

08 옮긴이주_ 동적 배치가 실제로 적용되지 않지만 동적 배치를 적용하기 위한 검색 등으로 인해 CPU 자원만 소모할 수 있다.

3.4 정적 배칭

유니티에서 제공하는 두 번째 배칭 기술은 정적 배칭이다. 정적 배칭의 목적은 같지 않은 다양한 메시를 하나의 배치로 만들어 배치 횟수를 줄이는 것이다. 동적 배치와 비교하면 배치의 수를 줄여 드로우 콜을 줄이는 목적과 방법은 같다. 동적 배치와 다른 점은 최대한 같은 조건의 메시를 합쳤던 것과 달리 정적 배치는 다른 조건 메시를 합친다는 데 있다. 정적 배치는 실시간으로 동작하는 동적 배치와 다르게 프로그램 초기화 시점에 배치를 만든다. 배치 시기 차이 때문에 정적 배치는 동적 배치보다 조절할 수 있는 옵션이 더 많다.

정적 배치는 유니티 5의 모든 버전에서 유니티 4의 경우 프로 에디션에서만 사용할 수 있다. 유니티 4 퍼스널 에디션^{Personal Edition}(무료)을 쓰고 있다면 프로 에디션 ^{Pro Edition}으로 업그레이드해야 정적 배칭을 사용할 수 있다.

정적 배치는 다음과 같은 필요 조건을 지니고 있다.

- 이름이 말해주다시피 메시는 정적 메시로 선언해야 한다.
- 정적 배치를 할 때마다 메모리 자원이 추가로 소모된다.
- 소스에 상관없이 메시의 인스턴스를 묶을 수 있지만 (동적 배치와 마찬가지로) 같은 재질로 만들어진 객체만 묶을 수 있다.

지금부터는 정적 배치의 요구 조건들에 대해 조금 더 자세히 살펴보자.

3.4.1 정적 선언

정적으로 선언된 객체만 정적 배치의 대상이 된다. 조금 더 자세히 말하면 Static 아래 Batching Static 항목(StaticEditorFlags라고도 부른다)이 체크된 메시만 정적 배치의 대상이 된다. GameObject의 Static 옵션 옆의 작은 삼각형을 클릭하면 나타나는 드롭다운 메뉴에서 다양한 StaticEditorFlags를 발견할 수 있다. 이 드롭다운 메뉴에서 객체의 다양한 정적 처리 옵션을 선택할 수 있다.

그림 3-3 StaticEditorFlags

3.4.2 메모리 요구사항

정적 배치가 메모리를 추가로 소모하는 이유는 배치에 사용할 메시를 복사해두기 때문이다. 정적 배치는 정적 배치를 사용하기로 선언한 모든 메시를 하나의 거대한 메시로 만들고, 렌더링 시스템이 단일 드로우 콜로 넘기는 방식으로 동작한다. 따라서 모든 메시들이 고유한 형태를 지니고 있다면 일반적인 드로우 콜과 같은 크기의 메모리량을 사용한다.

반대로 같은 모양의 메시가 반복 사용되면 반복된 횟수만큼의 추가 메모리가 필요하다. 일반적으로 같은 메시를 여러 개 그릴 때, 메시 정보는 단 한 번만 메모리에 저장하고 같은 메모리를 참조해 변환 매트릭스만을 바꿔 화면에 표현한다. 하지만 정적 배칭의 경우 단 하나의 거대한 버퍼에 각 메시의 완벽한 정보를 저장하고 사용하기 때문에 참조를 이용할 수 없다. 따라서 같은 메시를 참조하더라도 전혀 다른 메시처럼 변환 매트릭스 정보부터 메시의 모양 정보 같은 정보 모두를 따로 저장한다.

예컨대 천 개의 같은 나무를 그린다면 일반적으로는 1개의 메시 데이터와 천 개의 변환 매트릭스 데이터를 메모리에 저장한다. 하지만 정적 배치를 이용하면 천 개의 메시 데이터와 천 개의 변환 데이터를 모두 메모리에 저장한다. 따라서 이에 대한 충분한 고려 없이 정적 배치를 사용하면 메모리 성능 저하를 일으킬 수 있다.

3.4.3 재질 참조

렌더 상태의 변화를 줄이려면 같은 재질을 써야 하는 것은 커다란 제한사항으로 다가온다. 역설적이지만 전혀 다른 재질을 사용한 메시도 정적 배치로 처리할 수 있다.

재질이 다른 메시를 정적으로 배치하려면 각각의 재질마다 새로운 드로우 콜을 요청해야 한다. 결국 다른 사물이 같은 정적 배치에 강제로 묶이게 되는데, 이처럼 교묘한 재질 복사를 이용하는 것은 새로운 배치를 만들 때 도움이 된다. 어떤 장점이 있는지는 정적 배치 시스템의 주의점을 살펴보고 나면 이해가 갈 것이다.

3.4.4 정적 배치의 주의점

정적 배치 시스템에도 단점은 있다. 정적 배치로 모든 메시를 하나의 거대한 메시로 합칠 때 주의해야 할 점은 다음과 같다. 이 문제점들은 씬의 특성에 따라 크게 혹은 작게 느껴질 수 있다.

- 실행 전에는 정적 배치를 통해 줄일 수 있는 드로우 콜의 개수를 알 수 없다.
- 정적인 객체는 프로그램 실행 중에 추가될 수 없다.
- 정적 배치가 적용된 객체는 고정된 위치에서 벗어날 수 없다.
- 정적 배치 때문에 합쳐진 객체는 모두 동시에 렌더링 된다.[09]

에디터 모드에서 정적 배치 디버깅 하기

에디터 모드에서 정적 배치 적용 효과를 확인하기란 쉽지 않다. 정적 배치 적용 효과는 씬이 초기화되고 실제로 실행될 때 마술처럼 일어난다. 특히 게임 개발의 후반부에서 씬을 실행하고 수정한 후 다시 실행할 때 드로우 콜 횟수 감소 효과가 두드러진다. 따라서 새 씬을 만들 때 정적 배치의 효과가 당장 없는 것 같아도 정적 배치를 통한 최적화를 고려하며 작업하는 게 좋다.

---

09 옮긴이주_ 왜냐하면 단일 객체로 취급하기 때문이다.

씬에 새로운 정적 객체가 추가됐다고 해서 정적 배치가 적용되는 것은 아니다. 새로운 정적 객체를 정적 배칭에 편입시키기 위해서는 실시간으로 연산을 재처리해야 하고 렌더링 시스템의 동기화 작업까지 다시 해야 한다. 이 말은 정적인 객체를 기반으로 한 콘텐츠가 실행 중일 때는 객체를 추가하면 안 된다는 것을 의미한다. 이뿐만 아니라 정적 배치를 적용할 객체는 반드시 씬 파일 내부에 있어야 한다.

> **TIP**
> 객체를 동적으로 인스턴스화하는 것은 나름의 장점이 있지만 자원이 많이 소모된다. 이 문제에 대한 해결 방법은 '7장 메모리 관리의 주인'에서 다룬다.

정적 배치의 주의점에 언급했듯 정적으로 배치된 객체는 한번 배치가 완료되고 나면 움직여서는 안 된다. 정적 배치를 적용받은 객체가 움직이면 CPU 자원이 어마어마하게 소모되기 때문이다. 또한 정적 배치 시스템은 기존 사물의 데이터를 복사해 새로운 메시 객체를 만든다. 정적으로 선언된 객체를 움직이는 것도 불가능하거니와 정적 객체 선언을 해제해 움직인다고 해도 객체의 위치 변화는 적용되지 않는다.

시야와 렌더링

정적 배치에 있어 가장 주의해야 할 점은 시야와 렌더링이다. 단 하나의 정점만 카메라에 잡혀도 정적 배치에 의해 묶여진 모든 객체가 동시에 렌더링 된다. 따라서 정적 배치를 잘못 사용하면 점 하나를 표현하려고 프레임마다 거대한 메시를 렌더링 해야 할 수도 있다.

예를 들어 같은 재질을 공유하는 방이 여러 개 있는 씬을 생각해보자. 같은 재질을 공유하므로 정적 배치로 모든 방을 연결해도 될 것 같다. 그러나 방 하나 혹은 벽 하나가 플레이어의 시야에 들어오는 순간 씬 안의 모든 방이 렌더링 된다. 이런 씬에서는 시야에 따라 렌더링 하는 오클루전 컬링이 더 나은 최적화 방안일 것이다. (오클루전 컬링은 '6장 역동적인 그래픽'에서 좀 더 자세히 살펴본다.)

재질 복제는 거대한 야외 씬에서 매우 유용하다. 재질 복제란 비슷한 사물들을 다른 그룹으로 정적 배치하는 기술이다. 같은 객체를 다른 정적 배치 그룹에 넣어 동시에 렌더링 하는 방식으로는 드로우 콜을 줄이지는 못하지만, 같은 텍스처와 재질 셰이더를 이용하는 객체 모음을 씬 내부에서 쉽게 재사용할 수 있게 된다.

재질 복제 방법은 유지 관리 측면에서 부가적인 기능을 한다. 재질 하나를 수정하면 모든 재질을 동시에 수정할 수 있는 게 대표적이다. 이러한 부가 작업은 정적 배치가 씬의 초기화 과정에서 이뤄지기 때문에 자동 복사 스크립트로는 할 수가 없다. 다시 말하지만 정적으로 배치된 객체는 실행 중에 수정할 수 없다. 대신 에디터를 이용하면 수정할 수 있다. (에디터 스크립트를 사용할 좋은 기회다.)

3.4.5 정적 배치 요약

정적 배치는 강력하지만 위험하다. 지혜롭게 사용하지 않으면 메모리 자원량과 동시 렌더링 문제로 인해 성능 저하를 초래할 수 있다. 하지만 직접 조작하고 설정할 수 있는 옵션이 많고 객체의 크기와 무관하게 배칭을 적용할 수 있는 점은 매력적이다. 이론적으로 충분히 고려한 정적 배치에게 한계란 없다.

3.5 요약

정적 배치와 동적 배치가 모든 문제를 해결하는 '마법의 총알'인 것은 아니다. 아무것도 모른 채 씬에 정적/동적 배치를 적용한다고 해서 성능이 개선되는 것은 아니다. 프로그램과 씬에 일정 조건이 만족할 때만 CPU의 부하를 덜고 렌더링 병목 현상을 해소하는 효과를 얻을 수 있다. 조건을 만족하지 않은 씬에 정적/동적 배칭을 적용하려면 추가 작업이 필요하게 된다. 따라서 배칭 시스템과 동작 원리를 알지 못하고서는 배칭을 적재적소에 적용할 수 없는 것이다.

그래픽과 관련한 성능 개선책은 '6장 역동적인 그래픽'에서 상세히 다룰 것이다. 다음 장에서는 아트 자원을 똑똑하게 관리해 성능을 개선하는 방법을 알아본다.

당신의 아트 자원을 활용하라

예술이란 개인적인 선호와 의견이 극명하게 갈리는 매우 주관적인 분야다. 한 예술 작품이 다른 것보다 낫다고 하기 힘들고, 작품에 대해 완전히 같은 평가를 하는 경우도 드물다. 게임 예술인 음악, 일러스트, 그래픽 등에 대한 기술 지원 또한 매우 주관적이다. 성능 향상이 기대되는 분야지만 속도가 향상되는 만큼 작품의 질을 떨어뜨리기가 쉽다. 따라서 최적화 과정 내내 팀원과 예술적인 균형 감각에 대해 의견을 나눠야 한다.

특히 실행 중에 메모리 점유율과 실행 파일의 크기를 줄여 로딩 속도를 높이고 화면 재생률을 유지할 다양한 선택지가 있는 만큼, 언제나 최상의 효과를 주는 최적화 방법이 아니라면 선택에 신중해야 한다. 다른 분야와 마찬가지로 잘못된 최적화는 병목현상같이 사용자 경험을 질적으로 하락시키기 때문이다.

이번 장에서는 오디오 파일부터 텍스처 파일, 메시, 애니메이션 순으로 최적화 기법을 알아본다. 각각의 최적화 기법마다 유니티가 예술 자원을 어떻게 불러오고 저장하며 실행 중에 불러온 자원을 어떻게 사용하는지, 여기에 어떠한 선택지가 있는지, 병목현상을 일으킬 수 있는 행동에는 무엇이 있는지를 탐구할 것이다.

4.1 오디오

오디오는 프로젝트에 따라 가장 많은 저장공간을 차지할 수도, 가장 적은 저장공간을 차지할 수도 있다. 유니티는 몇 가지 사운드 이펙트와 한 가지 배경음악을 가진 프로젝트부터 수백만 줄의 음성 대화와 다양한 사운드 이펙트, 웅장한 배경음을 가진 롤플레잉 게임 프로젝트까지 제작할 수 있다. 두 가지 최적화를 살펴보기 전에 유니티가 오디오 파일를 어떻게 관리하는지부터 살펴보자.

많은 개발자는 오디오 처리에 엄청난 CPU와 메모리 자원이 쓰인다는 사실에 놀라곤 한다. 보통 오디오는 게임 산업에서 과소평가돼 왔다. 개발자는 출시 직전까지 오디오에 별다른 투자를 하지 않고 사용자 또한 크게 관심을 두지 않는다. 이들 모두 오디오가 좋거나 괜찮다고 느낄 정도만 되면 문제라고 여기지 않는다. 반면 소리에 어떤 문제라도 있으면 금새 알아차린다. 따라서 최적화란 이름으로 음원 파일을 너무 많이 손상시켜서는 안 된다.

오디오에 의한 병목현상의 원인은 다양하다. 과도한 압축, 음원 조작, 너무 잦은 음원 재생, 비효율적인 메모리 저장 및 접근 방식 모두가 오디오 성능에 악영향을 끼친다. 다행히 약간의 노력과 설정, 시스템을 이해하는 것만으로 최악의 사용자 경험은 막을 수 있다.

몇몇 오디오 옵션은 유니티 4와 5에서 이름이 다르지만, 기능은 완전히 같다. 이 책에서는 유니티 5의 이름을 기준으로 설명한다.

4.1.1 오디오 파일 불러오기

유니티 에디터에서 '오디오 클립 들여오기An Imported Audio Clip'를 선택하면 가장 먼저 '파일 불러오기 타입Load Type'이라는 옵션이 나타난다. 이 옵션은 총 세 가지다.

- 불러오는 중 압축 해제하기
- 압축 상태로 메모리에 올리기
- 스트리밍Streaming(실시간 재생)

실제로 파일이 불리는 순간과 실행 중에 어떻게 동작하는지는 다른 오디오 클립의 설정에 의해 결정된다. 이 옵션은 단지 어떻게 불러올지를 정하는 것뿐이다.

'불러오는 중 압축 해제하기'는 압축된 음원 파일을 저장공간에 두고 메모리에 로드하는 순간 압축을 해제한다. 오디오 파일을 불러오는 표준적인 방법으로, 대부분의 경우에 적합하다.

'압축 상태로 메모리에 올리기'는 압축된 파일 상태로 메모리에 로드하고 음원이 재생되는 순간 압축을 해제한다. CPU 부하가 가중되는 대신 게임 로딩 속도와 실시간 메모리 소모량을 줄일 수 있다. 이 방법은 보통 실행 중에 반복적으로 사용되는 음원의 용량이 큰 경우, 메모리 자원이 극도로 부족한 경우에 사용한다.

'스트리밍' 옵션은 작은 버퍼에 음원 파일을 밀어 넣고 실시간으로 로딩하며 압축을 해제하고 재생한다. 이 방법은 같은 음원 파일을 기준으로 가장 적은 양의 메모리를 사용하는 대신 가장 많은 CPU 자원을 사용한다. 이 때문에 동시에 여러 음원을 스트리밍 하지 말아야 한다. 아무 생각 없이 여러 음원을 동시에 스트리밍하면 각 음원마다 새로운 버퍼가 생성돼 CPU와 메모리 자원이 대량으로 쓰일 수 있다. 따라서 스트리밍 방식은 다른 음원과 동시에 재생하지 않아도 되는 반복 음원, 씬 내내 반복 재생해야 하는 배경음악, 환경 음원 정도에 적용해야 한다.

오디오 분석하기

다양한 오디오 클립^{Audio Clip}과 오디오 소스^{Audio Sources}를 씬에 배치하면 유니티 프로파일러의 오디오 창에서 다양한 음원 로딩 방식과 재생 방식을 비교 분석할 수 있다. 하지만 에디터 모드에서는 실제 게임과 다른 방식으로 음원이 로드된다. 따라서 에디터 모드에서 프로파일링 한 메모리와 CPU 사용량은 실제 게임에서 쓰이는 사용량과 차이가 있다.

에디터를 통해 플레이 모드에 처음 진입하면 에디터는 음원 파일의 압축을 해제한다. 이 초기화 과정에서 소모되는 메모리와 CPU 자원은 프로파일러의 오디오 창에 잡힌다. 하지만 씬을 다시 시작하면 이미 음원 파일의 압축을 해제했기 때문에 압축 해제로 인한 메모리 소모량이 0KB가 된다. 이는 매번 압축이 해제되며 메모리가 소모되는 실제 게임 상황과 차이가 있다.

따라서 음원을 정확히 프로파일링 하고 싶다면 독립 실행이나 다른 기기, 개발 중인 애플리케이션이 목표로 하는 기기를 대상으로 프로파일링 해야 한다.

추가적인 로딩 옵션

이외에도 다음과 같은 옵션은 음원 파일 불러오기에 영향을 준다.

- 백그라운드에서 불러오기
- 미리 음원 불러오기

일반적으로 오디오 클립은 씬의 초기화 시점에서 오디오 소스 컴포넌트Audio Source Component로 할당되고 메모리에 로드된다. 하지만 '백그라운드에서 불러오기' 옵션을 켜면 음원 클립 파일은 씬이 초기화되고 게임 플레이가 시작된 이후에 로딩된다. 따라서 이 옵션은 사운드 컷 씬에 사용할 사운드 이펙트처럼 씬의 후반부에 사용되는 음원 파일에 적용하는 것이 좋다.

오디오 클립 객체의 로딩 상황 속성은 음원이 제대로 불러지고 있는지 확인할 때 유용하다. '백그라운드에서 불러오기' 옵션을 켠 상태로 완전히 불러지지 않은 음원 파일에 접근하면 당연히 소리가 제대로 나지 않는다. 따라서 의도한 상황에서 소리가 나지 않을 수도 있다.

두 번째 옵션은 기본값으로 설정된 오디오 데이터를 미리 불러오는 옵션인데, 씬의 초기화 과정에서 음원 파일을 로드한다. 이 옵션을 끄면 음원 파일의 인스턴스가 Play( )나 PlayOneShot( ) 함수에 의해 게임이 실행되고 처음 생성되는 순간 음원 파일을 로드한다. 음원 파일을 로드하고자 음원 파일을 저장소(예: 하드디스크)에서 불러오고, 압축 옵션에 따라 압축을 풀거나 풀지 않은 상태로 메모리에 넣기 때문에 처음 음악을 재생할 때 CPU 점유율이 순간적으로 급증할 수 있다.

필연적으로 일어나는 음악 지연 현상과 CPU 자원 소모량을 생각하면 음악이 재생돼야 하는 순간, 음원을 로드하는 방식은 그리 좋지 않다. 오디오 데이터를 씬의 초기화 과정에서 로딩하지 않는다면, 실제로 음악을 재생하기 전에 AudioClip 객체의 LoadAudioData( ) 함수를 이용해서 미리 불러오는 게 바람직하다. 많은 최신 게임은 게임 레벨 중간중간에 로딩을 위한 정지 포인트로, 아무런 사건이 일어나지 않는 '긴 복도'와 같은 것을 만들어 놓는 이유가 이것이다. 참고로 AudioClip 객체에는 이렇게 불러온 음원 파일을 해제하는 UnloadAudioData( ) 함수가 있다.

오디오 파일을 불러오고 해제하는 시기를 직접 조절하는 일은 대단히 정교한 작업이다. 음원이 언제 필요한가, 얼마나 오래 재생해야 하는가, 씬들은 어떻게 붙여져 있는가, 게이머는 각 씬을 넘나들기 위해 어떻게 돌아다니는가와 같은 다양한 점들을 일일이 고려해야 오디오 파일의 로딩과 해제 시기를 직접 조절하고 실질적인 효과를 얻을 수 있다. 따라서 오디오 파일을 불러오고 해제하는 시기를 직접 선택하는 것은 핵미사일 발사처럼 '최후의 수단'으로 남겨두는 게 좋다.

4.1.2 음원 코딩 포맷과 음원 품질

유니티는 세 가지 일반 음원 포맷을 지원한다. 플랫폼(플레이스테이션 비타PS Vita: HEVAG, 엑스박스 원Xbox One: XMA)에 따라 다른 포맷이 다른데, 이 책에서는 세 가지 일반 음원만 중점적으로 살펴본다.

- 압축됨Compressed
- PCMPulse Code Modulation
- ADPCMAdaptive Differential Pulse Code Modulation

압축 포맷은 목표 플랫폼에 따라 달라진다. 모바일 플랫폼은 MP3를, 그 밖의 플랫폼과 스탠드얼론Standalone 프로그램, WebGL은 Ogg-Vorbis 압축 포맷을 사용한다.

대부분의 음악 파일은 유니티 엔진에서 불러올 수 있다. 하지만 이렇게 불러진 음원 파일은 세 가지 포맷 중 하나로 변환된다. 압축 포맷^{Compression Format} 옵션의 통계 자료를 보면 압축을 통해 절약되는 저장공간 크기와 사용 중인 메모리 사용량을 확인할 수 있다. (메모리 사용량은 불러오기 옵션에 영향을 받는다.)

음원 파일 포맷은 음질, 파일 크기, 실행 중 메모리 사용량에 큰 영향을 끼친다. 이 중 압축^{Compressed} 옵션은 샘플링 레이트에 영향을 주지 않은 채 품질에 변화를 줄 수 있다. PCM과 ADPCM 옵션은 이런 사치를 제공하지 않으므로 각 옵션에 따른 파일 크기를 그대로 받아들여야 한다. 이 두 옵션으로 파일 크기를 더 줄일 방법은 샘플링 레이트^{Sampling Rate}를 줄이는 것 밖에 없다.

각각의 음원 포맷은 각기 다른 장단점을 지녔다. 음원 클립의 용도와 내용에 따라 어떤 방식을 선택할지 결정해야 한다. 개발 중인 프로그램의 음원 파일을 최적화하려면 결국, 프로그램에서 모든 종류의 음원 포맷을 사용할 줄 알아야 한다.

PCM^{Pulse Code Modulation} 포맷은 무손실 무압축 음원으로, 아날로그 소리에 가장 가까운 소리를 낸다. 따라서 파일 크기가 가장 큰 대신 음질이 가장 좋다. PCM 포맷은 압축하면 소리가 왜곡될 수 있는 매우 짧은 사운드 효과음에 주로 사용된다.

ADPCM^{Adaptive Differential Pulse Code Modulation}은 PCM보다 CPU 자원 사용량과 파일 크기 면에서 더 우수하지만, 약간의 소음이 들릴 수 있다. 이 소음은 폭발, 붕괴, 충격음과 같이 혼란스러운 사운드 이펙트에 사용하면 효과적으로 감출 수 있다.

압축 포맷의 음질은 실행 중에 CPU 자원이 추가로 필요한 ADPCM보다는 확연히 낮고 PCM보다는 떨어지는 대신, 파일 용량이 더 적다. 압축 포맷은 대부분의 경우에 적합한데, 압축 알고리즘에 따라 음질과 파일의 크기를 조절할 수 있다. 실제로 사용할 때는 Quality 슬라이더를 조절하며 사용자가 만족할 만한 음질과 최소 파일 크기를 찾는 것이 중요하다. 딱 맞는 지점을 찾으려면 파일마다 일일이 사용자 테스트를 진행해야 한다.

에디터 모드에서는 사운드 효과 변화를 바로 알 수 없다. 따라서 음원에 변화를 주었을 경우에는 반드시 프로그램을 플레이 모드로 테스트해야 한다.

4.1.3 오디오 성능 개선

지금까지 살펴본 음원 포맷, 로딩 방법, 압축 방법에 대한 이해를 바탕으로 게임 속 음질과 성능 개선 방안을 고민해보자.

동시에 활성화된 오디오 소스 최소화

오디오 소스Audio Source는 실행될 때마다 CPU 자원을 소모한다. 그러므로 동시에 실행되는 음원을 줄여야 CPU 자원을 절약할 수 있다. 동시에 너무 많은 음원 파일이 로딩되지 않게 할 방안은 음원 파일 재생을 관리할 객체를 생성하고 이 객체로 한 번에 실행할 음원 수를 제한하는 것이다.

이 관리 객체는 현재 사용되지 않는 음원에 대한 재생 요청만을 받아들일 수 있다. 동시에 같은 사운드 이펙트를 몇 개까지 불러올 수 있는지나 동시에 호출 가능한 사운드 이펙트의 총 개수도 제한할 수 있다. 이 방법은 여러 개의 2D 사운드 이펙트를 사용하거나 하나의 3D 사운드 이펙트를 관리할 때 유용하다. (오디오 소스를 재생하며 정확한 장소로 이동해야 하기 때문이다.)

유니티 에셋 스토어Asset Store에서 제공하는 오디오 관리 에셋의 대부분은 음원 개수 제한 기능을 가지고 있다 (보통 오디오 풀링Audio Pooling이라고 부른다). 가능하면 이렇게 미리 만들어진 음원 관리 기능을 사용하는 것이 좋다. 미리 제작된 음원 에셋은 설치하는 정도의 작은 노력만으로 개수 제한, 음원 최적화 등의 다양한 기능을 제공한다. 이런 기능을 직접 스크립트로 제작하는 것은 꽤 비효율적인 일이라고 할 수 있다.

3D 환경음에서 로그 음량 효과를 이용하려면 씬의 정확한 위치에 놓여있어야 한다. 음원 관리 시스템이 언제나 최선의 해결책인 것은 아니다. 효과음을 관리하는 가장 좋은 방법은 음원의 총 개수를 줄이는 것이다. 총 음원 개수는 몇몇 환경음을 없애거나 여러 환경음을 합쳐 하나의 큰 음원 파일로 만드는 식으로 조절할 수 있다. 이렇게 음원을 줄이거나 하나로 합치는 방법은 소리가 다중 소스에서 단일 소스로 바뀌기 때문에 사용자 경험 품질을 낮출 수 있다.

음원 클립 참조 최소화

씬에서 사용되는 오디오 소스는 Preload Audio Data에 따라 오디오 클립을 메모리에 불러와 참조한다(압축됨, 압축 해제 상태, 스트리밍 버퍼와 같은 로드 타입에 따라 약간의 차이는 있다). 이렇게 할당된 메모리는 씬이 끝날 때까지 해제되지 않는다. 예외적으로 같은 오디오 클립을 참조하는 2개의 오디오 소스는 하나의 메모리 주소에 있는 같은 오디오 클립을 2번 참조하기 때문에 메모리를 추가로 사용하지는 않는다.

유니티는 음원 클립을 직접 관리하지 않는다. 다시 말하자면 음원 클립에 대한 참조를 전부 Null로 바꿔도 메모리에서 음원 클립이 사라지지 않는다. 유니티는 개발자가 음원을 메모리에 직접 로드하고 해제하는 것을 전제하고 있다. 그렇다면 언제 파일을 로드하고 해제해야 할까? 자주 사용하는 사운드 이펙트 음은 메모리에서 해제하지 않는 것이 좋다. 매번 메모리에 로드하고 해제하는 일은 CPU 자원을 과도하게 사용하기 때문이다.

자주 사용하는 사운드 이펙트가 너무 많은 메모리 자원을 소모하면 음질을 낮추거나 해당 사운드 이펙트를 사용하지 않는 것을 고려해야 한다. 사운드 이펙트 자체를 사용하지 않는 게 결코 나쁜 것은 아니다. 기존 여러 사운드 이팩트를 섞거나 이펙트 필터를 이용해 필요한 사운드 이펙트를 만들 수도 있다.

반대로 자주 사용되지 않는 사운드 이펙트를 씬이 나타나는 동안 메모리에서 유지하는 것은 메모리 관리상에 문제를 일으킬 수 있다. 캐릭터 대사와 같은 일회용 사운드 이펙트는 재생한 이후 메모리에 남겨둘 이유가 없다. 오디오 클립을 메모리에 할당해 오디오 소스를 만들면 해제하거나 게임이 끝날 때까지 참조를 위한 메모리는 유지된다.

해결책은 Resources.Load( )와 Resources.UnloadAsset( ) 함수를 이용해 오디오 데이터가 사용되는 순간에만 메모리에 불러지고 사용이 끝나는 순간 메모리에서 해제되게 하는 것이다. 다음은 SingletonAsComponent 클래스를 이용해 하나의 오디오 소스와 오디오 클립을 추적한다.

```
using UnityEngine;
using System.Collections;
using System.Collections.Generic;
public class AudioSystem : SingletonAsComponent<AudioSystem> {

    [SerializeField] AudioSource _source;

    AudioClip _loadedResource;

    public static AudioSystem Instance {
        get { return ((AudioSystem)_Instance); }
        set { _Instance = value; }
    }

    public void PlaySound(string resourceName) {
        _loadedResource = Resources.Load(resourceName) as AudioClip;
        _source.PlayOneShot(_loadedResource);
    }

    void Update() {
        if (!_source.isPlaying && _loadedResource != null) {
            Resources.UnloadAsset(_loadedResource);
            _loadedResource = null;
        }
    }
}
```

이렇게 제작된 클래스는 다음 코드와 같이 키보드의 A 키를 누르면 소리 파일을 로드한다. 직접 테스트해보자.

```
public class AudioSystemTest : MonoBehaviour {
    void Update() {
        if (Input.GetKeyDown(KeyCode.A)) {
            AudioSystem.Instance.PlaySound("TestSound");
        }
    }
}
```

> **TIP**
>
> 이 코드를 테스트하려면 TestSound란 이름의 음원 파일이 유니티의 Resources 폴더에 있어야 한
> 다. 그래야 유니티가 해당 파일을 찾아서 재생한다.

이 코드를 실행하면 사운드 이펙트가 재생될 때 메모리에 할당되고 재생이 끝나는
순간 메모리에서 해제된다. 다시 한번 말하지만 유니티 에셋 스토어에서 파는 많
은 오디오 툴은 이 기능을 가지고 있다. 반면 상용 솔루션이 아닌 개인적인 솔루션
을 제작한다면 이 코드의 AudioSystem을 이용해 다수의 오디오 소스와 오디오
클립을 쉽게 제어할 수 있을 것이다.

3D 음을 모노로 강제하기 설정하기

'모노로 강제하기Force to Mono'를 설정하면 스테레오 오디오 파일은 다중 채널에서 단
일 채널로 바뀐다. 2채널에서 단일 채널로 합쳐진 음원 파일은 하드디스크 용량과
메모리 사용량을 절반만 소모한다. 2D 음원의 경우 2채널을 응용해 특별한 효과를
만들어내기 때문에 Force to Mono 옵션을 끄는 게 좋다. 스테레오 효과가 중요하
지 않은 2D 음원과 음원 자체의 스테레오 효과가 의미가 없는 3D 음원이라면 '모
노로 강제하기' 옵션을 켜 메모리와 하드디스크 용량을 절약하자.

음 해상도를 낮춰서 리샘플링 하기

유니티로 불러들인 오디오 파일은 음 해상도를 낮춰 리샘플링 하는 식으로 파일 용량과 메모리 사용량을 줄일 수 있다. 유니티에서는 오디오 클립의 샘플 레이트 세팅과 샘플 레이트 속성을 이용해 리샘플링을 할 수 있다. 현대 음악과 높은 피치의 음악은 음 해상도가 높아야 하지만, 그 밖의 음악이라면 높은 음 해상도가 필수는 아니다. 예컨대 사람의 목소리와 클래식 음악의 경우 22,050Hz(22kHz)가 일반적인 음 해상도인데, 사운드 이펙트에 따라서는 이보다 낮은 음 해상도로도 충분하다. 하지만 각각의 음원마다 적절한 음 해상도가 다르므로 음 해상도를 일괄적으로 결정하기보다는 음원마다 테스트하며 샘플링 수준을 결정해야 한다.

모든 종류의 음원 포맷을 고려하기

메모리와 하드디스크 용량이 충분하다면 WAV 포맷도 고려할 만하다. WAV 포맷은 음원 디코딩 시 가장 적은 CPU 자원을 소모한다. 반대로 CPU 자원에 여유가 있다면 압축 포맷을 이용해 메모리와 하드디스크 공간을 절약하자.

스트리밍에 주의하기

스트리밍은 가장 느린 데이터 액세스 방식인 하드디스크를 액세스하기 때문에 단일 파일을 단일 인스턴스로 사용해야 한다. 음원 클립을 스트리밍 방식으로 겹쳐 또는 연속으로 사용하면 게임이 순간순간 멈출 수 있으므로 Resources.Load( ) 방식을 이용해야 한다. 액세스로 인한 멈춤 현상은 언제나 일어날 수 있기 때문에 한 번에 하나의 파일만 스트리밍 해야 한다.

믹서 그룹으로 필터 이펙트를 사용해 복제 줄이기

필터 이펙트Filter Effect는 오디오 소스에 덧붙일 수 있는 추가 구성 요소다. 각각의 필터 이펙트마다 CPU와 메모리의 자원을 소모하므로 오디오 소스에 너무 많은 필터 이펙트를 복제해 넣으면 재앙이 일어날 수 있다. 이보다 나은 방법은 유니티의 오디오 믹서 유틸리티Audio Mixer Utility를 이용해 템플릿을 만드는 것이다. 이렇게 만들어진 템플릿을 다양한 오디오 소스에서 참조하면 메모리 자원을 좀 더 절약할 수 있다.

오디오 믹서에 대한 보다 자세한 정보는 유니티 공식 튜토리얼 문서[01]에서 확인할 수 있다.

WWW.audioClip을 책임감 있게 사용하기

유니티의 WWW 클래스는 웹을 통해 게임을 스트리밍하는 데 쓰이는데, WWW 클래스에 접근한 뒤 참조를 Null로 바꿔도 로딩된 자원이 해제되지 않는다. 따라서 audioClip 속성을 통해서만 오디오 클립을 참조하기 위한 자원을 얻고 참조 자원을 얻은 시점부터만 참조하며, 사용이 끝난 후에는 반드시 해제해야 한다.

백그라운드 음악을 오디오 모듈 파일로 제작

트래커 모듈Tracker Modules이라고 불리는 오디오 모듈Audio Module 파일은 음질을 약간 낮추는 것만으로도 저장공간을 상당히 절약할 수 있다. 유니티에서 지원하는 오디오 모듈 확장자로는 .it, .s3m, .xm, .mod가 있다. 일반적인 PCM 오디오 파일은 소리를 내기 위해 비트 스트림 데이터를 실시간으로 읽고 디코딩 한다. 이와 달리 트래커 모듈에는 언제, 어디서 얼마나 큰, 어떤 피치의 어떤 특수 효과가 들어 있는 작은 PCM 샘플들을 재생해야 하는지가 정의돼 있다. 이 조합을 통해 전체 음악과 비슷한 음을 만들어낸다. 이를 이용하면 샘플링 품질은 유지한 채 음원 용량을 줄일 수 있다. 사용하는 음원의 트래커 모듈 버전을 만들 수 있다면 꼭 만들기 바란다.

---

01 옮긴이주_ https://unity3d.com/learn/tutorials/modules/beginner/5-pre-order-beta/
audiomixer-and-audiomixer-groups

4.2 텍스처 파일

게임 개발에서 텍스처^{Texture}와 스프라이트^{Sprite}는 흔히 혼용돼 쓰이곤 하는데, 두 개념을 정확하게 알아둘 필요가 있다. 텍스처는 3D에서 이용되는 단순한 이미지 파일로, 프로그램에게 어디에 어떤 색의 점이 있어야 하는지 알려주는 색상 데이터 리스트다. 스프라이트는 이와 반대로 2D 메시에 대응하는 개념으로, 현재 카메라에 렌더링 되는 단일 사각형이다. 그 외에도 스프라이트 시트$^{Sprite Sheets}$가 있는데, 작은 이미지들을 모아놓은 큰 텍스처 파일로 2D 캐릭터 애니메이션을 제작에 주로 쓰인다. 스프라이트 시트는 유니티의 스프라이트 배치 툴$^{Sprite Batch Tool}$로 분리해 각각의 애니메이션 프레임에 사용한다.

이처럼 복잡하고 헷갈리는 이름 구분은 잠시 미뤄두고 지금부터는 텍스처에 대해 살펴보겠다. 텍스처는 개발 중인 프로그램에 사용하려고 어도비 포토샵$^{Adobe Photoshop}$이나 김프^{Gimp}와 같은 외부 프로그램에서 만든 이미지 파일이다. 텍스처 파일들은 실행 중에 메모리에 불러지고 GPU로 보내져 드로우 콜에 따라 목표 객체의 표면에 셰이더를 통해 표현된다.

4.2.1 압축 형식

유니티는 음원 파일과 같이 다양한 종류의 이미지(그림 파일) 압축 형식을 지원한다. 이미지 파일을 개발 중인 프로젝트에 넣으면 유니티를 통해 몇 가지 옵션을 조절할 수 있다. 가장 먼저 살펴볼 옵션은 텍스처 타입$^{Texture Type}$이다. 이는 파일 자체를 건드리기보다 유니티에서 해당 파일을 어떻게 해석하고 조절할지, 최종 실행 빌드에 어떻게 압축해 넣을지를 결정하는 옵션이다.

그림 4-1 텍스처 타입

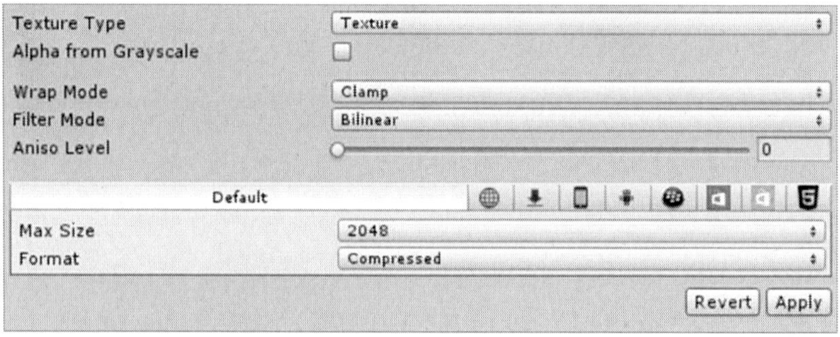

Texture Type	Texture	‡
Alpha from Grayscale	☐	
Wrap Mode	Clamp	‡
Filter Mode	Bilinear	‡
Aniso Level	○──────────────── 0	
Default	🌐 ⬇ 📱 ✦ 🌐 ◀ ◀ 5	
Max Size	2048	‡
Format	Compressed	‡
	Revert Apply	

유니티는 대부분의 텍스처 타입에 대해서 압축됨, 16비트, 트루 컬러 총 세 가지 압축 옵션을 제공한다. 대신 텍스처 타입의 옵션을 Advance로 바꾸면, 텍스처 파일을 좀 더 세밀하게 조절하고 사용할 수 있다.

그림 4-2 Advance 텍스처 타입 옵션

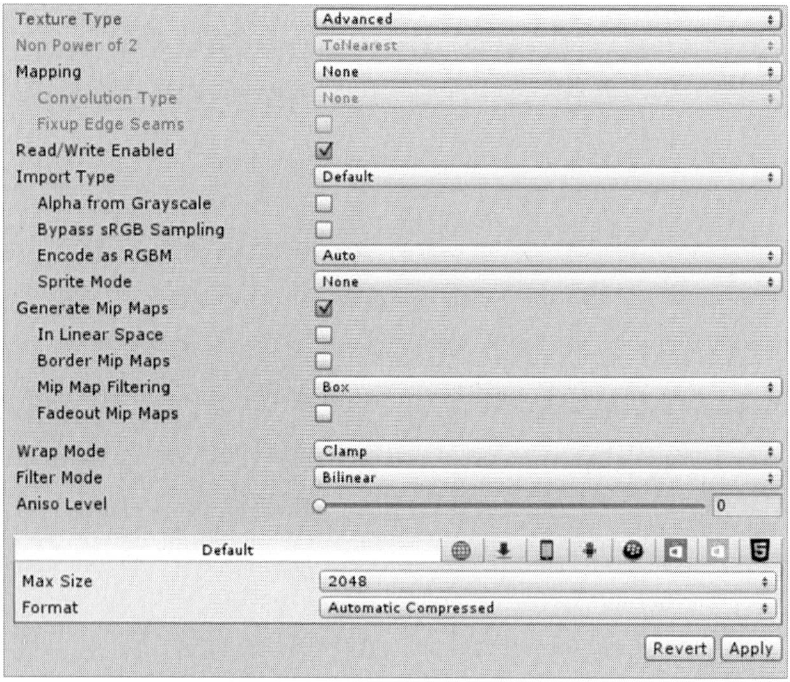

Texture Type	Advanced	‡
Non Power of 2	ToNearest	‡
Mapping	None	‡
Convolution Type	None	‡
Fixup Edge Seams	☐	
Read/Write Enabled	☑	
Import Type	Default	‡
Alpha from Grayscale	☐	
Bypass sRGB Sampling	☐	
Encode as RGBM	Auto	‡
Sprite Mode	None	‡
Generate Mip Maps	☑	
In Linear Space	☐	
Border Mip Maps	☐	
Mip Map Filtering	Box	‡
Fadeout Mip Maps	☐	
Wrap Mode	Clamp	‡
Filter Mode	Bilinear	‡
Aniso Level	○──────────────── 0	
Default	🌐 ⬇ 📱 ✦ 🌐 ◀ ◀ 5	
Max Size	2048	‡
Format	Automatic Compressed	‡
	Revert Apply	

지금부터는 일반적으로 보기 힘든 텍스처 파일의 세부 설정을 잠시 살펴보겠다. 이를 또 다른 성능 향상의 기회로 삼기 바란다.

[그림 4-2]에서 볼 수 있듯 Advanced 모드에서 선택할 수 있는 압축 포맷 종류는 많다. 유니티 4와 유니티 5 모두 같은 옵션을 제공하는데, 일부 포맷은 알파 값을 허용하고 일부는 허용하지 않는다. 예컨대 알파 채널이나 Heightmap 같이 네 번째 float 값이 필요한 텍스처의 경우에는 옵션 선택이 제한된다.

압축 포맷에 따라 씬 초기화 과정에서 압축을 해제하고 GPU에 데이터를 전달하는 데 드는 자원의 양이 다르다. 따라서 목표 플랫폼에 알맞은 압축 포맷을 선택해야 한다. Advanced 모드는 플랫폼과 기기에 따라 세세한 설정에 시간이 많이 들고 설정 후에는 반드시 성능 테스트를 진행해야 한다. 유니티는 이러한 수고를 덜어주는 자동 압축 기능도 제공한다.

인스펙터^{Inspector} 창 하단에 있는 미리보기 창^{Preview Window}은 어떤 압축 방식이 얼마나 효율적인지 알 수 있는 유용한 통계를 제공한다.

4.2.2 텍스처 성능 개선

이제부터는 여러 상황과 파일에 따라 어떻게 하면 텍스처 파일로 성능을 개선할 수 있는지 알아본다. 상황마다 바꿔야 할 점과 그에 따른 CPU와 메모리의 종합적인 영향, 텍스처 품질의 향상과 하락 정도, 어떤 조건에서 어떤 기술을 써야 하는지 종합적으로 살펴볼 것이다.

유니티 5 퍼스널 에디션^{Personal Edition}은 유니티 4 프로 에디션에서만 사용 가능한 여러 기능을 제공한다. 때문에 유니티 4 퍼스널 에디션에서 프로로 업그레이드한 사람은 성능 향상에 도움이 되는 몇몇 기능을 정확하게 알지 못할 수도 있다. 따라서 이 절의 마지막에서는 버전에 따른 추가 기능을 중점적으로 살펴본다.

텍스처 파일 용량 줄이기

그래픽카드에 텍스처를 넣을 때 텍스처 파일의 크기가 클수록 더 많은 메모리 대역폭이 필요하다. 그래픽카드에 전송되는 메모리양이 그래픽카드의 메모리 대역폭을 초과하면 시스템 메모리가 렌더링 할 텍스처 파일을 로딩하느라 곳곳에서는 병목현상이 일어난다. 작은 용량의 텍스처 파일이 큰 용량의 텍스처 파일보다 파이프라인을 통과하기 쉬운 만큼 텍스처 파일의 품질과 성능 사이에서 적절한 절충점을 찾는 게 무엇보다 중요하다.

메모리 대역폭으로 인한 병목현상을 해소하는 가장 일반적인 방법은 용량이 가장 크고 복잡한 텍스처의 해상도를 낮추고 씬을 재시작하는 것이다. 프레임 레이트가 갑자기 상승한다면 만들던 프로그램의 텍스처 통과율이 문제였다고 볼 수 있다. 프레임 레이트가 많이 증가하지 않거나 전혀 증가하지 않는다면 병목현상의 원인이 메모리 대역폭이 아니라 렌더링 파이프라인의 또 다른 부분에서 발생한 것이다.

밉맵을 지혜롭게 사용하기

배경의 끝부분에 위치한 돌과 바위 같이 매우 작거나 멀리 떨어진 물체, 게이머가 자세히 살펴볼 가능성이 없는 객체, 약간의 텍스처 해상도 증가에도 성능 저하가 큰 객체라면 고해상도의 텍스처를 고집할 필요가 없다. 밉맵Mip Map은 이러한 문제를 해결하기 위해 (앤티애얼리어싱Anti-Aliasing에도 적지 않은 도움을 준다) 고안됐다. 이 기술은 텍스처 객체의 저해상도 버전을 미리 만들어 같은 메모리 공간에 저장한다. 그래픽카드는 화면 시점에서 보이는 객체의 표면 넓이에 따라 (특히나 텍스트의 픽셀 크기와 렌더링 되는 화면의 픽셀 크기 비율에 따라) 크기를 적당히 조절한 밉맵을 사용한다.

유니티의 제너럴 밉맵Generate Mip Maps 옵션을 켜면 기존 텍스처를 복제해 저해상도 텍스처를 만들고 관리한다. 저해상도 텍스처는 프로그램이 실행될 때가 아니라 에디터 모드에서 고해상도 텍스처를 리샘플링 하고 필터링 할 때 제작된다.

[그림 4-3]은 1,024×1,024 이미지가 밉맵을 통해 저해상도 텍스처로 복제되는 과정을 보여준다.

그림 4-3 밉맵 과정

1024x1024   512x512   256x256   128x12

밉맵핑의 단점은 자동으로 생성되는 작은 텍스처들로 인해 파일의 총 용량이 늘어나 로딩 시간이 더 걸린다는 점이다. 밉맵핑을 하면 최종 파일 용량은 원본 파일의 4/3(무한 등비 급수 r = 1/4) 정도가 된다. 또한 특정 상황에서는 밉맵핑이 전혀 쓸모가 없을 수도 있어 텍스처 파일 하나하나를 살펴보며 밉맵을 지혜롭게 사용해야 한다.

밉맵핑은 다양한 거리에서 텍스처가 보일 때만 쓸모가 있다. 언제나 메인 카메라에서 일정 거리에 있는 텍스처라면 저해상도 버전을 별도로 만들어 쓸 필요가 없다. 따라서 메인 카메라와의 거리가 늘 비슷한 객체의 밉맵 옵션을 켜는 것은 저장 공간 낭비일 뿐이다.

또한 딱 한 종류의 저해상도 복제 텍스처가 필요한 경우도 밉맵핑보다는 저해상도 파일을 직접 만드는 게 좋다.

그 밖에도 밉맵핑을 끄는 것을 고려해야 할 개체들은 다음과 같다.

- 2D 게임에서 사용되는 대부분의 텍스처 파일
- 사용자 인터페이스에 쓰이는 텍스처
- 언제나 카메라 주변에 그려지는 메시, 스프라이트, 파티클 효과의 텍스처(플레이어 캐릭터들과 그들이 들거나 장비한 아이템, 플레이어를 중심으로 발생하는 파티클 이펙트 등)

외부 프로그램으로 해상도 줄이기

유니티는 개발자의 편의를 위해 PSD나 TIFF와 같은 외부 프로그램에서 생성한 프로젝트 파일을 지원한다. 유니티는 이러한 멀티레이어 외부 프로젝트 파일을 통해 엔진 내부에서 사용할 텍스처 파일을 자동으로 만든다. 소스 컨트롤Source Control 기능을 통해 단 하나의 파일만 관리하면 유니티가 알아서 이미지의 변동 사항을 추적해 사용이 편리하다.

이 기능의 문제는 유니티의 텍스처 파일 압축 기술이 어도비 포토샵이나 김스와 같은 프로그램보다 뛰어나거나 효율적이지 않다는 데 있다. 유니티가 만든 텍스처에서는 이미지 갈라짐 현상이나 계단 현상이 자주 발견되기 때문에 텍스처 품질을 유지하려면 외부에서 파일을 불러올 때 고해상도 텍스처를 불러들여야 한다. 만약 텍스처 파일의 해상도를 외부 프로그램에서 먼저 줄이면 계단 현상 발생이 확연히 줄어든다. 결론적으로 외부 프로그램에서 텍스처 파일의 해상도를 미리 줄여 적당한 품질의 텍스처 파일을 미리 만들고 유니티로 불러들이면 고해상도의 파일을 굳이 이용할 필요가 없어 하드디스크와 메모리 용량 모두를 절약할 수 있다.

개발자는 애당초에 PSD와 TIFF 파일을 피하는 습관을 들이거나 (외부 프로그램에서 애당초에 저해상도용 텍스처를 만들어서 유니티로 불러들이는 등) 파일 크기에 대한 테스트와 최적화에 노력을 좀 더 기울이면 하드디스크와 메모리의 용량, 그래픽카드의 메모리 대역폭 낭비를 막을 수 있다. 외부 프로그램을 통해 텍스처 파일을 리샘플링 하는 방법은 유니티가 자동으로 텍스처를 생성하는 것보다 프로젝트 파일 관리가 조금 귀찮아지지만 하드디스크 용량과 여러 가지 옵션을 조절하며 테스트하는 데 드는 시간을 아낄 수 있다.

애니소트로픽 필터링 수준 조절하기

애니소트로픽 필터링Anisotropic Filtering은 사물을 비스듬한 각도에서 볼 때 텍스처 이미지의 품질을 향상시키는 기능이다. [그림 4-4]는 노란 차선이 그려진 도로의 스크린샷인데, 애니소트로픽 필터링의 적용 여부에 따른 이미지 품질 차이를 한눈에 확인할 수 있다. 애니소트로픽 필터링을 적용하지 않은 좌측 이미지는 차선은 퍼져 보이고 카메라에서 멀어질수록 왜곡이 심한 반면, 애니소트로픽 필터링을 적용한 우측 이미지는 차선들이 훨씬 더 선명하고 깨끗하다.

그림 4-4 애니소트로픽 필터링 적용에 따른 이미지 품질 차이

애니소트로픽 필터링의 강도는 애니소 레벨Aniso Level을 이용해 텍스처별로 조절할 수 있다. Quality Settings이란 이름의 애니소트로픽 필터링 설정으로는 텍스처 품질을 전역적으로 조절할 수 있다.

밉맵과 마찬가지로 이 효과는 추가적인 자원을 요구하기 때문에 모든 경우에 필요한 것은 아니다. 따라서 비스듬한 각도에서 절대로 볼 일이 없는 텍스처(원경 화면 텍스처나 파티클 이펙트의 텍스처 등)는 애니소트로픽 필터링 옵션을 사용할 필요가 없다. 또한 각 텍스처마다 애니소트로픽 필터링 강도를 조절해 품질과 성능을 모두 만족하는 매직 스팟을 찾는 것도 한 방법이다.

아틀라싱 고려하기

아틀라싱Atlasing은 머티리얼의 수를 최소화하기 위한 기법이다. 이 기법은 작고 균질한 여러 텍스처를 하나의 큰 텍스처 파일로 합치는 데 동적 호출로 사용한다. 아틀라싱은 '3장 배칭의 유용성'에서 배운 머티리얼 사용을 최소화하는 방법과 매우 유사하다.

각각의 머티리얼은 추가적인 드로우 콜을 요청하며 하나의 주 텍스처만을 지원한다. (노멀 맵, 이미션 맵Emission Maps, 빛의 노출을 설정하는 맵) 따라서 여러 개의 텍스처들을 하나의 거대한 텍스처로 합치면 같은 텍스처를 공유하는 객체들의 드로우 콜을 최소화할 수 있다.

그림 4-5 아틀라싱 예

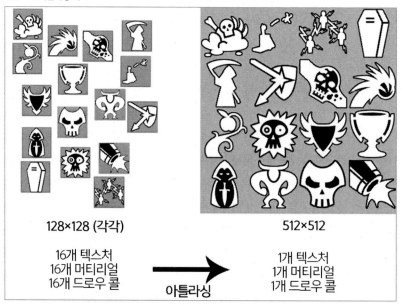

아틀라싱의 장점은 분명하다. 드로우 콜을 줄여 CPU 작업량을 줄이고, CPU에 종속된 프로그램의 프레임 레이트 상승 효과를 얻을 수 있다. (아니면 CPU가 다른 작업을 할 여유를 만들어줄 수도 있다.) 아틀라싱 적용에 따른 품질 저하는 없고 메모리 사용량

또한 같다.[02] 개발자가 해야 할 일은 유니티의 동적 배칭 시스템을 이용해 드로우 콜을 줄이는 것뿐이다. 아틀라싱 사용에서 주의해야 할 점은 아틀라싱은 단순히 작은 텍스처 파일을 하나의 큰 텍스처 파일로 모으는 것이기 때문에 CPU 자원의 사용량은 줄어들지만 메모리 자원 사용량은 그대로다.

> **TIP**
>
> 아틀라싱은 모든 텍스처가 같은 셰이더 옵션을 가지고 있을 때만 적용할 수 있다. 일부 텍스처가 특수한 셰이더 이펙트를 요구하면 해당 텍스처는 단일 머티리얼로 설정하거나 같은 셰이더 이펙트를 공유하는 텍스처와 아틀라싱을 해야 한다.

아틀라싱은 UI 창이나 다량의 2D 그래픽으로 이뤄진 게임에 주로 사용한다. 드로우 콜이 주요 병목현상으로 꼽히는 모바일 게임 개발에서는 사실상 필수로 쓰인다. 하지만 아틀라스 파일을 직접 만들기란 쉽지 않다. 무언가가 각각의 텍스처를 따로 수정한 후 자동으로 합쳐준다면 정말 편할 것이다.

유니티 에셋 스토어의 많은 GUI 관련 툴은 자동 텍스처-아틀라싱 기능을 제공한다. 인터넷 검색을 통해서도 수많은 API 툴을 쉽게 찾을 수 있다. 유니티는 자체적으로 새로운 UI 시스템이 내장된 스프라이트 패커Sprite Packer 툴을 제공한다. 따라서 유니티 4.6 버전부터는 사용자가 다양한 방법으로 텍스처를 정의할 수 있게 됐다.

아틀라싱에 관심이 있다면 스프라이트 패커 유니티 개발 문서[03]를 읽어보기 바란다.

어느 쪽이든 기존에 제작된 툴로 아틀라싱을 해 바퀴를 다시 개발하는 어리석은 짓은 하지 않기 바란다.

---

02 옮긴이주_ 아틀라싱을 하는 텍스처들을 전부 빈틈이 없이 합쳤을 경우
03 옮긴이주_ http://docs.unity3d.com/Manual/SpritePacker.html

아틀라싱은 2D 그래픽과 UI 요소에 주로 쓰이지만 저해상도 텍스처가 많이 필요한 3D 메시에도 적용할 수 있다. 단순히 텍스처로 이루어져 있거나 단순한 광원과 낮은 품질의 폴리곤 아트 스타일의 3D 게임[04]은 아틀라싱을 적용하기에 좋다.

하지만 움직이지 않는 메시(스킨드 메시 렌더러가 아니라 일반 메시 렌더러)만 동적 배칭의 영향을 받으므로 애니메이션이 적용된 캐릭터의 텍스처에 아틀라싱을 적용하는 것은 의미가 없다. 3D 객체가 움직일 때 GPU는 객체의 뼈대를 애니메이션 상태 변화에 따라 곱해야 한다. 즉, 캐릭터마다 고유한 계산과 추가적인 드로우 콜이 필요한데 텍스처를 합치더라도 드로우 콜이 줄어들지는 않는다.

이 경우 텍스처 합치기는 파일 관리의 용이성과 저장공간의 절약 이상의 의미를 가지지 못한다. 만약 모든 개체가 색 팔레트를 공유하는 단순한 광원을 쓰는 저품질 폴리곤 스타일의 게임이 있고 모든 게임 세상, 객체, 캐릭터가 단 한 장의 텍스처만을 사용한다면 저장공간을 엄청나게 절약할 수 있을 것이다.

아틀라싱의 대표적인 단점은 작업 흐름이 복잡해지고 개발 시간이 더 길어지는 것이다. 기존의 프로젝트에 아틀라싱 적용할지 타당성 조사만으로도 많은 노력과 시간이 든다. 하나로 만든 거대 텍스처가 목표 플랫폼보다 너무 크지 않은지도 주의해야 한다.

일부 기기(특별히 모바일)는 GPU의 비디오 메모리[VRAM]에 넣을 수 있는 텍스처 이미지 크기가 작다. 만약 아틀라스로 만든 텍스처 파일이 너무 크면 비디오 메모리에 들어갈 수 있도록 좀 더 작은 크기로 텍스처를 잘라야 한다. 렌더링을 할 때마다

---

04 옮긴이주_ 마인크래프트를 예로 들 수 있다

다른 아틀라스 파일에서 텍스처를 불러와야 한다면 매번 새로운 드로우 콜을 불러야 한다. 그러면 대량의 시스템 캐시가 낭비되고 텍스처를 자주 비디오 메모리 VRAM에 넣어야 하기 때문에 메모리 대역폭이 좁아지는 문제에 봉착하게 된다.

만일 아틀라싱을 하지 않고 개별 텍스처를 그대로 사용한다면 이러한 문제를 겪을 리 없었다. 텍스처 교환이 발생하지만 파일 용량이 훨씬 적기 때문에 시스템 캐시와 비디오 메모리를 낭비할 리가 없다. 단지 드로우 콜이 더 많이 발생할 뿐이다. 양측의 문제를 모두 해결할 가장 좋은 방법은 아틀라스 파일의 해상도를 낮추거나 동적 배칭에 더 주의해 아틀라스 파일 용량을 줄이는 것이다.

아틀라싱은 만능 해결사가 아니다. 만약 해당 기법이 성능 향상을 가져온다는 확신이 없다면 새로운 기능을 추가하는 데 너무 많은 시간을 들여서는 안 된다.

일반적으로 중간 내지는 고품질의 모바일 게임을 만든다면 프로젝트의 시작부터 아틀라싱을 적용하고 플랫폼과 기기에 따른 텍스처 제한사항을 확인하는 것이 좋다. 단순한 모바일 게임이라면 아틀라싱을 굳이 적용할 필요가 없다.

고품질의 데스크톱 PC용 게임을 제작할 때 드로우 콜이 일반적인 하드웨어가 처리할 수 있는 수준을 넘어선다면 텍스처 품질 저하를 막는 성능 개선책으로 아틀라싱을 고려할 수 있다. 반면 저품질의 데스크톱 PC용 게임은 드로우 콜이 병목 현상의 주원인이 아니기 때문에 아틀라싱을 적용할 필요가 없다.

이외에도 제작 중인 게임이 드로우 콜로 인해 CPU 성능의 발목을 잡고 있고 이를 해결하고자 적용한 모든 노력이 수포로 돌아갔다면, 그다음으로 적용 방안으로 아틀라싱을 검토할 수 있다. 적절히 사용된 아틀라싱은 드로우 콜을 놀랄 만큼 줄여준다.

정사각형이 아닌 텍스처의 압축률 조절하기

정사각형이 아니거나 픽셀의 크기가 2의 지수가 아닌 텍스처[05]를 개발에 사용하는 것은 그리 좋은 방법이 아니다. 왜냐하면 많은 경우에서 GPU는 정사각형이나 픽셀의 크기가 2의 지수 꼴인 텍스처를 요구하기 때문이다.

비정형 텍스처를 그래픽카드에 보내기 위해서는 추가 작업을 수행해야 한다. 유니티는 비정형 텍스처의 빈 공간을 자동으로 채워 정형 텍스처로 바꾼 후 GPU로 전송한다. 이는 GPU에 쓸데없는 데이터를 보내 메모리 대역폭을 낭비하는 꼴이다.

따라서 될 수 있으면 정사각형 또는 2의 지수 크기의 텍스처를 사용하자. 만약 비정형 텍스처를 늘리거나 줄여서 정형 텍스처로 만들 수 있다면 약간의 품질 저하를 감수하고서라도 항상 정형 텍스처로 처리하자.

만약 비정형 텍스처를 쓸 수밖에 없다면 이 팁에 주목하자. 이 팁은 텍스처의 품질을 높이면서 저장공간을 낭비하지 않는다. 비정형 텍스처는 압축 알고리즘에 의해 압축돼 있고 선택한 압축 알고리즘에 따라 텍스처의 비트 레이트를 늘릴 수(즉, 품질을 올릴 수) 있다. 따라서 비정형 텍스처의 압축 포맷을 다양하게 바꿔 자원 낭비 없이 텍스처 품질을 높일 수 있다. 이 방법을 적용할 때에는 다양한 압축 방법을 실험하고 품질의 차이를 반드시 확인해야 한다.

스파스 텍스처링

거대 텍스처 혹은 타일화된 텍스처라고 불리는 스파스 텍스처링Sparse Texturing은 실행 중에 하드디스크로부터 텍스처 데이터를 스트리밍하는 매우 효율적이다. 많은 개발자가 "CPU 작업은 1초, 하드디스크 작업은 하루가 걸린다"고 푸념한다. 그러므로 게임이 실행되고 있을 때에는 하드디스크에 액세스하는 것을 최대한 피해야 한다. 하드디스크에 자주 접근할수록 프로그램은 자주 멈칫거리기 때문이다.

---

05 옮긴이주_ 이를 비정형 텍스처라고 부른다.

스파스 텍스처링 기법은 이런 일반적인 규칙과 다른 방식으로 성능을 높인다. 스파스 텍스처링의 목표는 많은 텍스처를 비디오 메모리에 한 번에 담을 수 없을 정도로 큰 거대한 텍스처 파일로 모으는 것이다. 이는 앞서 살펴본 아틀라싱과 매우 비슷한데, 이렇게 제작된 파일은 극도로 거대하고 매우 섬세하게 표현된다. 스파스 텍스처링의 핵심 아이디어는 거대한 텍스처(예 32,768×32,768px에 32비트 컬러 해상도)의 작은 부분들을 게임에서 필요한 순간, 바로 직전에 필요한 부분만 하드 디스크에서 읽어 동적으로 할당함으로써 메모리 대역폭과 실시간 메모리 사용량을 줄이는 것이다[06]. 이 기법의 가장 큰 단점은 파일 용량이 매우 크다는 것이다. (예제 파일의 경우 약 4기가바이트에 육박한다) 그 밖의 단점들은 씬 준비 과정에서 대부분 극복할 수 있다.

이렇게 만들어진 게임 세상은 텍스처가 최대한 바뀌지 않도록 디자인해야 한다. 화면이 깨지거나 갑자기 텍스처가 튀어나오는 현상을 피하려면 화면에 사용할 텍스처의 일부를 게이머가 인식하지 못하는 사이에 불러들여야 한다. 그러므로 텍스처를 디자인할 때 같은 씬에서 사용되는 텍스처들은 가까운 곳에 모아두는 것이 좋다. 또한 씬은 새로운 텍스처를 적절한 순간[07]마다 미리 불러와야 한다. 스파스 텍스처링을 적절히 설정하면 씬의 품질을 높이면서 메모리 자원도 절약할 수 있다.

스파스 텍스처링은 유니티 4 프로 에디션에서만 사용할 수 있다. 유니티 5 버전의 경우 퍼스널 에디션에서도 제공하고 있다. 스파스 텍스처링은 특별한 하드웨어 플랫폼의 지원이 필요하기 때문에 모든 게임에 적용할 수 없다. 이 기술은 게임 산업 내에서도 매우 독특하고 특별하기 때문에 문서로 작성된 자료도 적다. 유니티 개발 문서[08]도 이와 관련해 충분한 정보를 제공하고 있지 않다. 단지 씬에서 동작하는 스파스 텍스처링 예제를 소개하는 정도다.

---

06 옮긴이주_ 파일을 다 읽지 않고 파일의 일부분만을 읽어오는 것이다.

07 옮긴이주_ 예컨대 오디오 부분에서 본 것과 같이 컷 씬이 플레이될 때

08 옮긴이주_ http://docs.unity3d.com/Manual/SparseTextures.html

스스로 유니티 고급 개발자라고 생각한다면 시간을 들여 개발 중인 프로젝트에 스파스 텍스처링을 적용할 수 있는지, 씬을 바꿀 수 있는지를 살펴보기 바란다.

절차적 머티리얼

물질이라고도 알려진 절차적 머티리얼Procedural Materials은 작은 고품질 텍스처 샘플을 실행 중에 특수한 수학 공식Formula에 따라 조합하고 순서대로 텍스처를 만드는 것을 말한다. 점차적 머티리얼의 목적은 프로그램 최적화 과정에서 추가적인 CPU와 메모리 자원을 사용해 프로그램의 용량을 줄이는 것이다. 이 기능은 스파스 텍스처링과 같이 유니티 4 프로 에디션에서만 사용할 수 있다.

절차적 머티리얼이라는 새로운 개발 방법은 개발자가 머티리얼에 대한 새로운 견해를 가지게 했다. 기존 게임의 경우 하드디스크 용량의 대부분을 텍스처 파일이 차지했고 게임 다운로드 시간은 게이머가 게임을 시작하는 가장 큰 진입 장벽이었다. (유/무료 여부와 관계 없이) 절차적 머터리얼은 초기화 과정과 실행 중에 연산 성능을 희생하는 대신, 게임 다운로드 시간을 크게 줄여준다. 이는 점차 다가오고 있는 고해상도 모바일 게임 시장에서 점점 더 중요한 기술로 주목받을 전망이다.

유니티 문서[09]에서는 절차적 머티리얼을 스파스 텍스처링보다 상세히 설명하고 있다. 따라서 내부적으로 어떻게 동작하고 성능을 어떻게 개선하는지 궁금하다면 이 문서를 읽어보기 바란다.

---

09 옮긴이주_ http://docs.unity3d.com/Manual/ProceduralMaterials.html

4.3 메시와 애니메이션 파일들

끝으로 메시와 애니메이션 파일들을 살펴보자. 이 파일들은 정점과 뼈대 관련 데이터가 거대한 배열로 이뤄져 있어 결과물을 크게 바꾸지 않아도 다양한 방법으로 파일 용량을 줄일 수 있다. 경우에 따라서는 배칭 테크닉을 통해 거대한 객체들을 렌더링 하는 데 드는 자원 사용량을 줄일 수도 있다. 이제부터 메시와 애니메이션 파일에 적용할 수 있는 성능 향상 기술들을 둘러보자.

4.3.1 폴리곤 개수 줄이기

폴리곤 수를 줄이는 것은 가장 명확한 성능 개선 방법이다. 그뿐만 아니라 배칭을 이용할 수 없는, 스킨드 메시 랜더러Skinned Mesh Renderers를 이용한 애니메이션 객체로 인한 CPU와 GPU 자원 소모량을 줄일 수 있는 유일한 방법이다.

폴리곤 수 줄이기는 메시를 정리할 시간이 부족한 예술가가 CPU와 메모리 자원을 매우 쉽고 직관적으로 아낄 수 있는 방법이다. 현대의 3D 개체 묘사는 고해상도 텍스처와 그림자 묘사로 이루어진다. 따라서 폴리곤의 정점을 줄여도 대부분의 게이머는 눈치채지 못한다.

메시 압축 기법

유니티는 네 가지 메시 압축 설정을 제공한다. 바로 끔, 낮음, 중간, 높음이다. 설정값이 높을수록 비슷한 모양의 메시를 최대한 유지하면서 불필요한 메시를 제거해 전체 파일 용량을 줄인다. 폴리곤 수를 일일이 줄이는 것을 자동화한 것으로 보면 된다.

단점이 없진 않다. 자동화하고 최적화한 메시는 수학적으로 계산하기가 매우 어렵고 최선의 알고리즘을 적용하더라도 다량의 그래픽 깨짐과 뒤틀림을 일어날 수 있다. 즉, 메시 압축 설정을 바꿔 폴리곤 수를 쉽고 빠르게 줄일 수 있지만, 폴리곤을 직접 줄인 것과는 비교할 수 없을 만큼 품질이 떨어진다.

읽기, 쓰기 옵션을 정확하게 사용하기

읽기, 쓰기 옵션은 메시가 프로그램 실행 중에 자동 또는 스크립팅으로 수정 가능한지를 결정한다. 내부적으로는 메시 원형을 메모리에 저장했다가 변경이 있을 때 메모리를 복제해 변경사항을 반영한다. 따라서 이 옵션을 끄면 유니티는 메시가 최종적으로 결정된 이후 메모리에서 원형 메시의 정보를 버린다.

게임이 실행되는 동안 메시에 변화가 없다면 이 옵션을 끄는 것이 맞다. 이 옵션을 끄면 실행 시 메모리에 저장된 메시 원형을 지우기 때문이다[10]. 그래야 유니티는 다음번 프로그램이 실행할 때까지 사용하지 않는 데이터를 일찍 해제할 것이다.

하지만 해당 메시가 다양한 크기로 자주 변형되고 사용된다면 메시 원형을 메모리에 두고 필요할 때마다 크기 계산을 하는 것이 속도 측면에서 더 빠르다. 이 경우 읽기, 쓰기 옵션을 켜는 게 좋다. 읽기, 쓰기 옵션이 꺼진 메시의 크기를 변경하려면 먼저 메시를 메모리에 다시 불러들이고 크기를 변환해야 해 프로그램에 멈칫거림 현상이 나타날 수 있다.

유니티는 기본적으로 초기화 시기에 해당 옵션을 켜고 끌지를 결정한다. 만약 실행 중에 자주 메시가 생성되고 메시의 크기 변화가 잦다면 개발자가 직접 옵션을 켜는 것이 좋다. 단, 객체의 생성 속도를 향상할 수 있지만 객체가 사용되지 않는 시간에도 메모리가 소모된다는 사실은 기억해야 할 것이다.

---

10 옮긴이주_ 유니티는 이러한 방식으로 동적 배치상의 객체들을 구성한다.

TIP

이는 '충돌 만들기' 옵션에도 적용되는 사항이다.

4.3.2 필요한 것만 불러들이고 계산하기

매우 뻔한 이야기지만 메시가 정점 정보만 가지고 있는 것은 아니다. 셰이더에서 사용하지 않는 불필요한 법선과 탄젠트Tangent 정보도 가지고 있을 수 있다. Smoothing Angle(각도 매끈하게 하기) 옵션이 낮을 경우 셰이더에서 사용하지 않는 법선 정보와 탄젠트 정보를 자동으로 생성하기도 한다. 이 경우 각 꼭짓점은 여러 법선 벡터가 필요하기 때문에 표현이 납작하게 처리된 스타일을 생성한다.

그림 4-6 Smoothing Angle 옵션

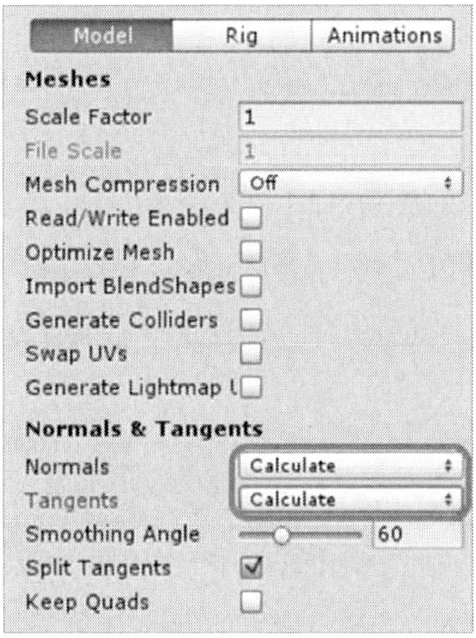

'메시 불러들이기' 옵션을 변경할 경우 반드시 게임 내 결과물의 모습과 최종 파일의 크기를 확인해야 한다. 불러들이기 옵션을 조작해 불필요한 데이터를 버려 데이터를 절약할 수도 있다.

4.3.3 미리 계산된 애니메이션 고려하기

'미리 계산된 애니메이션 고려하기' 항목은 3D 연결과 애니메이션 툴, 메시에 있는 총 정점의 수에 따라 달라진다. 때에 따라서는 미리 계산된 애니메이션을 만드는 것이 혼합/스킨을 씌운 애니메이션보다 파일 용량과 메모리 점유율을 더 줄일 수 있다. 미리 계산된 애니메이션은 프레임마다 정점의 위치를 저장해둔다. 메시의 폴리곤 수가 아주 적다면 이 작은 옵션 설정만으로도 꽤 많은 자원을 절약할 수 있다.

얼마나 자주 합친 애니메이션을 사용할지는 메시 제작 툴에 달렸다. 그러므로 애니메이션이 매우 아름다우면서 자원을 최대한 절약할 수 있는 접점을 찾는 노력을 게을리해서는 안 된다.

4.3.4 유니티가 메시를 최적화하도록 하기

유니티의 메시 최적화 옵션을 사용하면 정점이 재구성되며 메시를 더 빠르게 로딩할 뿐 아니라 로우 레벨의 렌더링 스타일을 재생성할 수도 있다. (정점 메시 VS 삼각형 메시 VS 사각형 메시) 이 옵션은 언제나 켜두어도 된다. 이 옵션이 병목현상을 일으킨다는 결론을 내리기 전까지는 유니티가 메시를 자동으로 수정하는 것을 막을 하등의 이유가 없다.

메시를 프로그램 진행에 따라 점차적으로 만든다면 메시 필터^{Mesh Filter}의 구성 요소에서 Optimize( ) 함수를 호출해 유니티가 이 옵션을 켜도록 설정할 수 있다. 이 경우 시간이 필요하므로 초기화시기나 다른 일상적인 정지 포인트에서만 Optimize( ) 함수를 사용해야 한다.

4.3.5 메시 합치기

메시가 동적 배칭을 하기에는 너무 크고 다른 정적 배치 그룹과 묶기도 어렵다면 하나의 거대한 메시로 만들어 드로우 콜을 줄이자. 이 방식은 앞서 설명한 정적 배칭과 완전히 같기 때문에 정적 배칭으로 묶을 수 있는 것을 직접 묶는 것은 노력을 낭비하는 꼴이다.

그러나 유니티 4 퍼스널 에디션을 사용해 정적 배칭을 사용할 수 없거나 메시가 씬 내부에서 움직여야 한다면 수동으로 메시를 합치는 것이 드로우 콜을 줄일 수 있는 유일한 방법이다. 메시 합치기는 본질적으로 정적 배칭과 같기 때문에 정적 배칭과 똑같은 문제를 가지고 있다. 하나의 정점이 화면에 나타나더라도 모든 개체를 그려야 하기 때문에 대량의 연산이 뒤따른다 .

또한 합친 메시는 메시 원형의 변화를 직접 반영하지 못하기 때문에 메시 원형을 바꿀 때마다 메시를 새로 합쳐야 한다. 따라서 메시에 변화가 있을 때마다 적지 않은 작업량이 발생한다. 따라서 정적 배칭이 가능하다면 정적 배칭을 이용하는 게 최선이다.

메시를 합치는 데 이용할 수 있는 툴은 다양하다. 에셋 스토어나 구글 검색에서 원하는 툴을 찾아보자.

4.4 요약

때로는 아트 자원을 로딩하는 방법을 바꾸는 것만으로도 성능의 향상을 꾀할 수 있다. 반대로 말하자면 아트 자원을 제대로 관리하지 못하면 프로그램의 성능 하락을 경험하게 될 것이다.

이 장에서 살펴본 여러 성능 향상 기법들은 추가적인 작업이 뒤따른다. 따라서 확고한 근거를 가지고 각각의 프로젝트에 알맞은 기법을 신중하게 선택해야 한다. 여러 기법을 선택, 적용하는 데 있어 가장 나쁜 방식은 작업 영향을 모른 채 무턱대고 적용하는 것이다. 더듬더듬 새로운 성능 향상 기법을 실험하는 것은 신나는 일이다. 하지만 동작 원리와 필요한 요구사항을 모르는 상태에서 성능 향상 기법을 적용하면 미래에 더 큰 병목현상과 다양한 문제에 직면할 수 있다. 원래대로 돌아오가는 데 생각보다 많은 시간과 노력이 들 수 있다.

이것으로 자원 관리에 따른 성능 향상 기법에 대한 이야기는 끝내도록 하겠다. 다음 장에서는 유니티에 내장된 Box2D와 피직스 물리 엔진을 스크립트로 더욱 빠르게 사용할 수 있는 다양한 스크립팅 방법과 씬, 프로젝트 관련 기법을 살펴본다. 이와 함께 버벅거리는 게임을 개선하는 방법도 알아본다.

chapter 5

더 빠른 물리

앞서 살펴본 성능 향상 기법의 대부분은 시스템 요구사항을 낮추고 프레임 재생률을 높이는 데 중점을 두고 있다. 최고 성능을 추구하는 것은 사용자 경험 향상을 의미한다. 왜냐하면 게임이 한번 멈췄다가 움직이고 프로그램이 비정상적으로 한번 종료되면 게임을 제대로 즐길 수 없기 때문이다. 그렇다고 해서 프로그램의 품질을 낮추고 설정을 바꾸며 더 많은 버그를 고치는 데 더 많은 시간을 기울여야만하는 것일까?

다행히도 물리 엔진 조작만으로도 대부분의 문제를 해결할 수 있다. 물리 엔진은 사용자 경험에 직접 강력한 영향을 끼친다. 만약 게임에서 중요한 충돌이 발생하지 않거나(플레이어가 갑자기 바닥에서 떨어져 버린다던가), 중요하고 복잡한 연산 상황에서 갑자기 게임이 멈춰버린다면 게임의 즐거움이 반감된다. 게이머는 게임에 몰입하지 못하고 게임이 불쾌하고 불편하다고 느낄 것이다. 따라서 개발 중인 게임이 QWOP[01]나 고트 시뮬레이터Goat Simulator 같은 '코메디 물리' 장르가 아닌 이상 이런 일들이 발생하지 않도록 해야 한다.

어떤 게임에서는 물리 엔진이 매우 다양한 역할을 담당한다. 단순한 물체 간의 충돌 체크, 보이지 않는 이벤트 트리거 동작, 레이 캐스팅을 통해 렌더링 해야 하는 시야 안의 물체를 판단하는 일에는 물리 엔진이 필요하다. 좀 더 구체적으로 말하

---

01 옮긴이주_ 베넷 포디가 만든 래그돌 기반 플래시 게임이다. 게이머는 'Qwop'라는 운동선수를 오직 Q, W, O, P 키만으로 조종한다. 이 게임은 인터넷에 올라온지 2년이 지난 2010년 12월에 인터넷 밈meme이 됐다(출처 : 위키피디아).

자면 플랫포머Platformer02 게임이나 액션 게임에서 게이머의 캐릭터와 사물 간의 상호 작용이 재미의 핵심인 만큼 물리 연산은 정확하게 동작해야 한다. 하지만 그 외의 게임이라면 물리 연산은 게임 이벤트를 발생시키거나 아름다운 씬과 화려한 이펙트를 만드는 역할을 하는 정도다. 즉, 물리 시스템을 효율적으로 사용하는 것은 다채롭고 멋진 화면을 만드는 키포인트Key Point라고 할 수 있다.

이 장에서는 유니티 물리 엔진을 통해 CPU 자원의 갑작스러운 과다 사용, 불필요한 추가 작업, 메모리 소모량 감소를 해소하고, 물리 동작 자체를 통해 게임의 품질을 높이는 방법을 소개한다. 유니티의 물리 엔진은 '블랙박스Black Box'이기 때문에 개발자가 내부를 들여다보거나 디버깅을 할 수 없다. 언제, 어디서 어떻게 게임에서 물리 에러가 발생할지 예측하기 어렵기 때문에 문제가 될 만한 불안정한 상황은 피하는 게 상책이다.

5.1 물리 엔진의 내부

유니티는 기술적으로 서로 다른 2개의 물리 엔진을 사용한다. 3D 물리 엔진으로는 엔비디아의 '피직스Nvidia PhysX'를, 2D 물리 엔진으로는 오픈소스 프로젝트 'Box2D'를 사용한다. 하지만 이 두 엔진이 뒤섞여 동작하기 때문에 유니티 API의 관점에서 두 엔진은 마치 하나인 것과 진배없다.

두 물리 엔진을 이해하면 할수록 성능을 높일 수 있는 부분은 늘어난다. 지금부터는 두 물리 엔진의 이론을 간략히 살펴보고 넘어가자.

---

02 옮긴이주_ 슈퍼마리오와 같이 발판 사이를 뛰어다니는 게임을 말한다.

5.1.1 물리와 시간

유니티의 두 물리 엔진은 기본적으로 고정된 시간 간격을 기준으로 연산한다. 즉, 전체 프레임에서 실제로 렌더링을 하는 데 얼마의 시간을 사용했는지 고려하지 않고, 각 프레임 간의 시간이 일정하게 흘렀을 것이라는 가정하에 동작한다. 이를 'Fixed Update Timestep(고정된 시간 간격의 업데이트)'라고 부르며, 기본적으로 20ms 또는 1초에 50번 업데이트한다.

> **TIP**
>
> 고정된 시간 간격을 쓰는 이유는 컴퓨터마다 다른 시간 간격으로 충돌과 힘을 계산하면 컴퓨터나 멀티플레이어의 클라이언트마다, 심지어는 다시 보기Replay를 시청할 때마다 전혀 다른 결과가 나올 수 있기 때문이다.

직전 프레임을 렌더링 한 후 너무 많은 시간이 흘렀다면 물리 시스템은 다음 프레임을 연산하기 전에 물리 연산을 여러 번 처리한다. 반대로 직전 프레임과의 간격이 너무 짧다면 이번 프레임에는 물리 연산을 건너뛸 것이다.

FixedUpdate( ) 함수는 물리 시스템이 연산 결과를 시간 단계에 맞춰 업데이트하는 과정을 보여준다. FixedUpdate( ) 함수는 MonoBehaviour 스크립트를 통해 정의할 수 있는 몇 가지 유니티 호출 함수의 하나인데, 화면 재생률과 무관하게 동작한다. 이 호출 함수는 주로 인공지능AI과 같이 고정된 간격으로 동작하는 것이 유리한 행동들을 계산하는 데 적합하므로 물리 객체들을 이 함수 안에서 동작시키는 게 좋다.

[그림 5-1]은 유니티 주요 함수들의 동작 순서도다.

> **TIP**
>
> 모든 함수의 동작 순서는 유니티 개발 문서[03]에서 확인할 수 있다.

---

03 http://docs.unity3d.com/Manual/ExecutionOrder.html

그림 5-1 유니티 주요 함수들의 동작 흐름

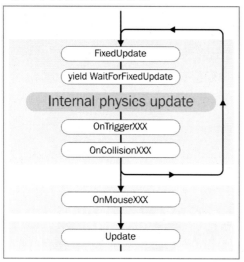

고정된 업데이트 루프 구조

[그림 5-1] 순서도를 보면, FixedUpdate( )는 물리 시스템이 가동되기 직전에 호출되며 FixedUpdate( )와 물리 시스템은 밀접하게 연결돼 있다. FixedUpdate( )가 호출되면 가장 먼저 앞서 FixedUpdate( )가 호출된 이후 충분한 시간이 흘렀는지 확인한다. 그리고 그 결과에 따라 다른 동작을 호출한다.

만일 충분한 시간(즉 20ms)이 흘렀다면 FixedUpdate( )는 전역 호출이 되고 FixedUpdate( )와 연결된 함수(여기서는 WaitFprFixedUpdate( ))들을 호출한다. 그 직후 물리 계산이 진행되고 트리거/충돌 호출 함수들을 부른다.

반대로 마지막 FixedUpdate( ) 호출 시점에서 지금까지 20ms가 지나지 않았다면 FixedUpdate( )를 호출하지 않고 입력, 게임 로직, 렌더링 연산 등을 진행한다. 다시 새로운 FixedUpdate( )를 호출하고 경과 시간을 체크한다. 이를 반복한다. 이러한 디자인 패턴은 물리 엔진과 FixedUpdate( )가 렌더링보다 우선권을 가지게 하는 장점이 있다. 반면, 물리 연산이 일정 시간 동안 정해진 횟수만큼만 실행되는 것은 단점이 있다.

최대 허용 시간 단계

지금까지와 달리 마지막 FixedUpdate( )가 호출되고 난 이후 꽤 많은 시간이 흐른 상황을 생각해보자. 게임이 순간적으로 느려져서 렌더링까지 100ms가 걸린 경우다. FixedUpdate( )는 이때도 흘러간 시간을 기준으로 호출되기 때문에 Update( ) 함수가 호출되기 전에 순간적으로 5번 연속 호출된다. FixedUpdate( )를 5번 연속으로 연산하는 동안 또 20ms가 지났다면 6번째 FixedUpdate( )가 호출된다.

많은 물리 연산이 필요한 게임의 경우 때때로 물리 연산을 하는 데에만 20ms가 넘게 걸릴 수 있다. 만약 이런 일이 발생한다면 다음번 물리 연산을 하는 데 또 20ms가 걸려 FixedUpdate( )가 호출되고 또 20ms가 지나 FixedUpdate( )가 호출되는 일이 반복될 것이다. 결국 새로운 렌더링이 일어나지 않고 화면이 완전히 멈춰버린 보인다. (이를 '죽음의 나선'이라고 부른다.) 이러한 악순환에 빠지는 것을 막기 위해서는 다음번 렌더링까지 제한된 시간을 물리 엔진에게 허용해야 한다. 이 제한의 이름이 바로 '최대 허용 시간 단계^{Maximum Allowed Timestep}'다. 최대 허용 시간 단계를 두면 FixedUpdate( )를 반복 또는 한번 호출하는 도중 제한 시간을 넘기면 유니티는 FixedUpdate( )와 관련된 연산을 멈추고 다음 연산을 처리한다. 이는 렌더링 시스템이 적어도 현재 상태를 렌더링 하게 해주고, 물리 연산이 우주로 갈 동안 게임 로직이 어떤 결정을 내릴 수 있게 해준다.

다음 시간 단계가 진행되려면 물리 시스템이 여러 충돌 객체를 움직이고 충돌을 감지하며 객체와 연관된 충돌 호출 함수를 호출해야 한다. 그렇기 때문에 유니티 개발 문서는 예외적으로 강한 어조로 개발자에게 충돌 객체 조작을 비롯한 물리 호출 함수, 즉 Update( )를 포함한 일반 게임 루프에 연결되지 않은, 물리 엔진의 재생률과 직접 연관이 있는 함수들은 FixedUpdate( )에서만 사용하도록 권고하고 있다.

[그림 5-1]에서 OnTriggerEnter( )는 충돌 객체를 조작하기에 안전한 장소이지만, Update( )와 이에 연결된 코루틴 함수는 충돌 객체를 조작하기에 그리 안전하지 않다. 이 경고를 무시하면 물리 연산 중 외부에서 물리 값이 바뀌어 원인을 찾기 힘든 기괴한 물리 행동을 보일 수 있다.

FixedUpdate( )에 소모되는 시간이 많을수록 게임 입력, 로직, 렌더링에 사용되는 시간이 적어지는 것은 너무나 당연하다. 대게 물리 엔진은 거의 아무 일도 하지 않고, FixedUpdate( ) 호출 함수는 작업을 완료할 충분한 시간을 가지고 있다.

하지만 어떤 게임에서는 물리 엔진이 FixedUpdate( ) 호출 간격마다 엄청나게 많은 일을 하기도 한다. 이로 인해 물리 연산 단에서 일어난 병목현상은 게임의 화면 재생률에 직접 영향을 준다. 결국, 물리 연산에 걸리는 시간이 늘어나면서 화면을 렌더링 할 연산 시간이 부족하게 된다. 그러면 보통 때는 괜찮다가도 FixedUpdate( )가 실행되면 화면 재생률이 급격히 떨어지고 순간순간 화면이 멈춘다. 이러한 멈춤 현상 때마다 최대 허용 시간 단계 문제가 일어나기 때문에 사용자 경험의 질이 극도로 낮아지게 된다.

부드럽고 일정한 화면 재생률을 유지하기 위해서는 물리 시스템이 점유하는 시간을 최대한 줄여 렌더링을 할 충분한 시간을 마련해야 한다. 이는 최상의 케이스(아무것도 움직이는 않는 상태)와 최악의 케이스(모든 물체가 동시에 움직이며 부딪힘) 모두에서 마찬가지다. 다행히도 유니티는 물리 시스템에 의한 급격한 성능 저하를 막을 수 있는 시간 관련 기능과 변수를 제공한다.

5.1.2 정적과 동적 충돌체

유니티에서 '정적Static'은 매우 헷갈리는 개념이다. 정적이란 개념은 게임 객체, 동작 플래그, 배칭에서 주로 사용하는데, C# 언어(static 변수와 static 클래스)에서도 사용한다.[04] 심지어 유니티의 3D 물리는 또 다른 의미의 정적 충돌체Static Colliders를 사용한다. 다행히 3D 엔진 이후 이식된 2D 엔진은 용어 통일을 위해 3D 엔진과 정적 충돌 가속기의 의미를 공유하고 있다.

정적 충돌체Static Colliders는 정적 플래그Static flag가 켜진 사물을 의미하는 것이 아니라, 충돌 객체가 부착되지 않은 충돌체를 말한다. 참고로 충돌 객체가 붙은 충돌체는 동적 충돌체Dynamic Colliders라고 부른다.

물리 시스템은 정적 충돌체를 충돌 객체가 아니라 연산을 보조하는, 다른 종류로 최적화된 구조체로 취급한다. 정적 충돌체는 다른 객체들과 충돌 작용을 하지 않고 단순히 다른 객체들이 자신들을 통과할 수 없도록 한다. 그래서 정적 충돌체는 주로 세계의 벽이나 넘어갈 수 없는 장애물에 적용한다.

5.1.3 충돌 체크

유니티는 불연속, 연속, 동적 연속 총 세 가지 충돌감지 옵션을 제공한다. 불연속 설정은 물리 연산마다 물체를 속도와 지나간 시간에 맞춰 조금씩 순간 이동시킨다. 그리고 모든 물체가 이동한 후 테두리와 부피 충돌을 확인해 겹침이 발생하면 충돌로 간주하고 각 물체의 물리 설정과 겹친 모습에 따라 처리한다. 이 방법은 매우 빠르게 움직이는 작은 물체의 충돌을 놓칠 수 있다.

---

04 옮긴이주_ 정적Static은 게임 객체, 동작 플래그, 배칭에서 움직이지 않는 물체란 의미로, C# 언어에서는 정적, 전역이라는 의미로 사용한다. 정적 변수와 전역 변수는 초기화 시기만 다르기 때문에 혼용해 사용한다.

나머지 두 연속 충돌 감지는 물체의 시작점과 종료점을 계산해 보간법으로 선을 그어 충돌을 확인한다. 이 두 방법은 충돌을 무시할 가능성이 매우 낮아 물리 표현이 더 정확한 대신, 불연속 충돌 감지보다 더 많은 CPU 자원을 사용한다.

연속 충돌 감지는 동적 충돌체와 정적 충돌체(거듭 강조하지만 정적 충돌체는 물리 객체를 지니지 않은 충돌체다) 간의 충돌만을 보간법으로 처리하는 반면, 동적인 물체 사이의 충돌은 불연속적 충돌 감지 방식으로 처리한다. 연속 동적 충돌 감지가 켜진 물체는 앞의 두 방식과 다른 충돌체와 보간법으로 충돌을 체크한다.

[그림 5-2]는 작고 빠르게 움직이는 물체의 연속 충돌 감지와 불연속적 충돌 감지 방법을 보여준다.

그림 5-2 연속적 충돌 감지와 불연속적 충돌 감지

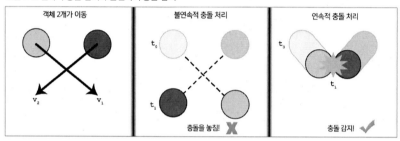

물론 [그림 5-2]처럼 물체가 각 시간 단계마다 자신의 크기의 4배 정도 되는 공간을 순간 이동하는 경우는 매우 극단적인 상황이다. 이러한 현상은 작은 물체가 매우 빠르게 이동할 때 일어날 뿐 실제 게임에서는 흔치 않다. 일반 게임에서 20ms 동안 물체가 움직일 수 있는 거리는 물체의 크기보다 매우 짧아 불연속적 충돌 감지만으로도 충분히 충돌을 감지할 수 있다.

5.1.4 충돌체의 종류

유니티 5에는 다섯 종류의 3D 충돌체가 있다. 요구하는 시스템 자원이 적은 순으로 나열하면 구체, 캡슐형, 원통형, 박스형, 입체형 충돌체다. 입체형 충돌체를 제외한 나머지 충돌체들은 원형 입체로 취급한다. 그래서 스케일링을 통해 필요에 따라 조금씩 변화를 줄 수 있지만 형태에는 변화가 없는 것으로 간주한다. 반대로 입체형 충돌체는 메시의 모습에 따라 형태를 변경할 수 있다.

> **TIP**
>
> 2D 충돌체로는 원, 박스(사각형), 폴리곤형이 있다. 이들은 각각 구체, 박스형, 입체형 3D 충돌체에 대응한다.

덧붙여 말하자면 입체형 충돌체는 크게 볼록형과 오목형이 있다. 오목형은 하나 이상의 내각이 180도를 넘는 경우, 볼록형은 모든 내각이 180도 보다 작은 도형이다. [그림 5-3]은 볼록형과 오목형 충돌체의 예를 보여준다.

그림 5-3 볼록형과 오목형 충돌체

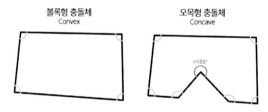

> **TIP**
>
> 볼록형과 오목형 충돌체를 가장 쉽게 구분하는 방법은 하나 이상의 '동굴'이 있는지 따져보는 것이다. 오목형에는 반드시 하나 이상의 동굴이 있다.

두 입체 충돌체는 볼록체 체크박스의 선택 여부만 다를 뿐 똑같은 구성 요소(입체 충돌체)를 공유한다. 오목 입체에 볼록체 옵션이 켜져 있으면 물리 엔진은 자동으로 오목 입체를 가장 비슷한 볼록체로 취급한다. 즉 [그림 5-3]에서 오른쪽과 같은 도형의 볼록체 옵션을 켜 입체 충돌체를 생성하면 왼쪽과 같은 입체 도형이 만들어진다.

어느 쪽이든 물리 엔진은 255개 이하의 정점을 가진 충돌체를 만들려고 한다. 만약 목표 메시의 정점이 255개를 넘으면 충돌체를 만들지 못하고 에러를 반환한다. 주의해야 할 점은 오목형 입체 충돌체를 충돌 객체로 설정할 수 없다는 점이다. 다시 말하지만 오목형 입체는 정적 충돌체로 설정하거나(움직일 수 없는 충돌 객체), 부피형 트리거(예컨대 이상한 모양의 산성 샘)로만 설정할 수 있다.

5.1.5 충돌 행렬

충돌 행렬은 상호작용이 가능한 물체들을 설정하는 물리 시스템의 기능이다. 행렬에 속하지 않은 개체들은 물리 엔진이 겹침과 충돌을 처리하는 동안 무시된다. 따라서 충돌 확인 과정에서 행렬에 속하지 않은 특정 물체가 다른 물체를 통과하도록 함으로써 물리 연산량을 줄일 수 있다.

충돌 행렬 시스템은 유니티의 레이어 시스템을 통해 작동한다. 행렬은 모든 조합이 가능한 레이어를 보여주며, 체크가 된 레이어 간의 충돌을 확인한다. 알아두어야 할 점은 둘 중 한쪽 행렬만을 활성화할 수 없다는 것이다. 즉, 한 쪽에서 다른 쪽과 충돌하면 반대 쪽에서도 충돌을 일으킬 수 있게 된다. (유일한 예외는 충돌에 반응할 수 없는 정적 충돌체뿐이다.)

충돌 행렬은 Edit → Project Settings → Physics(or Physics2D) → Layer Collision Matrix 메뉴에서 활성화할 수 있다.

5.1.6 충돌 개체의 활성화 및 비활성화 상태

모든 현대 물리 엔진들은 물체의 내부 상태를 동작에서 휴식 상태^{Sleeping}로 바꾸는 최적화 기술을 지원한다. 프로세서는 휴식 상태인 물체에게는 물리 연산 중 매우 짧은 시간을 할당하는데, 휴식 상태는 외부 충돌이나 사건에 의해서만 풀린다.

엔진마다 휴식 상태를 판별하는 방법은 다르다. 물리 엔진은 휴식 상태를 판별하기 위해 직선, 회전 스피드, 운동 에너지, 속도 변화, 물리 객체의 다른 속성 값을 이용한다. 어떤 값을 이용하든 일정한 시간동안 기준치를 넘지 않는다면 물리 엔진은 해당 개체가 더 움직이지 않는다고 판단하고 새로운 힘이나 충돌이 일어나기 전까지는 '휴식' 상태에 두어 움직이지 않게 만든다.

5.1.7 광 투사와 물체 투사

광 투사는 현대 물리 엔진의 일반적인 기능이다. 광 투사란 한 점에서 다른 점으로 매우 빠르게 움직이는 물체나 빛을 쏘아 두 점 사이의 물체들에 대한 정보를 얻는 방식이다. 셰이딩을 위해 겹친 그림자 정보와 입체 컬링을 위해 시야에 보이는 물체 확인, FPS^{First-Person Shooter}에서 총을 발사하는 등에 광 투사가 사용된다.

수류탄, 파이어볼^{Fire Ball}과 같은 범위 스킬은 일반적으로 덩어리 물체 겹침 확인 ^{Bounding-Volume}을 통해서 만들어진다. 유니티에서는 Physics.OverlapSphere() 함수를 통해 덩어리 물체가 겹쳤는지 확인할 수 있다.

물체를 공간에 직접 투사하고 싶다면 Physics.SphereCast()와 Physics. CapsuleCast() 함수를 쓰면 된다. 이 함수들은 거대한 빛 덩어리가 필요하거나 움직이는 캐릭터의 충돌을 확인하는 데 주로 쓰인다.

5.2 물리 성능 최적화

지금까지는 유니티 물리 엔진의 주요 기능을 살펴봤다. 이제부터는 물리 엔진의 성능을 최적화하는 방법들을 살펴본다.

5.2.1 씬 설정

먼저 물리 상황의 안정성을 높일 수 있는 몇 가지 방법이 있다. 이 기법들은 CPU 나 메모리의 자원 소모를 줄여주지 않지만 물리 엔진의 불안정성을 개선하는 데 도움이 된다.

스케일링(크기 조절)

물리 객체는 가능하면 물리 객체들의 스케일이 비슷하게 만들어야 한다. 즉, 중력 값을 -9.81로 주었다면 물체의 크기 단위는 1:1:1로 제작해야 한다. 실제 지구의 중력은 9.81m/s^2이기 때문에 -9.81 중력에 대한 물체의 기준 단위가 1입방미터여야 물리 행동이 현실적으로 보인다. 만일 크기 기준이 1미터보다 크면 중력이 실제보다 적게 적용되며, 물체의 기준 단위가 1미터보다 작으면 중력이 실제보다 더 많이 적용돼 움직임이 부자연스럽다.

물체의 스케일을 조절하기 어렵다면 중력의 크기를 조절하는 것도 한 방법이다. 씬에 적용되는 중력은 Edit → Project Settings → Physics(or Physics2D) → Gravity에서 조절할 수 있다. 하지만 현실적인 값을 입력해도 Float 연산자의 정밀도 특성(0에서 멀어질수록 정밀도가 하락한다) 때문에 물체의 스케일이 (1, 1, 1)보다 크면 행동이 이상하게 보일 수 있다. 따라서 중력의 기준값을 설정할 때는 게임 에서 물리 연산이 가장 많이 필요한 객체를 불러들일 때 스케일 값을 (1, 1, 1)로 만든 후 물리 행동을 실험하며 최적의 중력값을 찾아야 한다. 이후 객체들은 이 기 준 중력값과 중력 행동을 기준 삼아 불러들이면 된다.

포지셔닝(위치 설정)

스케일링과 비슷하게 모든 물체의 좌표를 가능한 한 (0, 0, 0)에 가깝게 설정하면 Float 연산의 안정성이 향상되면서 물리 안정성도 높아진다. 우주 시뮬레이터나 자유롭게 달리는 게임처럼 무한한 공간을 표현하는 게임들은 좌표로 인한 물리 계산의 안정성을 위해 플레이어의 좌표를 (0, 0, 0)으로 고정하거나 일정 범위가 넘으면 (0, 0, 0)으로 순간 이동시킨다. 전자의 방법은 플레이어를 제자리에 고정하는 대신, 세계와 다른 물체들을 이동시킨다. 반면 후자는 세계를 나눠 플레이어의 좌표를 0에 가깝게 바꾼다. 결과적으로 플레이어의 물리값은 최대한 0에 가깝게 고정되기 때문에 큰 수로 의한 float 연산자의 부정확성 문제를 최소화할 수 있다.

게임 개발이 후반부에 도달했는데 float 연산자의 부정확성이 게임 내에서 문제가 될 수 있다. 중력값이나 좌푯값을 바꾸기 위해 모든 값을 일일이 수정하는 최악의 상황이 아니라면 물리 객체들의 값을 (0, 0, 0)에 최대한 가깝게 만들자. 물론 가장 좋은 방법은 처음부터 이를 고려해 물체의 위치를 설정하는 것이다.

질량

유니티 테크놀로지스 측은 개체의 질량값이 0.1 미만이거나 10을 초과하지 않게 설정할 것을 권고하고 있다. 0.1 미만이거나 10을 초과하면 개체 자체가 불안정해져서다[05].

---

05 옮긴이주_ http://docs.unity3d.com/ScriptReference/Rigidbody-mass.html

이는 우리가 일반적으로 생각하는 질량의 개념(파운드나 킬로그램)이나 물체 사이의 상대적인 가치를 생각해서는 안 되는 것을 시사한다. 충돌하는 물체 사이의 질량 비율이 일관되게 적용되도록 하라는 것인데, 질량 비율이 1,000보다 큰 두 물체가 충돌하면 운동량의 차이가 너무 커 부동 소수점 정밀도 문제로 움직임이 비정상적으로 보일 수 있다. 따라서 질량 속성과 비슷한 값을 가진 개체 간에 충돌이 일어나게 해야 한다. 질량 차이가 큰 개체들이 충돌할 경우 충돌 매트릭스로 처리해야 한다.

> **TIP**
>
> 충돌하는 두 물체의 질량 차이가 크면 물리학적인 불안정성 때문에 에러가 발생할 수 있다.

지구의 중력은 모든 사물에게 동일하게 적용된다. 따라서 모든 사물의 질량을 1로 만들어도 낙하 속도는 변하지 않는다. 깃털과 금속 고체의 낙하 속도 차이는 오히려 공기의 저항에 더 큰 영향을 받는다. 그러므로 물체의 형태에 따른 자연스러운 낙하를 구현하고 싶다면 drag 속성을 수정하거나 Use Gravity 체크박스를 해제하고 물체마다 중력을 다르게 설정해야 한다.

5.2.2 정적 충돌자 정확하게 사용하기

앞서 얘기했듯 물리 시스템은 정적 충돌자와 동적 충돌자의 자료구조를 따로 생성한다. 불행히도 각 자료구조에 새로운 데이터를 추가할 때마다 전체 자료구조를 다시 생성해야 해 CPU 부하가 가중된다. 따라서 프로그램 실행 중에는 될 수 있으면 새로운 정적 충돌자를 추가하지 않아야 한다.

정적 충돌자는 단순히 움직이거나 회전하고 크기를 조절할 때마다 생성된다. 따라서 게임 내부에서 움직이지만 다른 객체들과 물리 행동을 하지 않는 물체는 물리 객체를 추가해 동적 충돌자로 만들고 'Kinetic' 플래그를 True로 체크해야 한다.

이 플래그는 해당 물체가 객체 간의 충돌과 외부 충격에 의해 반응하는 것을 막아준다. 결국, 해당 물체는 동적 충돌체의 자료구조 내에 존재하게 되며 정적 충돌자처럼 외부 충격을 무시한다. 또 스크립트를 통해 고정 업데이트 시간에 자유롭게 움직일 수 있으며 자신은 다른 물체에 충격을 가할 수 있다.

> **TIP**
>
> 이러한 이유로 플레이어블 객체에 Kinematic 플래그를 켜기도 한다. 그러면 해당 객체는 다른 객체에 의한 물리 행동에 영향을 받지 않지만 자신은 다른 객체와 출돌할 수 있다.

5.2.3 충돌 행렬 최적화하기

충돌 행렬은 어떤 레이어가 다른 레이어와 충돌할 수 있는지를 결정한다. 좀 더 자세히 말하면 충돌이 가능하도록 설정된 물체의 조합을 설정하는 게 충돌 행렬이다. 충돌할 수 있도록 설정되지 않은 레이어의 물체들끼리는 충돌 자체를 확인하지 않는다. 따라서 충돌 행렬은 물리 엔진이 매시간 단계마다 수행해야 할 연산 자체를 줄일 수 있는 대단히 중요한 요소다.

> **TIP**
>
> 충동 행렬은 Edit → Project Settings → Physics (or Physics2D) → Layer Collision Matrix에서 설정할 수 있다.

[그림 5-4]는 일반적인 비행기 슈팅 게임 개발에서 볼 수 있는 충돌 행렬이다.

그림 5-4 일반적인 비행기 슈팅 게임에서 볼 수 있는 충돌 행렬

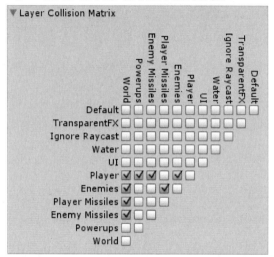

[그림 5-4]는 객체 간의 상호작용을 최소화하도록 설정돼 있다. 파워업 아이템은 플레이어에게만 작용하기 때문에 다른 레이어들과의 상호작용은 모두 꺼져 있다. 플레이어와 적은 자신의 총알에 맞을 일이 없기 때문에 플레이어의 미사일은 적들과만, 적들이 발사한 미사일은 플레이어와 충돌을 확인한다. 게임 내 지형은 모든 물체와 상호작용을 해야 한다. 따라서 모든 체크박스를 설정했고 미사일 간의 상호작용은 해제했다. (물론 게임에 따라서는 미사일 간의 상호작용이 필요할 수도 있다.)

충동 행렬을 최적화할 때는 각 레이어 간 상호작용의 논리성을 따져봐야 한다. 절대로 상호작용을 하지 않을 레이어 간의 상호작용을 체크해 귀중한 시간 자원을 낭비하는 일은 없어야 한다.

5.2.4 불연속 충돌 우선 사용하기

충돌은 기본적으로 불연속 충돌로 처리하는 것이 좋다. 물체를 순간 이동시키고 순간 이동한 위치에서 겹침을 확인하는 것은 연산 부담이 적다. 반면, 보간법을 이

용해 시작점과 끝점을 잇는 선을 그은 후 해당 시간 동안 선과 겹쳐진 경우가 있었는지를 확인하는 것은 꽤 많은 연산량이 필요하다.

따라서 연속 충돌 확인은 불연속적 충돌 확인보다 많은 연산량을, 연속 동적 충돌 확인은 연속 충돌 확인보다 더 많은 연산량을 사용한다. 연속 충돌로 설정한 물체들이 너무 많으면 복잡한 씬에서 심각한 성능 하락이 일어난다. 연속적이든 불연속적이든 연산 자원의 사용량은 한 프레임 내에 충돌을 체크해야 할 모든 정적/동적 충돌체의 개수 곱으로 구할 수 있다.

결론적으로 연속 충돌 확인은 매우 극단적인 상황, 다시 말해 고정된 물체들과 발생해야 하는 중요한 충돌을 자주 놓칠 때만 사용해야 한다. 예컨대 매우 빠르게 움직이는 물체가 벽을 뚫고 지나가거나 땅속으로 꺼지지 않아야 할 경우 연속 충돌을 써야 한다. 연속 동적 충돌 확인은 연속 충돌 확인과 비슷한데 양쪽이 모두 매우 빠르게 움직이는 물체인 경우에만 사용한다. 이외의 상황에서는 언제나 불연속 충돌을 쓰면 된다.

하지만 게임 속 세계의 크기가 매우 크거나 매우 작은 물체가 돌아다니는 게임에서는 충분한 충돌 감지가 일어나지 않으면 게임을 즐기는 데 지장이 있다. 이러한 문제는 바로 다음에 살펴볼 불연속 충돌의 민감성을 높이는 '고정된 업데이트 빈도'를 높여 해결할 수 있다.

5.2.5 고정된 업데이트 빈도 수정

고정된 업데이트와 물리 시간 단계 연산은 강하게 연결돼 있다. 그렇기 때문에 고정된 업데이트를 확인하는 빈도를 바꾸면 물리 연산의 빈도뿐 아니라 FixedUpdate()에 연결된 다른 콜백 함수의 빈도도 바꿀 수 있다. 그래서 많은 행동들이 FixedUpdate()에 깊이 연결된 프로젝트에서 고정된 업데이트 빈도 확인을 바꾸는 것은 위험하다.

FixedUpdate( ) 빈도는 에디터에서 Edit → Project Settings → Time → Fixed Timestep의 속성과 스크립트의 Time.fixedDeltaTime 속성으로 변경할 수 있다.

그림 5-5 Fixed Timestep 속성

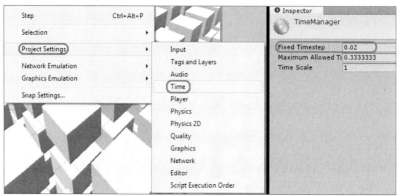

Fixed Timestep 값을 낮추면 물리 연산의 빈도가 증가해 물리 시스템이 조금 더 자주 동작한다. FixedUpdate( )를 자주 호출해 물체 간 충돌을 좀 더 자주 판단하기 때문에 CPU 자원을 더 많이 소모한다.

Fixed Timestep 값을 높이면 FixedUpdate( ) 호출 빈도가 낮아져 물리 연산 처리 횟수가 줄어들고 물리 연산 간격이 늘어난다. 결과적으로 CPU 자원에 여유가 생기지만 일정 시간동안 물체의 위치를 변경하는 횟수가 줄어들기 때문에 충돌의 민감성을 유지하려고 물체의 속도가 느려진다.

따라서 Fixed Timestep의 속성값을 바꿀 때마다 종합적이고 다양한 테스팅을 최대한 많이 수행해야 한다. 값의 변화에 따른 동작 변화를 확실히 알아도 게임 전체와 품질 변화를 완벽히 예측할 수는 없다. 그러므로 Fixed Timestep의 속성값 변경은 개발의 초기에 해야 하며 프로젝트의 다양한 상황을 최대한 많이 테스트할 수 있도록 매우 드물게 변경해야 한다.

Fixed Timestep 속성값을 변경하며 테스트하기 위해 임의의 씬을 만드는 것은 괜찮은 방법이다. 하지만 실제 게임에서는 보이지 않는 수많은 백그라운드 연산이 일어나고 예측할 수 없는 플레이어의 행동에 의해 발생하는 물리 연산이 일어나는 등 테스트 환경보다 더 복잡하다. 그뿐만 아니라 프레임마다 물리 연산을 할 시간도 부족하다. 즉, 테스트 환경은 절대로 실제 환경을 대체할 수 없다. 그러므로 실제 게임에서 Fixed Timestep의 속성값을 변경하고 테스트하는 것은 필수다.

연속 충돌 확인은 정확하지 않은 물리 행동을 해결하기 위한 최후의 수단이다. 연속 충돌 확인이 설정된 물체의 고정된 업데이트의 빈도를 바꾸면 기존의 연속 충돌 확인보다 자원 낭비가 더 커질 수 있다. 따라서 고정된 업데이트의 빈도를 바꿀 때는 언제나 연속 충돌 확인 설정을 켜고 끄면서 자원 사용량의 변화를 확인하며 성능과 품질의 균형을 맞춰야 한다.

5.2.6 최대 허용 시간 단계 바꾸기

게임 진행 중 최대 허용 시간 단계에 자주 도달하면 게임의 물리 행동은 매우 이상하게 보인다. 충돌 객체를 지닌 물체는 물리 엔진이 지난 연산을 완료할 때까지 매우 느리게 움직이거나 공중에서 멈춰 있다. 이런 현상이 자주 발생하면 당연히 물리 시스템을 손봐야겠지만, 최대 허용 시간 단계가 물리 연산 처리를 막는 것이 원인일 수도 있다.

최대 허용 시간 단계의 한곗값은 Edit → Project Settings → Time → Maximum Allowed Timestep에서 변경할 수 있다. 기본값은 0.333초로 초당 3프레임까지 허용한다. 이 값이 문제가 된다는 것은 물리 연산의 작업 부하 어딘가에 문제가 있는 것이므로 다른 모든 해결책이 통하지 않을 때만 이 값을 변경해야 한다.

5.2.7 던지기와 경계-부피 확인의 최소화

모든 종류의 레이캐스팅^{Ray-Casting} 방식은 매우 유용하지만 엄청나게 많은 자원을 소모한다. 따라서 CapsuleCast ( )와 phereCast ( )와 같은 함수 사용은 피해야 한다. 꼭 써야 한다면 코루틴이나 업데이트 콜백에 따라 주기적으로 호출하는 대신 특별한 이벤트에만 잠깐 호출하도록 해야 한다.

선이나 광선 혹은 효과 반경 충돌이 지속해서 필요한 상황(예컨대 보안 레이저나 지속해서 타고 있는 불)이라면 레이캐스팅이나 겹침 확인을 계속 하기보다는 단순한 충돌 트리거를 이용하는 게 좋다.

만약 이러한 대체제를 사용할 수 없고 반드시 지속적인 캐스팅 확인이 필요하면 (말하자면 FPS의 빨간 점 레이저) LayerMask 객체를 이용해 연산량을 줄일 수 있다.

예를 들어 게으른 일반 레이 캐스팅은 다음과 같다.

```
[SerializeField] float _maxRaycastDistance;

void PerformRaycast() {
    RaycastHit hitInfo = new RaycastHit();
    if (Physics.Raycast(new Ray(transform.position, transform. forward), out
    hit, _maxRaycastDistance)) {
        // 이곳에 레이캐스팅의 결과를 쓰시오
    }
}
```

이렇게 오버로딩 된 Physics.Raycast ( )은 물체 레이어와 무관하게 가장 먼저 부딪치는 물체와 충돌한다. 그런데 Physics.Raycast ( ) 함수는 LayerMask 를 인자로 받아들이는 다양한 오버로딩을 가지고 있다. 따라서 다음과 같이 LayerMask 항목을 특정 지으면 물리 엔진의 작업량을 크게 줄일 수 있다.

```
[SerializeField] float _maxRaycastDistance;
[SerializeField] LayerMask _layerMask;

void PerformRaycast() {
    RaycastHit hitInfo = new RaycastHit();
    if (Physics.Raycast(new Ray(transform.position, transform. forward), out
    hit, _maxRaycastDistance, _layerMask)) {
        // 이곳에 레이캐스팅의 결과를 쓰시오
}}
```

레이어 마스크는 [그림 5-6]에서 확인할 수 있듯 물체의 조사 창에서 설정할 수
있다.

그림 5-6 레이어 마스크

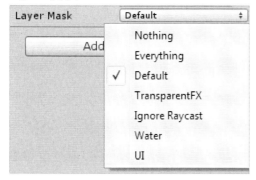

5.2.8 복잡한 입체 충돌체 피하기

충돌체들은 구체, 캡슐, 원통형, 박스형, 볼록형 입체, 오목형 입체 순으로 효율적이다. 특히 앞의 네 가지 원형 충돌체들과 입체 충돌체의 차이는 매우 크다. 원형 충돌체는 수학 공식으로 입체를 표현하기 때문에 충돌을 감지하는 식이 매우 간결하다.

> **TIP**
>
> 실시간 물리 시뮬레이션에서 오목형 입체 간의 충돌은 수학적으로 '아마겟돈'에 가깝다. (적어도 향후 몇 년간은 그럴 것이다.) 따라서 유니티에서는 사용자가 이런 멍청한 실수를 저지르지 않도록 오목형-오목형 입체 충돌을 막아두었다.

3D 물리와 그래픽 간의 가장 큰 아이러니는 구체와 박스 문제다. 구체는 수학적으로 가장 쉽게 접선과 충돌을 확인할 수 있는 도형이다. 하지만 완벽한 구체를 그래픽으로 표현하려만 무한에 가까운 폴리곤이 필요하다. 반대로 박스는 그래픽 표현은 간단하지만 접선과 충돌을 확인하는 데 구체보다 더 많은 연산을 요구한다. 이 때문에 시중의 많은 저폴리곤, 낮은 사양 게임들은 물체의 물리 연산을 구체로 처리했다. 사람 눈에는 뾰족한 물체가 공처럼 굴러다니는 이상한 모습을 종종 본 기억이 있을 것이다.

주목할 점은 물체의 그래픽적인 모습과 물리 엔진 내부의 충돌체의 모습이 반드시 일치할 필요가 없다는 것이다. 물리 엔진 내부의 충돌체가 그래픽적인 메시와 완벽하게 일치하지 않더라도 충분히 비슷한 물리 행동을 할 수 있기 때문이다.

이렇게 그래픽적 표현과 물리적 표현을 분리해서 설정하면 상호 간에 악영향을 주지 않으면서 시스템 전체 성능을 최적화할 수 있다. 게임 플레이상 크게 눈에 띄지 않는다면 복잡한 그래픽 메시를 씬 뒤에서는 간단한 물리 도형으로 치환해도 될 것이다. 다시 말하지만 사용자가 알아차리지 못하면 어떠한 문제도 없는 것이다.

이제, 복잡한 그래픽 메시를 단순한 물리 도형으로 치환하는 두 가지 방법을 살펴보겠다. 이 방법은 원형 물리 충돌체로 또는 단순한 입체 충돌체로 바꾸는 것이다.

원형 물리 충돌자를 사용하기

대부분 도형은 원형 충돌체 (자원 소모 값 순서대로) 즉 구체, 캡슐, 원통, 박스를 이용해 근사치로 표현할 수 있다. 하나의 원형 충돌체로 충분히 표현되지 않는다면 몇 개의 원형 충돌체를 합쳐 모형을 표현할 수도 있다. 원형 충돌체를 붙일 때는 자식 게임 객체를 추가하는 것이 단일 입체형 충돌체를 이용하는 것보다 언제나 더 적은 자원을 소모한다.

[그림 5-7]은 복잡한 그래픽 객체를 하나 또는 그 이상의 원형 충돌체로 단순화한 예다.

그림 5-7 복잡한 그래픽 객체를 원형 출돌체로 단순화한 예

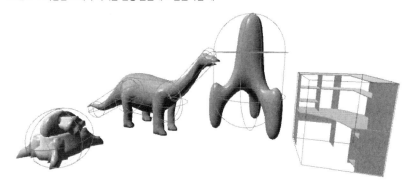

물리 엔진에서 입체형 충돌체로 복잡한 메시들을 표현하면 원형 충돌체를 이용해 표현하는 것보다 매우 많은 자원을 사용한다. 즉, 물리 원형 충돌체를 이용해 그래픽 객체를 표현하는 것에는 엄청난 성능 향상의 기회가 있는 셈이다.

오목형 충돌체는 구멍이나 틈새를 가지고 있어 다른 메시들이 "떨어질 수 있다"는 특징을 지니고 있다. 하지만 많은 경우 이처럼 떨어지는 틈새나 구멍을 다른 박스형 충돌체를 추가하고 트리거를 설정해 구현할 수 있다.

메시와 연결된 입체형 충돌체는 메시의 모습과 꼭 일치할 필요가 없다. (유니티는 단지 메시의 모양을 그대로 따오는 것을 기본으로 할 뿐이다.) 이 말은 메시를 그래픽 메시와 일치하지 않도록 단순화한 다른 입체형 충돌체와 연결할 수 있다는 말이다.

[그림 5-8]은 복잡한 그래픽 메시를 단순한 입체형 충돌자와 결합한 예다.

그림 5-8 복잡한 그래픽 메시에 단순한 입체 충돌자를 결합한 예

충돌체의 메시를 볼록형 도형으로 간략화하면 테두리-입체 겹침을 비롯한 다양한 충돌 연산을 많이 줄일 수 있다. 원래의 메시를 어떻게 간략화하느냐에 따라 게임 플레이에 거의 영향이 없거나 악영향을 줄 수 있다. [그림 5-8]의 도끼는 매우 빠르게 움직이면서 공격하기 때문에 플레이어들은 원형을 그대로 딴 입체형 충돌체와 간략화한 입체형 충돌체 간의 차이를 느끼지 못할 것이다.

5.2.9 복잡한 물리 구성 요소 피하기

대지, 천, 바퀴 충돌체는 원형 충돌체뿐 아니라 일부 입체형 충돌체보다도 연산량이 많다. 따라서 해당 구성 요소가 '반드시' 필요하지 않은 이상 씬에 추가하지 않는 편이 좋다. 가령 플레이어가 절대로 닿을 수 없는 객체라면 대치 충돌체를 연결할 필요가 없다.

물리 구성 요소로 천을 포함하는 게임이라면 낮은 사양 설정에서는 천의 구성 요소를 제외한 다른 객체를 인스턴스화하거나 아예 천 자체를 동영상으로 처리할 수도 있을 것이다. (물론 펄럭이는 천에 대한 로망이 있다면 반드시 천 물리 구성 요소를 써야 할 것이다.)

바퀴 충돌체를 사용하는 게임은 바퀴 숫자를 줄여보자. 그래픽상 바퀴가 4개 이상인 차량이라 하더라도 반드시 4개 이상의 바퀴를 달 필요는 없다. 대부분은 바퀴가 4개만 있으면 물리 행동을 정확하게 구현할 수 있다.

5.2.10 물리 객체를 비활성화하자

물리 엔진 비활성화 기능은 때론 게임 내에 곤란한 문제를 일으킨다.

> **TIP**
> 기억 되살리기! 비활성화할 수 있는 한계치는 Edit → Project Settings → Physics → Sleep Threshold 에서 설정할 수 있다.

대부분 개발자는 자신의 물리 객체가 대부분의 시간동안 비활성화된 상태로 있다는 것을 알지 못한다. 이 때문에 많은 개발자는 물리 객체 수를 2배로 늘리면 자원 소모량도 2배로 늘어날 것으로 생각한다. 실제로는 그렇지 않다. 충돌 빈도와 모든 충돌 객체들을 모아 확인하는 시간은 산술적이 아니라 지수적으로 증가한다. 그래서 단 몇 개의 물리 객체만 추가해도 엄청난 성능 저하가 일어날 수 있다. 그러므로 물리 객체를 추가할 때는 언제다 씬 전체의 물리적 복합도를 먼저 생각해야 한다.

또 다른 문제는 '물리 객체의 섬' 위험이다. 물리 객체의 섬이란 여러 물리 객체가 서로 접촉된 상태로 비활성화된 상태를 말한다(여러 개의 박스를 쌓아 거대한 물체 덩어리를 만드는 것을 생각하면 쉽다). 물리 객체의 섬이 비활성화된 상태에서는 아무런 문제가 없지만 '섬' 중 하나의 객체를 활성화하려고 하면 활성화된 객체와 접촉한 모든 물리 객체의 '섬'이 활성화된다. 즉, 접촉한 물체들이 연달아 활성화되고 마는 것이다. 이는 CPU 자원의 갑작스러운 과다 사용의 주된 원인이다. '섬'의 한 객체에 충돌이 일어나도 CPU 자원의 과다 사용 문제는 반복적으로 일어나기에 특히 주의해야 한다.

따라서 이런 '섬'이 형성됐다면 중간중간 객체를 지우거나 해제해 섬이 되지 않게 해야 한다. 문제는 섬이 형성되는 것을 미리 알기 어렵다는 데 있다. 일정 시간마다 모든 물리 객체를 대상으로 거리 체크를 하는 것은 엄청나게 많은 자원을 소모한다. 따라서 게임의 흐름에 따라 섬 현상이 발생할 만한 것을 중심으로 섬이 생성되지 않게 방해해야 한다. 예컨대 플레이어가 많은 물리 객체들을 한 지역에 몰아넣어야 한다고 가정해보자. (주인공이 목동이고 양들을 우리에 집어넣는 게임을 생각해보자.) 이 때 섬 생성을 막으려면 물리 객체들이 목적지에 도달하면 자동으로 물리 객체를 해제해 동적 충돌자가 아닌 정적 충돌자로 바뀌도록 하면 될 것이다.

끝으로 질량, 중력 사용, 끌기와 같은 물리 객체의 속성을 바꾸면 비활성 상태를 해제할 수 있다. 게임 실행 중 이런 값이 주기적으로 바뀌면 해당 객체는 더 오랫동안 활성 상태로 남게 된다. 다른 힘을 가할 때도 마찬가지다. 만일 자체 제작한 중력 시스템(질량 부분에서 배운 것과 같은)을 고정 업데이트마다 적용한다면 물체는 절대로 비활성화 상태가 되지 않는다.

객체들을 비활성화하는 것은 축복이자 저주다. 비활성화된 객체들은 많은 연산 자원을 아껴주는 동시에 너무 많은 객체들이 재활성화되거나 비활성화되면 CPU는 객체의 활성화와 비활성화에 너무 많은 자원을 소모하게 된다. 따라서 최대한 많은 객체들을 비활성화하는 동시에 객체들이 거대한 덩어리가 되지 않도록 주의해야 한다.

5.2.11 해결 반복 횟수 바꾸기

연결체, 스프링, 기타 물리 객체에 연결된 물건은 물리 엔진으로 구현하기 매우 어렵다. 물체 간의 상호의존적인 (내부적으로는 행동반경 제한인) 동작을 구현하려면 물리 엔진은 때때로 물리 방정식을 여러 번 풀어야 한다. 이러한 반복적인 접근법을 통해 물체와 연결된 다른 물체의 속도 변화를 좀 더 정확하게 계산할 수 있다.

즉, 물리 행동의 정밀도와 성능 간의 균형을 맞추기 위해서는 적당한 수준의 해결 반복 횟수를 가질 필요가 있다. 단 하나의 충돌을 연산하기 위해 너무 많은 시간과 자원을 들이는 것도, 물리 엔진의 정밀도를 너무 많이 포기하는 것도 좋은 선택이 아니기 때문이다.

> **TIP**
>
> 같은 해결 반복자는 물체 간의 충돌 정밀성을 확인하는 데에도 쓰인다. 하지만 서드파티Third Party 객체가 연결돼 있는 매우 복잡한 충돌일 경우 최종 결과를 내려면 연산을 여러 번 반복해야 한다.

해결 반복 횟수는 Edit → Project Settings → Physics → Solver Iteration Count에서 수정할 수 있다. 대부분의 경우 기본값인 6(유니티 4에서는 7)이 적당하다. 하지만 게임에 매우 복잡한 연결체가 있고 이 연결체에 의해 캐릭터에 문제가 자주 발생한다면 해결 반복 횟수를 늘려야 한다. 반대로 어떤 게임에서는 해결 반복 횟수를 줄여도 별 문제가 없다. 따라서 횟수를 바꿀 때마다 테스트를 해 프로젝트 전체 품질을 확인해야 한다.

만약 복잡하게 연결된 물체(충돌 인형)가 나타나는 장면에서 물리 연산에 이상이 있을 경우 해결 반복 횟수를 늘리면 문제가 조금씩 완화된다. 이 문제들은 주로 물리 인형과 같은 특정 개체가 전체 물리 연산력을 너무 많이 사용해 방정식 해결자가 합당한 해결책을 찾기 전에 연산을 포기하게 돼 발생한다. 한 연결체가 초신성이 돼 다른 모든 것을 블랙홀로 빨아들이는 것이다.

끝으로 이 장의 앞부분에서 살펴본 물리 객체의 규칙을 지키면서 물리 인형의 물리 객체 메시가 만들어지고 있는지도 확인해보자. 결과적으로는 소모되는 자원과 전체 속도의 균형을 합리적으로 유지하는 게 가장 중요하다.

5.2.12 충돌 인형 최적화하기

연결체를 말할 때 충돌 인형(레그돌)을 빼놓을 수가 없다. 이것들은 정말 재밌다. 시체가 게임 세상을 날아다니는 순간에는 기괴함이 느껴지기도 하지만, 무언가가 날아다니며 이리저리 치이고 부서지는 일련의 복잡한 과정들은 인간 본성 어딘가의 '재미 요소'를 자극한다.

그래서 많은 개발자는 한 씬에 다양하고 많은 충돌 인형을 넣고 싶어한다. 하지만 앞서 살펴본 대로 한번에 많은 충돌 인형이 움직이고 충돌하는 씬은 필연적으로 해결 반복 문제를 일으킨다. 이러한 문제를 피하면서 가능한 한 많은 충돌 인형을 씬에 넣을 수 있는 길은 없을 알아보자.

연결 부위와 충돌체를 줄이기

유니티는 충돌 인형 제작 툴을 제공한다. 유니티 5에서는 GameObject → 3D Object → Ragdoll…을, 유니티 4에서는 GameObject → Create Other → Ragdoll…을 선택하면 몸체와 사지를 가진 충돌 인형이 생성된다. 이 충돌 인형은 11개의 충돌체를 가졌고, 각각의 충돌체는 관절로 연결돼 있다(머리, 가슴, 골반, 팔다리마다 2개의 충돌체를 가졌다). 성능 향상을 위해 자연스러움을 어느 정도 포기하면 머리와 몸 그리고 팔, 다리 1개씩 총 6개의 충돌체로 이루어진 좀 더 간단한 충돌 인형을 만들 수 있다.

이는 11개의 충돌체로 구성된 충돌 인형의 불필요한 충돌체를 제거하고 관절의 Connected Body 속성을 다시 정의해 만들 수 있다.

이처럼 간략화된 충돌 인형은 낮은 사양, 저품질 설정에서 더 많은 충돌 인형을 한 씬에 넣고자 할 때, 한 씬에 너무 많은 충돌 인형이 있을 때 유용하다. 간략화된 충돌 인형을 상황에 따라 동적으로 사용하려면 충돌 인형의 수를 세는 '갓 클래스'가 필요하다. 한 번에 일정 갯수를 넘는 충돌 인형이 있으면 이후부터는 간략화된 충돌 인형이 생성되게 할 수도 있다.

충돌 인형 간의 충돌을 피하자

충돌 인형 간의 충돌이 꼭 필요하지 않다면 충돌 행렬을 이용해 충돌 인형 간의 충돌을 끄는 것이 최적화 측면에서는 바람직하다. 충돌 인형 간 충돌이 일어날 때 성능 비용은 지수적으로 증가하기 때문에 해결자 수를 줄여야 한다. 그러지 않으면 정확한 연산이 어려워져 문제 행동이 일어날 가능성이 커진다.

활동하지 않는 충돌 인형을 비활성화하거나 제거하기

마지막으로 바닥에 떨어지며 충돌이 끝난 충돌 인형은 물리 시뮬레이션에서 빼고 다시는 넣지 않는 식으로 성능 비용 문제를 해결할 수도 있다. 게임에 따라서는 충돌 인형이 최종 '목적지'에 도달하고 나면 더 이상 게임 세상에서 활동하는 객체로 둘 필요가 없다.

충돌체의 활성 상태는 IsSleeping() 함수로 확인할 수 있다. 이 함수를 이용하면 충돌 인형이 비활성 상태가 되면 해당 충돌 인형의 모든 충돌체를 제거해 더는 물리 시뮬레이션에 사용되지 않게 하거나 물리 인형 자체를 씬에서 제거할 수 있다. 한발 더 나아가 기존 충돌 인형의 수를 세다가 새 충돌 인형이 씬에 등장할 때 이전 충돌 인형을 제거하는 것도 가능하다.

지금까지 충돌 인형으로 인한 성능 하락을 피할 수 있는 다양한 방법을 알아봤다. 결론적으로 물리 시뮬레이션 성능을 유지하기 위해서는 인스턴스화된 전체 수를 줄이거나 단순한 충돌 인형을 만들고 충돌 인형의 유지 시간을 짧게 하거나 충돌 인형의 일부분을 제한하는 수밖에 없다.

5.2.13 언제 물리를 써야 할지 판단

성능 향상을 위한 가장 좋은 방법은 기능 자체를 사용하지 않는 것이다. 게임 속 모든 움직이는 물체들을 놓고 자신에게 물어보자. 이 물체는 물리 시스템에 꼭 포함돼야 하는가? 또 물리 시스템이 필요한 부분을 조금 더 단순화해 자원 사용량을 낮춰 성능 하락을 막을 수 없을까?

플레이어가 빠지면 죽는 사망 지역이 있다고 가정해보자. 물리 연산을 이용하면 플레이어가 해당 위치에 있는지 알 수 있다. 조금 단순하게 게임을 만든다면 사망 지역의 높이를 고정해도 될 것이다[06]. 그러면 사망 지역에 대한 트리거 충돌을 확인하지 않고 플레이어의 높이가 특정 높이에 도달했는지만 확인하는 식으로 사망 지역을 구현할 수 있다.

또 다른 예로는 메테오 샤워가 있다. 메테오에 물리 객체를 설정하고 땅에 떨어지는 순간을 대지와의 충돌로 감지해 메테오를 폭발시키는 것이다. 이를 위해서는 대지의 높이를 일정하게 하거나 대지의 높이를 받아와야 한다. 그런데 메테오 이동은 물리 객체를 설정하지 않고 `transform.position` 속성을 시간에 따라 변화하는 '사이 채우기' 방법으로도 구할 수 있다. 두 가지 예제 모두 상황을 간단하게 만들고 스크립트 코드에 작업을 넘김으로써 물리 엔진에 의한 자원 소모를 줄여준다.

> **TIP**
> 사이 채우기는 두 값 사이의 범위를 보간법으로 시간의 흐름에 따라 채우는 방법이다. 유니티 에셋 스토어에는 다양한 기능의 무료 Tweening 라이브러리가 많이 있으니 한번쯤은 꼭 살펴보자.

때때로 물리 시스템이 스크립트의 복잡성을 줄여주기도 한다. 가령 인벤토리 시스템을 만들었고 게이머가 '줍기' 버튼을 누르면 가장 가까운 물체를 찾아서 줍는다고 가정하자. 이를 스크립트로 구현하려면 객체 각각의 위치와 플레이어의 거리를

---

06 옮긴이주_ 화면 아래로 떨어지면 죽는 것처럼

일일이 확인해야 한다. 이 복잡한 코드를 Physics.OverlapSphere( ) 함수로 단순화하면 버튼을 누른 순간 비교해야 하는 대상의 수를 대폭 줄일 수 있다.

이처럼 물리 엔진으로 스크립트를 줄이거나 스크립트를 통해 물리 엔진을 단순화하는 방법은 무궁무진하다. 물리 엔진의 불필요한 연산을 줄이거나 물리 엔진으로 스크립트의 복잡한 연산을 줄이는 것은 게임 성능 개선에 꼭 필요하다.

5.2.14 유니티 5로 업그레이드하기

유니티 4를 유니티 5로 업그레이드하는 것만으로도 물리 성능을 개선할 수 있다. 유니티 4에서 5로 버전이 판올림 되면서 피직스^{PhysX} 버전도 2.8에서 3.3으로 올라갔고 많은 성능 향상이 이루어졌다. 약간 과장을 보태 말하면 유니티 5 물리 엔진 성능은 유니티 4 물리 엔진보다 2배나 뛰어나다. 새 버전에서는 정적 충돌체 이동에 따른 보조 비용, 연속 충돌 확인 성능 개선, 더 다양한 충돌체 지원, 천과 바퀴 충돌체 구성 요소 개선, 그리고 멀티코어 지원 등이 향상되거나 추가됐다. 쉽게 말하자면 씬의 소모 비용을 줄여 또는 같은 양의 자원으로 더 많은 객체를 씬에 표현할 수 있다.

그러나 API 내부적으로는 많은 것이 바뀌어 유니티 4 스크립트가 유니티 5에서 100% 정확하게 동작하지 않을 수도 있다. (물리와 연결되지 않은 부분에서도 같은 동작을 보장할 수 없게 됐다.) 따라서 유니티 버전을 업그레이드하는 것은 결코 쉬운 일이 아니다. 업그레이드에 앞서 프로젝트를 백업하는 것을 잊지 말아야 한다. 업그레이드 시 고려해야 할 점은 개발 중인 게임의 복잡성과 구매해 사용 중인 유니티 에셋의 업그레이드 두 가지다. 유니티 5로의 업그레이드에 맞춰 사용 중인 에셋도 유니티 5로 업그레이드해야 하기 때문인데, 해당 에셋의 지원이 끝났다면 프로젝트에서 에셋을 제거해야 한다.

5.3 요약

지금까지 성능과 안정성 두 가지 측면에서 물리 시뮬레이션 성능을 개선할 다양한 방법을 살펴봤다. 성능과 안정성을 높이는 가장 좋은 방법은 복잡하고 자원 소모량이 많은 시스템을 사용하지 않는 것이다. 복잡한 시스템을 사용하지 않을수록 병목현상에 대한 고민도 줄어든다. 최악의 경우 정말 필요한 것이 아니면 물리 연산을 사용하지 않는 것도 한 방법이다. 이럴 때도 게임 플레이에 큰 영향을 주지 않으면서 물리 연산을 사용할 방법은 있었다.

역동적인 그래픽

현대의 렌더링 시스템은 매우 복잡하다. 단순한 삼각형도 복잡한 구성 요소를 거쳐 렌더링 된다. 범용 연산 프로세서인 CPU와 달리 GPU는 병렬 연산에 특화돼 있다. 현대의 그래픽 렌더링은 하드웨어적, 소프트웨어적 메모리 관리와 연산, 복잡한 메모리 공간, 다양한 언어 등을 다양한 프로세서가 종합적으로 활용해 만든 결과물이다.

그래픽 렌더링을 더욱 복잡하게 만드는 것은 모든 그래픽 상황이 개별적이라는 데 있다. 같은 프로그램을 같은 제조사에서 만든 다른 기기에서 구동해도 각 구성 요소의 기능과 성능 차이로 인해 전혀 다른 곳에서 병목현상이 발생할 수 있다. 그래픽 렌더링 병목현상을 깊이 이해하기 위해서는 이 분야에서 평생을 보내야 할 정도로 쉽지 않다.

다행히 우리에게는 프로파일링이 있다. 각 구성 요소에 대한 충분한 자료를 모으고 교차 성능 검증을 하며 씬에 여러 기법을 적용한 결과를 비교 분석하면 근본적인 문제 원인을 찾고 적절한 처방을 내릴 수 있다. 이번 장에서는 가장 먼저 정확한 정보를 얻기 위한 프로파일링을 살펴보고 그래픽 시스템의 문제를 발견하기 위해 알아야 할 그래픽 시스템에 대해 살펴본다. 아울러 그래픽 렌더링 병목현상에 적용할 만한 해결 기법도 함께 고민해본다.

이전 장에서 CPU와 GPU가 어떻게 연결되고 순간마다 텍스처 메시, 렌더 상황, 셰이더 등 렌더링에 필요한 정보를 구별하는지 살펴봤다. 또한 동적/정적 배칭과 밉맵핑, 아틀라싱 그리고 몇몇 절차적 기법으로 메시, 텍스처 파일을 조작해 렌더링 부하를 줄이는 방법도 배웠다.

렌더링 성능을 향상시킬 방법은 많다. 이런 다양한 기법들을 적용하기 위해서는 문제가 CPU에 있는지, GPU에 있는지 알아야 한다. 지금부터는 가정 먼저 문제 원인을 찾는 법을 배울 것이다. 그리고 문제에 알맞은 해결책을 알아보고 시야에 따른 컬링^{Curling}, 표현 정밀도, 다양한 셰이더 최적화 옵션, 빛과 어둠과 같은 렌더링 기능을 살펴본다. 끝으로 유니티 개발의 주 대상인 모바일 기기에서 최적의 성능을 얻는 방법도 알아본다.

6.1 렌더링 문제 프로파일링 하기

렌더링 성능이 저하되는 원인으로는 크게 CPU와 GPU가 있다. GPU에 의한 문제는 보통 파이프라인의 곳곳에서 발생하기 때문에 원인을 찾기가 어렵다. 하지만 한번 문제 원인을 발견하면 렌더링 시스템 전체 성능을 크게 향상할 수 있다.

CPU, GPU의 병목현상에 대해서는 3장 배칭의 유용성에서 간략히 살펴봤다. 잠시 복습하면 CPU는 렌더링 명령을 그래픽 API를 통해 하드웨어 드라이버에 전달하고, 해당 명령은 최종적으로 GPU 하드웨어의 커맨드 버퍼에 입력된다. 입력된 명령들은 커맨드 버퍼가 비어질 때까지 GPU의 대량 병렬 시스템에 의해 처리된다. 물론 이 과정에는 다양하고 미묘한 작업이 더 있다.

[그림 6-1]은 일반적인 GPU 파이프라인^(물론 기술과 최적화 정도에 따라 차이가 심하다)을 단순화한 중요한 렌더링 단계를 보여준다.

그림 6-1 주요 GPU 파이프라인 렌더링 단계

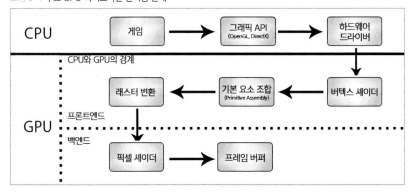

최상단의 세 단계는 CPU에 의한 작업이다. CPU는 가장 먼저 그래픽 API를 불러 하드웨어 드라이버를 통해 GPU에게 명령을 전달한다. 따라서 CPU에 묶인 프로그램은 주로 복잡도와 그래픽 API 호출 횟수에 의해 성능이 제한된다.

GPU에 묶인 작업은 GPU의 처리 능력 한계로 정해진 프레임 제한 내에서 커맨드 버퍼를 비우지 못하는 작업을 말한다. 이 작업은 기기의 복잡성 때문에 자세히 분석하기 어렵기 때문에 대체로 프론트엔드와 백엔드 두 가지 문제로 분류한다.

프론트엔드에서는 GPU가 데이터를 받아들이고 드로우 콜을 인식해 GPU에 들어온 모든 데이터를 정점 형태로 변환해 버텍스 셰이더^{Vertex Sahder}에 넣은 후 최종적으로 고정자^{Rasterizer}를 통해 백엔드에서 처리할 덩어리 조각을 만든다. 백엔드는 GPU에서 작업한 이후 과정을 말한다. 백엔드에서는 생성된 조각 셰이더를 픽셀 형식으로 프레임 버퍼에서 테스트하고 조작한다.

> **NOTE**
>
> 기술적인 관점에서 조각 셰이더라는 단어가 일반적으로 사용하는 픽셀 셰이더라는 단어보다 정확한 표현이다. 조각들은 고정화^{Rasterization} 단계를 거쳐 셰이더에 의해 처리되고 프레임 버퍼에 그려진 이후에야 픽셀이라고 부를 수 있기 때문이다.

이렇게 복잡한 그래픽 렌더링의 각 과정에서 문제 원인을 찾을 방법은 다음과 같다.

- GPU를 프로파일러로 프로파일링 하기
- 각 프레임을 프레임 디버거로 조사하기
- 브루트 포스 컬링Brute Force Curling 테스트

6.1.1 GPU 프로파일링

가장 먼저 프로파일러를 통해 살펴봐야 할 것은 CPU와 GPU의 사용량이다. 둘을 비교해 문제 원인이 CPU에 있는지, GPU에 있는지 추정할 수 있다.

[그림 6-2]는 CPU에 의해 성능이 발목 잡힌 프로그램을 분석한 프로파일링 예다. 해당 프로그램은 수천 개의 단순한 객체를 배칭을 이용하지 않고 만드는데 드로우 콜 수만 15,000개에 달한다. CPU는 매우 많은 작업을 처리하는 데 반해 GPU는 렌더링 해야 하는 객체가 단순해 상대적으로 적은 양을 처리하고 있다.

그림 6-2 CPU에 의한 병목현상의 예

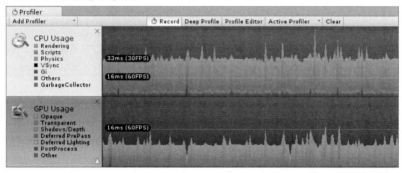

이 프로그램은 렌더링 작업을 수행하는 데 매우 많은 CPU 사이클(1프레임당 약 30ms)이 필요하지만 GPU는 1프레임당 16ms 미만의 시간을 소모하고 있다. 즉, 명백하게 CPU에 의해 병목현상이 발생하고 있다.

이에 반해 GPU에 의한 병목현상이 일어난 프로그램을 프로파일러로 확인하는 것은 조금 난해하다. [그림 6-3]은 매우 복잡하고 많은 폴리곤 객체를 조금만 생성하는 프로그램을 프로파일러로 확인한 모습이다(그러므로 정점에 대한 드로우 콜의 비율이 낮을 것이다). 여기에 다양한 실시간 점 광원, 텍스처, 법선 벡터, 높이, 표면발광, 시야 처리 등 복잡한 셰이더를 추가했다(1 픽셀당 작업량을 늘리기 위해서다).

그림 6-3 GPU에 묶인 프로그램 예

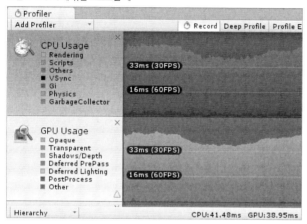

이상하게도 CPU와 GPU 사용량에 차이가 없다. 게다가 프로파일러 하단부에 위치한 처리 시간이 41.48ms와 38.95ms로 거의 같다. GPU 부하가 CPU 부하보다 클 것이라는 예상이 빗나갔다.

> TIP
>
> 밀리 초 단위의 CPU와 GPU의 시간 비용은 정확한 사용량 창이 프로파일러에서 켜졌을 때만 계산된다.

[그림 6-4]는 같은 프로그램을 에디터 창을 통해 프로파일링 한 결과다.

그림 6-4 에디터 창을 통해 프로파일링한 결과

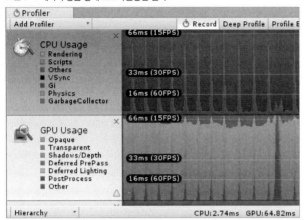

[그림 6-4]는 우리가 기대하는 GPU 병목현상의 예를 보여준다. CPU와 GPU 처리 시간이 각각 2.74ms, 64.82ms다.

하지만 이 데이터는 프로파일러 창의 UI 업데이트로 인한 CPU와 GPU의 사용량에 의해 그래프에 주기적으로 뾰족한 가시(사용량 급증)가 발생한 것이다. 또한 에디터까지 프로파일링 하면서 늘어난 처리 시간이 GPU 사용량에 반영돼 있다.

결국 프로파일러만으로 GPU에 의한 병목현상인지를 밝히기는 어렵다. 이러한 문제는 차후 유니티 프로파일러에서 개선돼야 할 것이다. 어쨌든 지금은 이러한 문제가 있다는 것만 알고 넘어가자.

> **TIP**
>
> 아마 GPU에 의한 병목현상을 밝힐 수 있다는 점이 에디터 자체를 프로파일링 해 얻을 수 있는 유일한 이득일 것이다.

6.1.2 프레임 디버거

유니티 5에서 추가된 프레임 디버거Frame Debugger는 한번에 하나의 드로우 콜을 그려 씬이 어떻게 렌더링 되고 있는지 보여주는 디버깅 툴이다. 프레임 디버거상의 목록에서 드로우 콜을 클릭하면 그 순간까지 그려진 드로우 콜을 볼 수 있다. 현재 렌더링 타깃(쉐도우 맵, 카메라 깊이, 메인 카메라, 그리고 다양한 렌더링 타깃들), 해당 드로우 콜이 그려낸 내용(메시, 정적 배치, 깊이 그림자 등) 그리고 적용될 설정(텍스처 정보, 정점의 색, 합쳐진 라이트맵, 지향성 광원) 등 선택한 드로우 콜의 상세 정보도 볼 수 있다.

[그림 6-5]는 프레임 디버거를 통해 선택한 드로우 콜까지만 렌더링 한 씬의 모습이다. 재밌는 것은 그림자들이 합쳐진 라이트 맵이 물체가 생성되기도 전에 그려졌다는 점이다.

그림 6-5 프레임 디버거로 인해 선택한 드로우 콜까지만 렌더링 된 모습

만약 드로우 콜이 문제의 주원인이라면 이 툴은 드로우 콜에 의한 소모 값과 씬 내의 불필요한 드로우 콜을 찾아내는 데 효과적이다. 이를 통해 불필요한 드로우 콜을 지우거나 배칭으로 합칠 수 있다. 이 툴을 이용하면 각 렌더링의 기능, 즉 그림자, 투명 객체 등에 의한 추가 드로우 콜이 얼마나 발생했는지도 쉽게 알 수 있다. 다양한 품질의 화면을 지원하는 게임을 만들 경우 어떤 것을 지우고 어떤 것을 활성화해야 할지 알 수 있다.

6.1.3 무작위 삭제 테스트

프로파일링 데이터를 심사숙고해도 문제를 발견할 수 없다면 무작위 삭제 테스트 Brute Force Testing[01]를 해보자. 씬 속 무언가를 무작위로 지웠는데 성능이 향상됐다면 방금 지운 것이 병목현상의 주원인이다. 이 방법은 변인통제가 충분히 이뤄져 올바른 방향으로 가는 상황이라면 별다른 문제가 없는 방법이다.

무작위 삭제 기법에 대해서는 차후에 좀 더 상세히 살펴보겠다.

6.1.4 CPU에 묶임

개발 중인 프로그램이 CPU에 묶였다면 프로파일러의 CPU 사용량 항목에서 FPS 수치가 낮을 것이다. 만약 VSync(수직 동기화) 옵션이 켜져 있다면, 새 프레임을 렌더링 하기까지 CPU가 대기하는 시간에 의해 데이터 오염이 일어났을 수도 있다. 따라서 CPU 문제를 확인하기에 앞서 VSync 옵션을 껐는지 꼭 확인해야 한다.

그림 6-6 프로파일링을 할 때는 Vsync를 꺼야 한다.

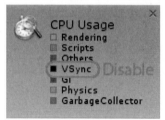

CPU에 묶였는지 확인하는 무작위 삭제 테스트에서 지워야 하는 대상은 드로우 콜이다. 이는 지금까지 정적/동적 배칭, 아틀라싱을 통해 드로우 콜을 최대한 줄여왔다는 점에 비춰봤을 때 의문이 들 것이다. 이미 지울 수 있는 것은 거의 다 지웠기 때문이다.

---

01 옮긴이주_ 암호 기법 중 무작위 대입 기법을 의미한다.

따라서 무작위 삭제 테스트를 수행하기 위해서는 지금까지와는 반대로 줄여온 드로우 콜을 늘려야 한다. 이미 작동하고 있는 배칭 등을 비활성화했더니 상황이 급격히 나빠졌다면 전체 프레임이 CPU에 묶인 것이다.

다행스럽게도 이 경우에도 드로우 콜을 줄일 방법이 있다. 시야 컬링, 빛과 어둠 셰이더를 조금 손보는 것이다. 이 방법들은 이후 다시 설명하겠다.

참고로 유니티의 렌더링 시스템은 멀티스레드를 지원한다. 유니티의 버전, 설정에 따라 CPU에 의한 병목현상의 의미가 조금 달라질 수 있다.

멀티스레드 렌더링

멀티스레드 렌더링은 2012년 2월 유니티 3.5 버전에서 처음 소개됐고, 멀티코어 시스템은 기본값으로 설정돼 있어 작업 부하를 나눠 처리하고 있다. 초기에는 PC와 맥, 엑스박스 360^{Xbox360}만이 멀티스레드 렌더링을 지원했지만, 유니티 5에 이르러서는 거의 모든 플랫폼에서 멀티스레딩 렌더링 시스템을 사용할 수 있게 됐다. (유니티 4의 최신 빌드에서도 멀티스레딩 렌더링이 기본으로 활성화돼 있다.)

모바일 기기의 CPU도 점점 멀티코어화됨에 따라 멀티스레드 지원이 보편화되고 있다. 안드로이드의 멀티스레드 렌더링 기능(유니티 4.3에 추가됨)은 Platform Settings → Other Settings → Multithreaded Rendering 체크 박스를 통해 활성화할 수 있다. iOS 기기의 경우 Player Settings → Other Settings → Graphics API에서 애플 메탈$^{Metal\ API}$(유니티 4.6.3에 추가됨)를 선택하면 이용할 수 있다.

멀티스레드 렌더링이 켜진 상태에서는 렌더링 API(OpenGL, 다이렉트X, 메탈)에 데이터를 넘기는 작업을 보조 스레드가 담당한다. 보조 스레드는 렌더링 명령을 그래픽 API와 드라이버를 통해 하드웨어에 보내고 GPU의 명령 버퍼에 입력하는 무거운 작업을 메인 스레드에서 넘겨받아 처리한다. 그러면 메인 스레드는 엄청난 양의 CPU 사이클을 절약하게 된다. 즉 다양한 CPU 활동을 하는 메인 스레드의 부하가 크게 줄면서 메인 스레드는 물리 엔진 연산과 스크립트 코드 등의 작업에 더 많은 사이클을 할당할 수 있는 것이다.

재밌게도 메인 스레드가 보조 스레드에게 렌더링 명령을 가르쳐 주는 과정은 GPU의 커맨드 버퍼에 보조 스레드가 명령을 집어넣는 것과 비슷하다. 단, 이 명령은 세세한 명령이 아니고 "이 물체를 다음과 같은 재질 셰이더를 이용해 렌더링하라"나 "N개의 절차적 기하를 가진 인스턴스를 그려라" 같은 총체적이고 높은 수준의 명령이다. 유니티 5에서는 개발자가 직접 C# 코드를 통해 멀티스레드 렌더링 시스템을 제어할 수 있다. 물론 고급 명령어를 직접 넣는 것이 기존에 명령어를 직접 넣는 API들보다 강력하지는 않지만 독특한 그래픽 이펙트를 만드는 데에 도움이 된다.

> **TIP**
>
> 헷갈리게도 유니티 API는 이 기능을 GPU의 기능과 똑같은 '커맨드버퍼CommandBuffer'라고 부른다.

유니티 스크립트 레퍼런스 문서[02]에서 유니티의 커맨드 버퍼 기능을 좀 더 자세히 알 수 있다.

본론으로 돌아가면 멀티스레드 렌더링 기능이 사용됐는지에 따라 근본 문제가 조금 다를 수 있다. 단일 스레드 렌더링 시스템에서는 모든 그래픽 API의 렌더링 명령이 메인 스레드에 의해 처리된다. GPU와 CPU가 모두 최대 성능을 발휘하는 이상적인 환경에서 CPU에 의한 렌더링 병목현상이 발생한다면, 그 원인은 보통 그래픽 API에 명령을 보내는 데 소모되는 시간이 1프레임 간격의 절반을 넘어섰기 때문이다. 이에 대한 해결책은 메인 스레드의 CPU 연산량을 줄이는 것이다. 인공지능AI 시스템의 자원 소모를 줄이는 것이 렌더링 병목현상을 해결해 줄 수도 있다.

하지만 멀티스레드 렌더링 환경에서 그래픽 API로 명령을 보내는 작업은 보조 스레드가 한다. 그 결과 엔진의 작업과 그래픽 API로 명령 전송 작업은 독립적으로 처리된다. 따라서 엔진의 처리량을 줄이는 게 렌더링 병목현상 해결에 거의 또

---

02 옮긴이주_ http://docs.unity3d.com/ScriptReference/Rendering.CommandBuffer.html

는 전혀 영향을 끼치지 못한다. 물론 메인 스레드에서 보조 스레드로 '커맨드버퍼 CommandBuffer'를 이용해 몇몇 명령을 보내지만 렌더링 자체의 병목현상을 해결하는 데에는 별다른 영향이 없다.

TIP

GPU에 의한 병목현상은 멀티스레드 환경에서도 변할 것이 없다.

GPU 표면 처리

CPU에 의한 병목현상이 발생할 때 GPU 자원을 소모해 CPU 부하를 줄일 방법이 있다. GPU 표면 처리가 그것이다. 표면 처리란 뼈대의 움직임을 기준으로 정점의 위치를 옮기는 것을 말한다. 메시 애니메이션에서는 가장 먼저 CPU가 뼈대의 위치를 계산한다. 그 후 옮겨진 뼈대를 기준으로 다른 정점의 가중 평균을 통해 위치를 계산하고 옮겨 애니메이션을 완성한다.

다른 정점들을 계산하는 과정은 CPU나 GPU의 프론트엔드가 처리할 수 있다. 이 과정을 GPU의 프론트엔드에서 연산시키는 게 GPU 표면 처리다. Edit → Project Settings → Player Settings → Other Settings → GPU Skinning 에서 GPU 표현 처리 기능을 켤 수 있다.

6.2 프론트엔드 병목현상

4장 당신의 아트 자원을 활용하라에서 메시 최적화에 대해 살펴봤다. 잠시 기억을 되살려보자. 메시는 불필요한 UV 좌표와 법선 벡터 정보를 가진 경우가 많아 사용 중인 메시에 불필요한 float 정보가 입력됐는지 확인해야 한다고 배웠다. 그 외에도 프론트엔드의 부하를 줄이기 위해서는 유니티가 데이터 구조를 최적화하도록 해 프론트엔드에서 읽은 정점 정보를 최소화했다.

셰이더 최적화를 통해 프론트엔드의 병목현상을 줄일 수도 있다. 셰이더 최적화는 조각 정보와 정점 정보 최적화를 동시에 하기 때문에 백엔드 병목현상을 다룰 때 자세히 들여다볼 것이다.

따라서 프론트엔드 항목에서 다룰 만한 내용으로 남은 것은 실제 정점의 수를 줄이는 것뿐이다. 가장 명백하고 간단한 해결책은 메시를 단순화하고 컬링을 하는 것이다. 즉, 아트 팀에게 문제가 되는 메시의 저해상도 버전을 만들어 달라고 하거나 화면에 그려지는 물체의 수를 줄여달라고 하는 것이다. 이 두 방법으로 별다른 성과를 얻지 못했다면 남은 것은 두 가지 방법을 함께 적용하는 것이다.

6.2.1 세부 표현의 정도

저 멀리 있는 고해상도 객체와 저해상도 객체의 차이를 알아채기란 쉽지 않다. 그렇다면 멀리 떨어져 있는 고해상도 객체를 저해상도로 만들고 이 둘을 거리에 따라 동적으로 사용하면 어떨까?

세부 표현 정도(LOD$^{Level\ Of\ Detail}$)는 거리나 기타 카메라 벡터에 의해 여러 가지를 동적으로 바꾸는 것을 광의적으로 표현한 개념이다. 가장 흔한 LOD는 메시 기반의 LOD로, 메시가 카메라에서 멀어질수록 저해상도 버전의 메시로 바꾼다. 또 다른 LOD의 예는 멀리 있는 캐릭터의 애니메이션을 좀 더 뼈대 수가 적은 물체로 구현해 애니메이션 작업 부하를 줄이는 것을 들 수 있다.

> **TIP**
>
> 유니티에 내장된 LOD 기능은 유니티 4 프로와 5에서 지원하는데, 스크립팅을 이용하면 유니티 4 퍼스널 에디션(무료 버전)에서도 사용할 수 있다

LOD를 사용하는 방법은 씬에 여러 객체를 생성한 후 이들을 LOD Group 구성 요소로 묶어 GameObject의 자식 객체들로 만드는 것이다. LOD Group 구성 요소는 각 객체들에게 범위 상자를 붙여줘 카메라에 잡힌 범위 상자의 크기에 따라 어

떤 객체가 선택될지를 결정한다. 범위 상자가 카메라에 크게 잡힌다면 낮은 LOD group에 속한 메시들이 그려지고, 범위 상자가 작아질수록 점점 더 높은 LOD group에 속한 메시들이 렌더링 된다. 범위 상자가 매우 작아지면 모든 자식 객체가 표현되지 않는다. 이처럼 적절하게 설정된 LOD는 유니티가 좀 더 간단한 메시로 표현하거나 객체 전체를 지우도록 만들어 렌더링 부하를 줄여준다.

> **TIP**
> 유니티 LOD 매뉴얼[03]에서 LOD 기능에 대한 좀 더 상세한 정보를 살펴볼 수 있다.

LOD가 장점만 있는 것은 아니다. LOD 기능을 사용하려면 개발팀이 모두 참여해야 한다. 아트 팀은 저해상도의 메시를 새로 만들어야 하고 레벨 디자이너는 만들어진 메시를 LOD Group으로 묶어야 한다. 이후 설정이 잘 적용됐는지, 카메라의 거리와 각도에 따라 일그러짐 없이 메시가 정확하게 교체되는지 꼼꼼히 테스트해야 한다. 게다가 LOD는 추가적인 메모리와 실시간 CPU 연산량을 늘린다. 보조적인 메시들을 전부 메모리에 넣어야 하고 실시간으로 교체해야 하기 때문에 실행 중에 CPU 연산량이 자연스럽게 증가한다.

요즘과 같이 그래픽카드의 성능이 발달한 시대에서 정점 처리는 그다지 신경 쓸만한 문제가 아니다. LOD 기능을 사용하는 데 희생해야 하는 컴퓨터 자원과 개발 노력을 생각할 때 LOD가 자동으로 모든 문제를 해결할 것이란 섣부른 기대로 최적화를 시작해서는 안 된다. 존재하지도 않는 GPU 프론트엔드의 병목현상을 해결하기 위해 다른 모든 컴퓨터 자원을 소모하고 귀중한 개발 시간까지 흘려보내게 될 지도 모르기 때문이다. 기억하라. 증명되지 않은 문제는 해결할 필요가 없다는 사실을.

---

03 옮긴이주_ http://docs.unity3d.com/Manual/LevelOfDetail.html

LOD 기능을 넣을지는 물체의 정점 수와 카메라가 얼마나 자주 움직이는가 이 두 가지 기준을 가지고 판단하는 것이 좋다. LOD 기능을 적용하기 가장 적합한 씬은 거대한 세계에서 카메라가 빈번하게 움직이며 다양한 거리의 물체들이 넘쳐나는 씬[04]이다. 반대로 LOD 기능이 필요하지 않는 씬은 실내나 카메라가 고정된 탑/쿼터뷰(전략 시뮬레이션 등) 씬이다. 이외에도 이 중간 어디쯤 있는 게임들은 가능하면 LOD 기능을 사용하지 않는 것이 좋다.

> **TIP**
>
> 일부 게임 미들웨어 개발 회사들은 자동으로 LOD 메시를 만드는 툴을 제공한다. 이러한 툴은 결과물의 품질을 희생시키는 대신 LOD를 쉽게 사용할 수 있게 해준다.

6.2.2 GPU 표면 처리 끄기

누차 예기하지만 GPU 표면 처리 기능은 CPU의 짐을 GPU의 프론트엔드로 옮겨온다. 물론 표면 처리 자체가 '매우 병렬적인' 처리인 만큼 GPU의 병렬처리 아키텍처로 처리하는 게 더 효율적일 수 있다. 하지만 이 때문에 정점을 조각으로 만드는 데 사용해야 할 귀중한 GPU의 처리 능력이 낭비해서는 안 된다. 따라서 GPU 프론트엔드에 문제가 생겼다면 다시 이 기능을 끄는 게 나을 수 있다. 다시 한번 말하지만 GPU 표면 처리는 Edit → Project Settings → Player Settings → Other Settings → GPU Skinning에서 켜고 끌 수 있다.

> **TIP**
>
> GPU 표면 처리는 유니티 4 프로와 유니티 5에서 사용할 수 있다.

---

04 옮긴이주_ 숲속을 배경으로 하는 FPS 등

6.2.3 테셀레이션(쪽 맞추기, 채우기) 줄이기

마지막으로 GPU 프론트엔드 단의 병목현상을 해결하는 데 살펴봐야 할 기능은 테셀레이션Tessellation이다. 많이 이용하지는 않지만 기하학 셰이더를 이용한 테셀레이션은 일반 이펙트보다 화려한 그래픽 이펙트를 만든다. 대신 GPU 프론트엔드에 과다한 작업 부하를 가한다.

안타깝게도 테셀레이션을 개선할 수 있는 간단한 기법 따위는 없다. 테셀레이션 성능을 개선하기 위해서는 알고리즘 자체를 바꾸거나 좀 더 많은 테셀레이션이 가능하도록 GPU 프론트엔드를 비우는 수밖에 없다. 반대로 말하자면 GPU 프론트엔드에 의해 병목현상이 발생했고 테셀레이션을 켜둔 상태라면 테셀레이션으로 인해 GPU 프론트엔드에 부하가 크지 않은지 확인해야 한다.

6.3 백엔드 병목현상

백엔드는 GPU 파이프라인에서 꽤 흥미로운 부분이다. 백엔드는 프론트엔드보다 더욱 다양한 그래픽 작업이 처리되기 때문에 병목현상을 더 자주 겪을 수밖에 없다.

백엔드에서는 다음 두 가지 강제 종료 테스트를 할 수 있다.

- 해상도 줄이기
- 텍스처 품질 낮추기

각각의 테스트는 필레이트Fillrate와 메모리 대역폭을 비워준다. 이중 필레이트는 현대 렌더링 중 가장 병목현상이 빈번히 발생하는 곳인 만큼 가장 먼저 살펴보겠다.

6.3.1 필레이트

화면 해상도를 낮추면 조각들을 옮겨야 할 픽셀의 캔버스 크기도 줄어들기 때문에 레스터화 시스템의 부하가 확연히 줄어든다. 이는 앱의 필레이트^{Fillrate} 사용량을 줄여주고 렌더링 파이프라인에도 여유공간을 만들어 준다. 따라서 화면 해상도를 줄였을 때 갑자기 성능이 향상된다면 필레이트가 문제의 주원인이라고 볼 수 있다.

필레이트는 GPU가 조각들을 그리는 속도를 표현한 개념이다.

예컨대 Z-테스팅$^{Z-Testing}$은 더 가까운 물체 조각이 이미 같은 픽셀로 그려져 있는지 확인한다. 만약 그려져 있다면 현재 조각을 삭제하고, 그려져 있지 않으면 프래그먼트^{Fragment}가 프래그먼트 셰이더$^{Fragment Shader}$로 푸시되고 대상 픽셀 위에 그려지며 필레이트에 저장된다. 이 과정을 수천 개의 객체로 확장해서 생각해보자. 각 객체는 수백~수십억 개의 조각을 추가할 수 있고 이는 프레임마다 반복된다. 즉, 렌더링 비용을 대폭 절약할 수 있다.

그래픽카드 제조사들은 필레이트를 기가 픽셀 단위로 광고한다. 그러나 필레이트의 원리를 생각할 때 기가 픽셀보다는 기가 조각이라는 단위가 더 정확한 표현이다. 어느 쪽이든 이론적인 수치지만 이 수치가 클수록 단위 시간당 파이프라인에 밀어 넣을 수 있는 조각의 수가 늘어난다. 만일 30GPix/s 성능을 가진 그래픽 카드가 있고 화면 재생률이 60Hz라면 1프레임당 30,000,000,000/60 즉, 5억 개의 조각을 처리할 수 있다. 화면의 해상도가 2560×1440이고 한 픽셀당 한번씩만 그려질 때 이론상으로는 1프레임당 125번 아무런 문제 없이 전체 화면을 처리할 수 있다.

슬프게도 세상은 이론대로 돌아가지 않는다. 조각 처리에 신경 쓰지 않으면 반드시 한 픽셀에 두 번 이상 그리는 일이 발생하게 된다. 이를 오버드로우^{OverDraws}라고 하는데, 주의하지 않으면 상당한 부하가 발생할 수 있다.

오버드로우

얼마나 많은 픽셀이 오버드로우됐는지는 모든 객체에 알파 블렌딩을 할당해 매우 투명하게 처리해보면 알 수 있다. 많이 오버드로우가 된 픽셀은 계속 덧칠되기 때문에 매우 밝게 보인다. 이러한 원리로 씬에서 사용하는 오버드로우 셰이딩 모드는 화면에 얼마나 많은 오버드로우가 발생하고 있는지 보여준다.

[그림 6-7]은 수천 개의 상자를 정상으로 그린 화면(좌측)과 오버드로우 셰이딩 모드를 통해 본 화면(우측)을 보여준다.

그림 6-7 오버드로우

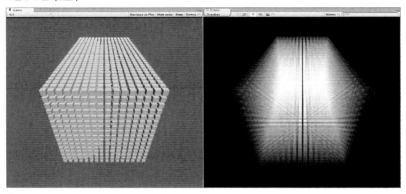

원래 필레이트는 최선의 상황을 측정하는 툴이다. 다시 말하지만 이는 마케팅 숫자이자 이론적인 숫자에 불과하다. 하지만 기술자들은 필레이트란 개념을 렌더링 파이프라인의 백엔드에서 조각 데이터를 셰이더로 보내 화면에 그리는 성능을 설명하는 개념으로 사용한다.

만약 모든 조각이 최소한의 처리만 요구한다면(예를 들자면 같은 색만을 표현하는 셰이더라던가) 필레이트는 이론상 최대치에 가까울 것이다. 하지만 GPU는 매우 복잡한 짐승이다. GPU는 소소한 작업을 연속적으로 처리할 때 최고 성능을 발휘한다. 이와 반대로 하나의 거대한 작업을 처리하면 백엔드 단에서는 프레임 안의 모든 조각을 처리할 수 없어서 필레이트가 떨어지게 된다.

필레이트가 떨어지는 상황은 다양하다. 알파 테스팅, 알파 블렌딩, 텍스처 샘플링 뿐 아니라 셰이더를 통과해야 하는 조각의 데이터량 등은 우리가 살펴봐야 할 부분이 많다는 것과 동시에 필레이트를 향상시킬 방법이 많음을 시사한다.

시야 컬링

유니티의 시야 컬링Curling 시스템은 대량의 오버드로우를 줄이고 필레이트를 높일 수 있는 가장 좋은 방법의 하나다. 시야 컬링은 씬 공간을 조각으로 나누고 세계를 가상 카메라로 날아 지나가며 사물의 크기와 위치에 따라 시야에 가려질 사물을 판단하는 시스템이다.

시야 컬링은 화면 컬링과는 다르다. 화면 컬링은 현재 카메라를 기준으로 보이지 않는 사물을 지우는데, 모든 유니티 버전에서 사용할 수 있다. 화면 컬링으로 제거된 객체는 시야 컬링에서도 자동으로 제거된다.

TIP

시야 컬링은 유니티 4 프로와 모든 유니티 5에서 사용할 수 있다.

시야 컬링 정보는 정적 플래그의 드롭다운에 들어 있는 Occludee Static과 Occluder Static 속성에 의해 생성된다. Occluder Static 설정은 일반적으로 다른 사물들을 가리거나 다른 사물들에 의해 가려질 정적 객체에 설정한다. Occludee Static은 투명한 객체를 위한 특별한 설정으로, 자신에 의해 가려진 객체들은 보여주지만 자신의 앞에 다른 객체가 가리고 있다면 그 객체에 의해 자

신이 가려진다. 참고로 시야 컬링은 둘 중 하나의 정적 플래그를 설정해야 하기 때문에 동적 객체에는 사용할 수 없다.

[그림 6-8]은 시야 컬링이 시야에 보이는 객체를 얼마나 효과적으로 줄여주는지 보여준다.

그림 6-8 시야 컬링

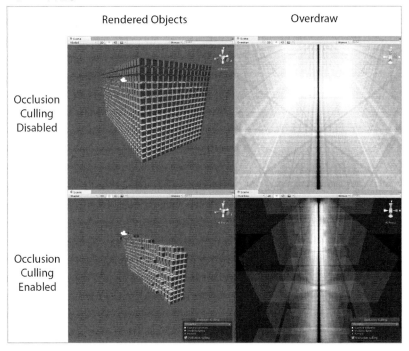

이 기능을 설정하면 애플리케이션 초기화 과정과 실행 중에 자원이 추가로 소모된다. 초기화 과정에는 시야 컬링 데이터 구조를 메모리에 유지해야 하고, 실행 중에는 객체가 시야에 의해 컬링 돼야 하는지 CPU에 의해 판별 처리된다.

시야 컬링 데이터 구조는 씬의 크기에 따라 적절한 크기의 조각들을 만들어야 한다. 설정된 조각들이 작을수록 자료구조를 생성하는 데 더 많은 시간이 걸린다. 하지만 시야 컬링은 한번 설정되면 오버드로우를 감소시키고 필레이트를 높여주는 동시에 보이지 않는 물체들을 제거함으로써 드로우 콜 호출 횟수도 줄여준다.

셰이더 최적화

셰이더는 설정에 따라 필레이트에 지대한 영향을 끼친다. 셰이더는 복잡성, 텍스처 샘플링 정도, 사용된 수학 함수에 따라 GPU의 처리 능력을 많이 사용할 뿐 아니라 간접적으로는 필레이트까지 소모한다. GPU의 병렬 처리 특성에 의해 스레드에서 발생한 모든 병목현상과 파이프라인을 통과하는 조각의 수를 제한하는 것은 직접 연결돼 있다. 하지만 병렬 처리는 직렬 처리보다 다양한 이점을 준다.

병렬 처리의 고전적인 예는 바로 자동차 조립 공장이다. 자동차를 조립하는 데에는 프레임 만들기, 용접, 도색, 조립 검사 총 5단계가 필요하다. 각 단계는 하나의 팀이 책임진다. 모든 단계는 이전 단계가 완료되기 전에는 시작될 수 없다고 가정해보자. 하지만 프레임을 만드는 팀은 한 대의 작업이 완료되는 동시에 다음 차량의 프레임을 만들 수 있다. 이 기업에서는 제작된 자동차의 품질을 일정하게 유지하기 위해 각 팀이 자신의 분야에서만 전문가가 되고 다른 업무에는 신경 쓰지 않기를 바란다.

이 공장에서 제작되는 차량 수를 2배로 늘릴려면 팀 수를 2배로 늘려야 한다. 한데, 이중 한 과정에서 지연이 일어나면 어떻게 될까. 이런 문제가 가끔 발생하면 전체적인 스케줄에 별다른 영향이 없지만 상시로 일어나면 전체 조립 과정이 늦어지는 병목현상이 되고 만다.

GPU의 병렬 처리 프로세서도 이와 비슷하게 동작한다. 각 조립 설비는 스레드에, 팀들은 처리 과정에, 자동차들은 조각에 각각 비유할 수 있다. 한 스레드가 특정 처리 과정에서 오래 머물러서 일어난 지연은 다음 조각의 연산 시간을 줄여버린다. 종국에는 지연이 발생하는 조각 수만큼 지연이 누적된다. 물론 이 가정은 전체를 너무 심하게 간략화했다. 하지만 나쁜 셰이더 최적화가 필레이트를 얼마나 낭비하는지, 작은 셰이더 최적화가 얼마나 많은 백엔드의 성능 향상을 가져올 수 있는지 알 수 있는 적절한 예다.

셰이더 코드는 게임 플레이와 엔진 코드보다 매우 복잡하고 특화돼 있기 때문에 셰이더 프로그래밍과 최적화는 게임 개발에 있어 매우 작은 부분을 차지한다. 셰이더 최적화에는 수학 기법과 미리 계산된 텍스처 파일에 저장된 데이터 등을 셰이더로 불러들이고 사용하는 백도어 데이터 기법들이 섞여 있다. 그래서 셰이더 코드는 읽거나 리버스 엔지니어링을 하기 어렵다.

이에 많은 개발자는 이미 제작된 셰이더나 시각 셰이더 제작 툴에 의존하고 있다. 에셋 상점에서 구매할 수 있는 Shader Forge나 Shader Sandwich가 대표적이다. 이들은 셰이더 코드를 쉽게 제작하도록 도와주지만 최적화된 셰이더를 제작하지는 못한다. 다행히도 이렇게 미리 만들어진 셰이더나 툴을 이용해 만들어진 셰이더 모두 최적화할 수 있다. 그럼 이제부터는 셰이더를 최적화할 수 있는 쉬운 방법들을 알아보자.

모바일 플랫폼용 셰이더 사용

유니티에 내장된 모바일 셰이더는 모바일 기기에서만 사용하도록 돼 있지 않다. 단지 최소한의 자원을 사용하도록 최적화돼 있을 뿐이다. (이 장에 나열된 다른 최적화도 이와 같다.)

데스크톱 PC 프로그램도 얼마든지 모바일 셰이더를 사용할 수 있다. 하지만 최소한의 자원을 쓰도록 설계돼 있어 그래픽 품질이 떨어졌다. 그러므로 데스크톱 PC용 프로그램에서 모바일 셰이더를 사용할 경우 그래픽 품질 하락이 이해할만한 수준인지를 따져봐야 한다. 데스크톱 PC 게임을 개발하고 있고 같은 셰이더의 모바일 버전이 있다면 한번쯤은 시험해 보기 바란다.

작은 자료형을 이용

GPU는 큰 자료형보다 작은 자료형을 계산하는 데 유리하다(특히 모바일 플랫폼에서). 그러므로 가장 먼저 할 일은 Float 자료형(32비트 부동소수점)을 절반 크기(16비트 부동소수점)나 고정 자료형(12비트 고정소수점)과 같은 더 작은 자료형으로 바꿔보는 것이다.

> **TIP**
>
> 앞서 언급한 자료형의 크기는 목표 플랫폼이 어떤 형식의 부동소수점을 선호하는지에 따라 달라진다. 언급한 자료형이 일반적으로 사용되는데, 최적화에는 정확히 어떤 자료형인지보다는 각 자료형의 상대적인 크기가 더 중요하다.

색상 값은 자료형 정밀도를 낮춰보기에 적합한 자료다. 보통 색상 값의 정밀도가 떨어져도 전반적인 색감에는 눈에 띄는 색상 손실이 일어나지 않는다. 하지만 정밀도가 다른 자료형을 이용한 그래픽 계산은 예기치 못한 결괏값을 만들어 내기도 한다. 따라서 정밀도를 낮춘 자료형을 사용할 때는 언제나 방금 적용한 변화들 때문에 그래픽 신뢰도가 지나치게 낮아지지 않았는지 확인해야 한다.

주의할 점은 이 기법의 효과가 GPU 아키텍처에 따라, 심지어는 같은 회사의 그래픽카드 사이에서도 다를 수 있다는 점이다. 별다른 노력을 들이지 않아도 괜찮은 성능 향상을 얻을 수 있지만, 때로는 어떤 효과도 없지 못할 수 있다.

스위즐링을 하는 동안 자료형 변경을 피하라

스위즐링Swizzling은 기존 벡터(값들의 배열)에서 순서를 바꾼 새로운 벡터를 만드는 셰이더 프로그래밍 기법이다. 다음은 스위즐링의 예다.

```
float4 input = float4(1.0, 2.0, 3.0, 4.0);   // 테스트용 값을 초기화

float2 val1 = input.yz;  // y와 z를 스위즐함
float3 val2 = input.zyx; // 세 가지 값을 서로 다른 순서로 스위즐함
```

```
float4 val3 = input.yyy; // 똑같은 값을 여러 번 스위즐함
float sclr = input.w;
float3 val4 = sclr.xxx   // 스칼라를 여러 번 스위즐함
```

스위즐링을 할 때는 몇 번째 자료인지를 표현하기 위해 xyzw와 rgba 표시를 모두 사용한다. rgba와 xyzw는 색의 값이나 위치 벡터가 아니라 셰이더 코드를 더 쉽게 읽을 수 있게 만든 표현으로, 원하는 자료를 선택하거나 원하는 순서로 자료를 나열하는 데 사용한다.

셰이더에서 하나의 자료형을 다른 자료형으로 바꾸는 것은 부하가 많다. 스위즐링을 하는 동시에 자료형을 바꾸는 것은 특히나 더 많은 부하를 일으킨다. 스위즐링 전후에 수학 계산이 서로 다른 자료형이 필요하면 맨 처음부터 높은 정확도를 지닌 자료형으로 통일하거나 스위즐링이 끝난 후 자료형을 변경하는 것이 좋다.

GPU에 최적화된 도움 기능 사용

셰이더 컴파일러는 보통 GPU에 맞춰 최적화된 수식을 만든다. 개인적으로 생성한 컴파일 코드는 Cg 라이브러리에서 미리 만들어진 함수나 유니티 Cg에 포함된 파일이 제공하는 함수보다 비효율적일 가능성이 크다. 만약 셰이더에 개인적으로 만든 함수를 사용하고 있다면 Cg 라이브러리나 유니티 라이브러리로 직접 만든 함수와 같은 기능을 하는, 더 좋은 코드가 있을지도 모른다.

다음의 파일은 셰이더의 CGPROGRAM 블록을 통해 추가된다.

```
CGPROGRAM
// 포함할 다른 파일 듯
#include "UnityCG.cginc"
// 셰이더 코드를 여기에 쓰시오
ENDCG
```

예컨대 Cg 라이브러리는 절댓값을 계산하기 위한 abs ( ) 함수, 선형 보간법을 위한 lerp ( ) 함수, 행렬 곱을 위한 mulm ( ) 함수, 단계를 위한 step ( ) 함수 등을 제공한다. UnityCG.cginc는 카메라가 향한 방향을 계산하는 WorldSpace ViewDir ( ) 함수와 색조를 흑백으로 만드는 Luminance ( ) 함수 등을 제공한다.

> **TIP**
>
> 엔비디아 개발자 사이트[05]에서 Cg 라이브러리의 함수 목록을 확인할 수 있다. 유니티 개발 문서[06]에는 최신 유니티 Cg 라이브러리 자료가 있는데, 추가로 포함될 파일과 이들이 지원하는 함수 목록을 확인할 수 있다.

불필요한 기능 끄기

불필요한 셰이더 기능을 끄는 것만으로 GPU 백엔드 자원을 아낄 수 있다. 사용 중인 셰이더에 정말로 다양한 셰이더 패스, 투명도, Z-쓰기, 알파 테스트, 알파 블렌딩 기능이 꼭 필요한지 생각해보자. 셰이더에서 당장 사용하지 않는 설정을 고치거나 빼면 그래픽 신뢰성을 그리 잃지 않으면서 원하는 것과 비슷한 이펙트를 만들 수 있다. 이는 필레이트 비용을 절약하는 매우 좋은 방법이다.

불필요한 데이터를 셰이더에 넣지 않기

개발 초기, 셰이더 코드 작성 과정에서는 테스트와 코드 수정이 반복되기 마련이다. 이때 특정 정보를 확인하려고 화면상에 더 많은 데이터를 표시하곤 한다. 이는 개발 초기에는 필요한 일이지만 셰이더를 완성하고 나면 불필요한 군더더기가 아닐 수 없다. 이러한 불필요한 코드는 지우는 것을 잊기 쉬운데, 더는 사용되지 않지만 코드에 남게 되면 GPU에 부하를 더한다. 그러므로 셰이더의 모든 기하학적 자료, 정점 자료, 조각 자료가 실제로 사용되는 자료인지 철저히 확인해야 한다.

---

05 http://developer.download.nvidia.com/cg/Cg_3.1/Cg-3.1_April2012_ReferenceManual.pdf
06 http://docs.unity3d.com/Manual/SL-BuiltinIncludes.html

필수 변수만 받기

셰이더가 사용된 머티리얼Material에서 불필요한 많은 값을 받아오면 GPU 부하가 가중된다. 머티리얼에서 받은 값은 상수가 아니기 때문에 셰이더 컴파일 코드는 최적화 과정에 이 값들을 사용할 수 없다. 머티리얼의 SetColor(), SetFloat()와 같은 함수의 결괏값을 받아올 때는 CPU의 도움까지 필요하다. 따라서 프로젝트가 끝나갈 때쯤, 머티리얼에서 받아온 어떤 값이 변하지 않는다면 이 값을 상숫값으로 직접 입력해 GPU의 작업을 줄이는 게 좋다. 물론 이 값들을 직접 상수로 입력하면 이후 이 값이 어디에서 온 값인지 알 수 없기 때문에 변경이 매우 어려울 수 있다. 그러므로 이 작업은 개발의 가장 마지막 단계에서만 하는 것이 좋다.

수식을 간단하게 만들기

복잡한 수식은 렌더링에 심각한 병목현상을 일으키므로 수식은 가능한 한 간단하게 만들어야 한다. 셰이더에 사용된 텍스처에서 복잡한 수식 함수를 쓰인다면, 이를 미리 정의된 값 형태의 테이블로 대체하는 것이 좋다. 물론 GPU 아키텍처에서 워낙에 많이 쓰는 사인과 코사인 함수는 이미 충분한 최적화가 이뤄졌기 때문에 체감할 정도의 성능 향상을 가져다주지는 않는다. 하지만 pow(제곱), exp(지수), log(로그) 함수나 직접 만든 수식처럼 복잡한 함수들은 최적화에 한계가 있기 때문에 단순화하는 것이 좋다. 물론 사용되는 셰이더에서 가장 중요한 것은 텍스처의 X와 Y 좌표뿐이고 수식의 정확성이 중요하지 않은 경우에 한해서다[07].

그러려면 텍스처를 저장하는 데 추가적인 비디오 메모리VRAM가 실행 중에 필요하다. 하지만 셰이더가 이미 텍스처를 받았고 (보통의 경우) 알파 채널을 사용하지 않는다면 텍스처의 알파 채널에 사용하는 테이블 데이터를 몰래 집어넣어 추가적인 메모리 소모를 막을 수 있다. 그러면 나머지 셰이더 코드와 그래픽 시스템의 성능에는 가시적인 차이가 생긴다. 물론 이러한 기법을 사용하려면 특정 채널을 사용하

---

07 옮긴이주_ 러버덕 그리기라든가 하트 그리기에서는 수식이 중요할지도 모른다.

지 않는 특별한 아트 자원이 필요하기 때문에 개발자와 디자이너 간의 협업이 필요해진다. 하지만 이는 실행 시간을 희생시키지 않으며 셰이더 프로세싱 비용을 절감할 수 있는 아주 좋은 방법이다.

사실 머티리얼Material 속성과 텍스처는 CPU가 GPU에 가할 부하를 나눠 받기에 적합하다. 픽셀마다 값이 변하지 않는다면 머티리얼 속성값 하나로 이 값을 넘겨 받고 필요할 때마다 값을 바꾸는 것이 좋다[08]. 이와 반대로 결괏값이 픽셀마다 변하지만 값 자체가 자주 변할 필요가 없다면 스크립트 코드를 통해 계산 결과[09]를 RGBA 값에 넣어둔 텍스처 파일을 생성하고 이 파일을 셰이더에서 불러와 최적화하는 것이 가능하다. 이처럼 최적화는 각 시스템의 전통적인 사용법을 무시할 때가 많다. 이는 뭔가 새로운 사용법이 아니라 단지 가공되지 않은 데이터를 이리저리 옮기는 것뿐이라는 점을 알아두자.

텍스처 검색을 줄여라

텍스처 검색은 많은 부대 작업이 뒤따르는 복잡한 작업이다. 텍스처 검색은 GPU 메모리 접근 문제의 가장 주된 원인이다. 특히 멀티 텍스처나 단일 텍스처의 다양한 위치를 샘플링 할 경우[10] 메모리 내부에서는 캐시 미싱Cache Missing이 발생하기 쉽다. 이런 상황은 GPU 메모리 병목현상의 원인이 되기 때문에 가능한 한 단순화해야 한다.

만약 텍스처 샘플링이 무작위 순서로 돼 있다면 GPU 캐시 미싱이 더 심각해질 수 있다. 따라서 가능하면 텍스처들을 기준에 따라 순서대로 재배치하자.

---

08 물론 필요한 변수만을 노출해라. 항목에서 확인한 간접 비용이 발생할 수 있다는 점을 잊지 말자.

09 옮긴이주_ 스위즐 항목에서 본 것처럼 실제로 사용되는 색값이 아니라 1234번의 자료를 선택하기 위한 값으로 사용되는 계산 결과다.

10 옮긴이주_ 아틀라싱을 말한다.

조건문을 줄이기

현대의 CPU 아키텍처에서 조건문은 다양한 예측 기법을 통해 인스트럭션 Instruction 레벨의 병렬 처리 명령어로 바뀐다. 이러한 예측 기법은 실제로 조건문을 처리하기 전에 결괏값을 예측해 가장 가능성이 높은 결괏값에 따라 미리 작업을 진행하며, 조건문에 관계가 없는 다른 부분들을 처리한다. (메모리에서 데이터를 가져오거나 빈 레지스터에 Float 값을 복사하는 등) 만일 예측된 결과가 틀렸다고 판명되면 미리 계산한 값을 버리고 다시 올바른 결과물을 계산해낸다.

예상을 기반으로 처리하고 잘못된 결괏값을 버리고 올바른 결괏값을 다시 계산하는 것은 올바른 결괏값이 판별되기를 기다리는 것보다 대체로 빠르다. 그뿐만 아니라 현대의 예측 기법은 예측 결과가 적중하는 경우가 많아 CPU 연산 속도 향상에 도움이 되고 있다.

병렬처리에 특화된 GPU에서는 그렇지 않다. GPU 코어는 보통 그 명령 체계 아래에 있는 모든 코어로 하여금 동시에 같은 머신-코드-지시사항을 수행하도록 지휘하는 상위 구조에 의해 관리된다. 그러므로 만약 조각 셰이더가 부동소수점에 2를 곱해야 할 경우 상위 구조가 모든 코어로 하여금 하나의 조직화한 단계로 적절한 레지스터에 데이터를 복사하도록 명령을 내림으로써 해당 프로세스가 시작된다. 모든 코어가 레지스터에 데이터를 복사하는 작업을 마쳐야 모든 레지스터에 2를 곱하라는 두 번째 단계를 시작하라는 명령을 받게 된다.

따라서 시스템이 조건문에 맞닥뜨리게 되면 두 가지 조건문을 독립적으로 해결할 수 없다. 조건문을 해결하는 데 몇 개의 하위 코어가 필요한지 확인해야 할 뿐 아니라 하나의 경로에 요구되는 머신 코드의 지시사항 목록을 받아오고, 해당 경로의 모든 코어를 위해 지시사항을 해결해야 하며, 가능한 한 모든 경로의 프로세스가 끝날 때까지 이 과정을 반복해야 한다. 그래서 if-else 조건문의 경우 (두 가지 가능성) 하나의 코어 그룹에는 '참' 경로를 처리하라고 명령을 내리고, 이후 나머지 코어들에게 '거짓' 경로를 처리하라고 요청한다. 모든 코어가 똑같은 경로를 취하지 않는 이상 매번 두 경로를 처리한다.

그러므로 셰이더 코드는 조건문으로 분기해서는 안 된다. 이것은 우리가 원하는 그래픽 효과를 얻는 데에 그 조건이 중요한지에 달렸다. 그러나 해당 조건이 픽셀당 행동에 의존적이지 않다면 GPU에서 분기되게 하기보다는 불필요한 수식에 들어가는 비용을 감수하는 편이 나을 수도 있다. 하나의 값을 수식에 넣기 전에 그 값이 0인지 여부를 확인하거나 어떤 행동을 취하기 전에 머티리얼Material에 있는 글로벌 플래그와 비교하는 것이다. 이 두 가지 모두 조건 확인을 제거함으로써 최적화를 한 좋은 사례들이다.

데이터 의존도를 낮춰라

컴파일러는 다른 작업을 할 때 데이터 로딩을 기다리지 않도록 셰이더 코드를 GPU에 친숙한 저수준의 코드로 최적화한다. 예컨대 다음과 같이 최적화가 엉망인 코드가 셰이더에 적힐 수 있다.

```
float sum = input.color1.r;
sum = sum + input.color2.g;
sum = sum + input.color3.b;
sum = sum + input.color4.a;
float result = calculateSomething(sum);
```

셰이더 컴파일러가 코드 그대로를 머신 코드 지시사항으로 컴파일하면 이 코드는 변수의 합에 대한 의존성 때문에 마지막 계산이 끝날 때까지 다른 계산이 시작되지 않을 만큼 데이터 의존성이 심각하다. 그래서 셰이더 컴파일러는 이런 문제를 미리 발견하고 해당 코드의 지시 수준을 병렬로 처리하도록 코드[11]를 최적화한다.

---

11 다음 코드는 머신 코드와 동등한 고수준의 코드다.

```
float sum1, sum2, sum3, sum4;
sum1 = input.color1.r;
sum2 = input.color2.g;
sum3 = input.color3.b
sum4 = input.color4.a;
float sum = sum1 + sum2 + sum3 + sum4;
float result = CalculateSomething(sum);
```

먼저 컴파일러는 병렬 구조 메모리로부터 4개의 값을 불러온다. 4개의 값이 스레드 수준의 병렬 구조로 독립적으로 불러지고 연산을 완료한다. 그러면 4개의 값을 순서대로 불러오는 것보다 많은 시간을 절약할 수 있다.

그러나 데이터 의존성이 강한 긴 대기열은 셰이더 성능을 심각하게 저해할 수 있다. 셰이더의 소스 코드가 데이터 의존성이 강하면 컴파일러는 앞서 본 최적화를 알아서 하지 못한다. 예컨대 다음 코드는 적절한 연산을 하지 않고는 데이터를 불러올 수 없기 때문에 하나의 단계는 다음 단계가 끝나기 전에 완료되지 않아 성능에 악영향을 끼친다.

```
float4 val1 = tex2D(_tex1, input.texcoord.xy);
float4 val2 = tex2D(_tex2, val1.yz);
float4 val3 = tex2D(_tex3, val2.zw);
```

그러므로 이처럼 데이터 의존성이 강한 코드는 가급적 피해야 한다.

표면 셰이더

유니티의 표면 셰이더를 사용하면 유니티 엔진은 앞서 살펴본 표면 셰이더 코드를 변환하는 작업을 대신해준다. 셰이더 컴파일러는 정확도를 낮추지만 코드 결괏값의 수식을 간략화하는 대체물로 사용할 수 있는 몇 가지 값들을 제공한다. 표면 셰이더는 꽤 효율적으로 일반적인 경우를 다루지만 최적화가 잘 되려면 개발자의 손길이 필요하다.

approxview 속성은 시간이 오래 걸리는 작업을 하지 않아도 시야의 방향을 대략적으로 잡아준다. halfasview 속성은 시야 벡터의 정확도를 감소시키기 때문에 정확도가 중요한 여러 연산들에 악영향을 줄 수 있다. noforwardadd 속성은 단 하나의 지향성 광원만을 사용하도록 해 단 하나의 렌더링 패스에서 광원을 처리하게 한다. 즉, 광원 효과를 단순화해준다. 끝으로 noambient 속성은 셰이더의 환경 광원을 비활성화해 불필요한 추가 수식들을 제거한다.

셰이더 기반 LOD를 사용

게임이 다양한 하드웨어 성능이나 플랫폼을 목표로 하고 있다면 유니티가 멀리 있는 물체들에는 좀 더 간단한 셰이더를 강제적으로 사용하도록 만들어 필레이트를 아낄 수 있다. 셰이더에 입력된 LOD 키워드는 화면상의 크기를 결정 요소로 사용해 셰이더 선택에 사용한다. 만일 한 객체의 LOD 레벨이 이 수치보다 작으면 자동으로 그 다음 셰이더를 사용하는 식으로 점점 더 낮은 셰이더를 사용하도록 할 수 있다. 이미 생성된 셰이더 객체의 LOD는 실행 중에도 maximumLOD 속성을 이용해서 바꿀 수 있다.

이러한 기능은 앞에서 살펴본 메시 기반의 LOD와 비슷하기 때문에 같은 LOD 값을 결정 요소로 사용할 수도 있다.

6.3.2 메모리 대역폭

메모리 대역폭은 또 다른 백엔드 병목현상의 주원인이다. 메모리 대역폭은 비디오 메모리VRAM라고 불리는 그래픽카드의 주 메모리의 일부분으로, 텍스처를 불러올 때마다 소모된다. GPU 코어들은 비디오 메모리의 같은 영역에 접근할 수 있으며 가장 최근에 작업했던 텍스처를 보관할 수 있는 작은 로컬 텍스처 캐시를 각각 가지고 있다. 이는 CPU의 메모리 계층 구조와 매우 흡사한데, 더 빠른 메모리일수록 같은 크기의 느린 메모리보다 가격이 비싼 현실적 이유에서 나온 해결책이다.

조각 셰이더가 코어의 로컬 텍스처 캐시 안에 있는 텍스처 샘플에 접근하는 속도는 번개처럼 빠르다. 그러나 텍스처 캐시에 없는 텍스처 샘플에 접근하려고 하면, 샘플링 하기 전에 먼저 비디오 메모리^{VRAM}에서 해당 텍스처 샘플을 호출해야 한다. 이러한 호출 요청은 비디오 메모리에서도 텍스처를 찾아야 하기 때문에 캐시 미스라는 위험을 안고 있다. 샘플을 옮기는 것 자체가 비디오 메모리에 저장된 텍스처 파일의 총 용량(이것은 GPU 수준에서 이루어지는 압축이기 때문에 원본 파일이나 RAM 안의 용량과 정확히 일치하지 않을 수도 있다)과 같은 양의 메모리 대역폭을 사용한다.

이런 이유로 메모리 대역폭에서 병목현상이 일어났을 때 텍스처 품질을 줄이는 강제 제거 테스트를 실행하면 성능이 갑자기 향상된다. 필요한 텍스처 크기를 줄여 GPU의 메모리 대역폭에 걸리는 부담을 덜어줘 필요한 텍스처를 더 빨리 로드하는 것이다. 전역 텍스처 품질은 Edit → Project Settings → Quality → Texture Quality 메뉴에서 Half Res, Quarter Res, Eighth Res 중 하나를 선택해 낮출 수 있다.

메모리 대역폭상의 병목현상은 렌더링 과정 전체의 병목현상으로 이어진다. GPU는 메모리 대역폭이 가득 차면 텍스처 캐시에게 필요한 텍스처 파일을 불러오라고 명령한다. 그러면 텍스처 캐시는 조각을 처리하는 데 필요한 데이터를 비디오 메모리^{VRAM}에 요청하고 요청된 데이터가 반환되기를 기다린다. 하지만 메모리 대역폭에 병목현상이 있으면 요청된 데이터의 반환이 늦어지기 때문에 GPU 조각을 처리하지 못하고 시간에 맞춰 연산된 결과를 프레임 버퍼에 넣지 못해서 프레임 저하가 일어난다.

결국 메모리 대역폭은 자원 분배의 문제라고 할 수 있다. 만약 코어당 96GB/s의 메모리 대역폭과 초당 60 프레임 유지가 목표라면 GPU는 메모리 대역폭에서 병목현상을 일으키기 전에 1.6GB(96/60) 만큼의 텍스처 데이터를 프레임마다 불러올 수 있다.

이 값은 게임 프로젝트에서 또는 CPU와 RAM에서 심지어 비디오 메모리^{VRAM}에서 포함될 수 있는 텍스처 데이터의 최대 한계치가 아니다. 단지 하나의 프레임에서 얼마나 많은 텍스처 스와핑이 일어날 수 있는지를 제한하는 척도일 뿐이다. 필요한 텍스처 수보다는 텍스처를 사용하는 셰이더의 수, 객체들이 렌더링 된 순서, 텍스처 샘플링 횟수에 따라 바뀔 수 있다. 그래서 소수의 객체를 렌더링 해도 객체들이 모두 높은 품질, 대규모 텍스처, 다수의 부차적인 텍스처 맵(통상 맵, 배출물 맵 등)을 요구하고 배치되지 않으면, 수 기가바이트 단위의 메모리 대역폭을 점유할 수 있다. 그 이유는 텍스처 캐시가 하나의 텍스처 파일이 렌더링 경로를 통과하는 동안 저장할 수 있을 만큼 크지 않기 때문이다.

지금부터는 메모리 대역폭 단의 병목현상을 해결할 수 있는 몇 가지 방법을 살펴본다.

텍스처 데이터를 덜 사용하자

이 접근법은 간단하고 직관적이며 항상 염두에 둘만 한 좋은 방법이다. 해상도나 비트 레이트를 통해 텍스처 품질을 낮추면 그래픽 품질 또한 낮아질 수 있지만, 때로는 16비트 텍스처를 사용해도 뚜렷한 그래픽 품질 저하가 없을 수도 있다.

'4장 당신의 아트 자원을 활용하라'에서 다룬 밉맵$^{Mip\ Map}$은 비디오 메모리^{VRAM}와 텍스처 캐시 사이에서 반복적으로 오가는 텍스처 데이터양을 줄이는 훌륭한 방법이다. 씬에는 현재 씬의 카메라 위치와 방향에 따라 텍스처를 파란색이나 빨간색으로 강조해 텍스처 비율이 적합한지 알려주는 밉맵 셰이딩 모드가 있는데, 이를 이용하면 어떤 텍스처를 최적화하는 게 좋은지 쉽게 알 수 있다.

서로 다른 GPU 텍스처 압축 유형을 시험하라

'4장 당신의 아트 자원을 활용하라'에서는 텍스처 압축 기법을 프로그램이 차지하는 공간(실행 가능한 파일 크기)과 GPU로부터 호출되기까지 텍스처 파일을 보관하기 위해 사용되는 CPU와 메모리 자원의 사용량을 줄일 수 있는 기법으로만 소개했다. 그러나 데이터가 GPU에 도달하면 GPU는 텍스처 데이터를 작은 형태로 유지하기 위해 다른 압축 형태(DXT, PVRTC, ETC, ASTC 등)를 사용한다.

혼란스럽겠지만 각각의 플랫폼과 GPU 하드웨어는 서로 다른 압축 유형을 지원한다. 만약 기기가 주어진 압축 형식을 지원하지 않으면 소프트웨어 레벨에서 압축을 다루게 된다. 즉, GPU로는 텍스처 문제를 해결할 수 없기 때문에 CPU는 하던 작업을 멈추고 GPU가 원하는 형식으로 텍스처를 다시 압축한다.

텍스처 압축 옵션은 Texture Type을 Advanced로 설정해야 이용할 수 있다. 다른 텍스처 압축 형식은 사용자가 직접 바꿀 수 없고 유니티가 목표 플랫폼에 따라 압축 형식을 결정한다. 이렇게 결정된 압축 형식이 목표한 하드웨어에 적합하지 않으면 올바른 압축 형식보다 더 많은 메모리 대역폭을 소모한다.

텍스처 압축 형식이 올바른지 알 수 있는 제일 나은 방법은 단순하게도 서로 다른 기기를 대상으로 텍스처 압축 형식을 시험해보는 것이다. 예컨대 상식적으로는 가장 많은 기기를 지원하는 ETC가 안드로이드에서 가장 좋은 압축 형식으로 보이겠지만, 특정 기기에서는 DXT와 PVRTC가 더 나은 성능을 보인다.

메모리 대역폭 사용량을 줄이기 위해 텍스처 압축 형식을 바꾸는 것은 최후의 방법이다. 텍스처 압축 형식을 바꾸기 시작하면 기기마다 최적의 형식을 지원해야 한다. 그러므로 메모리 대역폭 소모를 줄일 수 있는 다른 방법을 다 동원한 후에야 텍스처 압축 형식 변경을 고려해야 한다. 보통의 경우 기기별로 수작업하며 최적화하기보다는 일반적인 해결책으로 일을 간단하게 처리하는 게 좋기 때문이다.

텍스처 샘플링을 최소화하라

셰이더를 수정해 텍스처 샘플링으로 인한 부하를 줄일 수 있을까? 수식 연산 처리로 인한 필레이트를 아끼기 위해 추가 텍스처 검색 파일을 넣었는가? 만일 메모리 대역폭이 병목현상의 주원인이라면 텍스처 해상도를 낮추거나 다른 방법으로 필레이트 문제를 해결해보자. 텍스처 샘플링을 낮추면 낮출수록 메모리 대역폭을 조금만 사용하기 때문에 메모리 대역폭으로 인한 병목현상을 쉽게 해결할 수 있다.

텍스처 스왑을 줄이기 위해 자원을 합쳐라

이 접근법은 기본적으로 배칭과 아틀라싱과 관련이 있다. 가장 용량이 큰 텍스처 파일들을 배칭을 통해 합칠 수 있다면 GPU가 같은 프레임 안에서 해당 텍스처 파일들은 단 한번만 호출하면 된다. 프로젝트 전체에서 몇몇 텍스처를 제거하는 대신 비슷한 파일을 재사용할 방법을 찾아볼 수도 있다. 예컨대 필레이트에 여유가 있다면 몇몇 조각 셰이더를 사용해 텍스처 색상 바꿔 재사용하는 방안이 있을 수 있다.

6.3.3 비디오 메모리의 한계

텍스처에 관해 한 가지 더 고려해야 할 점은 가용 비디오 메모리^{VRAM}가 얼마나 있는가다. CPU에서 GPU로 텍스트를 전송하는 것은 대부분 초기화 단계에서 일어나지만, 지금껏 사용되지 않은 텍스처가 처음 시야에 나타날 때도 일어난다. 이 과정은 비동기적이기 때문에 텍스처를 렌더링 할 준비가 완료될 때까지 빈 텍스처가 사용된다. 따라서 화면에서 지나치게 다양한 텍스처를 사용하지 않는 게 좋다.

텍스처 미리 불러오기

비록 그래픽 성능과 직접 관련은 없지만, 비동기적인 텍스처 로딩 과정에서 사용되는 빈 텍스처가 눈에 거슬릴 수 있다. 이럴 때에는 텍스처가 실제로 필요하기 전에 디스크에서 메인 메모리로, 비디오 메모리^{VRAM}로 강제로 불러올 방법을 강구해야 한다.

가장 흔한 방법은 해당 텍스처의 속성을 띤 숨겨진 GameObject를 생성하고 해당 텍스처가 실제로 필요한 지역의 화면 어딘가에 숨겨진 GameObject를 놓는 것이다. 이렇게 텍스처화된 객체가 렌더링 시스템의 후보가 되면 (비록 숨겨져 있더라도) 바로 비디오 메모리로 데이터가 복사된다. 조금 투박한 방법이지만 구현이 쉽고 대부분의 경우에 잘 작동한다.

숨겨진 재질의 텍스처를 수정하는 스크립트 코드를 이용하면 이런 행동을 제어할 수 있다.

```
GetComponent<Renderer>().material.texture = textureToPreload;
```

텍스처 스레싱

흔치 않은 경우지만 너무 많은 텍스처 데이터가 비디오 메모리^{VRAM}로 불러졌고, 비디오 메모리에 필요한 텍스처가 없으면, GPU는 메인 메모리에 해당 텍스처 로딩을 요청하고, 필요한 공간을 확보하기 위해 이미 로딩된 텍스처 데이터를 덮어쓴다. 이 현상은 메모리가 조각으로 나뉘는 현상이 오래되록 지속될수록 악화될 가능성이 높다. 비디오 메모리에서 방금 버린 텍스처를 같은 프레임 내에 또 불러와야 할 수도 있는데, 이는 심각한 메모리 스레싱^{Thrashing}을 초래하므로 반드시 피해야 한다.

플레이스테이션4^{PS4}, 엑스박스 원$^{Xbox\ One}$, 위 유$^{Wii\ U}$와 같은 최신 게임 콘솔 기기는 CPU와 GPU가 공통 메모리 공간을 공유하기 때문에 큰 문제가 되지 않는다. 이러한 설계가 가능한 것은 이들 기기가 하나의 프로그램을 실행하고 거의 항상 3D 그래픽을 렌더링 하기 때문이다. 그러나 다른 플랫폼은 GPU 없이도 명령을 실행할 수 있는 다양한 프로그램과 시공간을 공유한다. 따라서 게임 콘솔 기기를 제외한 대부분 하드웨어는 CPU와 GPU 메모리가 물리적으로 분리돼 있어 순간 최대 텍스처 사용량이 목표 하드웨어에서 사용 가능한 비디오 메모리 용량보다 작은지 확인해야 한다.

스레싱은 메인 메모리와 가상 메모리(스왑 파일) 사이에서 데이터가 불필요하게 오가는 하드디스크 스레싱과는 정확히 같은 현상은 아니지만 유사한 점이 적지 않다. 두 경우 모두 메모리 영역 중 더 작은 쪽이 다루지 못할 만큼 너무 짧은 시간에 너무 많은 데이터를 요청했기 때문에 데이터가 두 영역의 메모리 사이를 불필요하게 오가는 현상이란 점이 그렇다.

> **TIP**
>
> 이러한 스레싱은 게임 콘솔용 게임이 데스크톱 PC로 이식될 때 종종 있는 끔찍한 그래픽의 원인이 되곤 한다. 따라서 스레싱이 일어나지 않도록 항상 조심해야 한다.

스레싱을 피하려면 플랫폼마다, 기기마다 파일 크기와 텍스처 품질을 커스터마이징 해야 한다. 같은 세대의 게임 콘솔 기기나 데스크톱 PC의 GPU일지라도 약간의 차이가 있는데 이것이 그래픽상에 큰 차이를 만들 수 있다..

6.4 광원과 그림자

광원과 그림자는 모든 그래픽 파이프라인에 영향을 주기 때문에 조금 다르게 취급해야 한다. 사실 게임 그래픽에서 가장 중요한 것이 바로 광원과 그림자다. 잘 만들어진 광원과 그림자는 밋밋한 광경에 생생한 색감을 입히며 환상적이고 역동적으로 탈바꿈시킨다. 심지어 모뉴멘트 밸리Monument Valley처럼 폴리곤 수가 적은 스타일의 게임은 적절한 광원과 그림자로 사물을 구분하기도 한다. 이처럼 광원과 그림자는 게임 그래픽에 중대한 영향력을 끼치고 있다. 그러나 이 책은 컴퓨터 아트까지는 다루지 않고 광원과 그림자가 성능에 끼치는 영향에 집중할 것이다.

유니티는 기본적으로 동적 광원 렌더링과 라이트 맵을 통해 합친 광원 이펙트를 제공한다. 복잡도와 부하에 따라 그림자를 만드는 방법은 다양하다. 이처럼 다양한 선택지가 있기 때문에 주의 깊게 살피지 않으면 자칫 중요한 사항을 놓치기 쉽다.

유니티 개발 문서는 각각의 기능을 상세히 설명하고 있다. 그러므로 여기서는 각 기능의 성능 측면만을 이야기하겠다.

가장 먼저 Edit → Project Settings → Player → Other Settings → Rendering에서 설정이 가능한 동적 광원 렌더링 모드들에 대해 살펴보자. 광원 렌더링 모드은 플랫폼마다 다르게 설정할 수 있다.

6.4.1 포워드 렌더링

포워드 렌더링Forward Rendering은 전통적인 방식의 광원 렌더링이다. 포워드 렌더링을 사용하면 하나의 객체를 같은 셰이더를 통해 여러 번 렌더링 한다. 이 때 얼마나 많은 셰이더 패스가 필요한지는 광원의 수, 거리, 밝기에 따라 달라진다. 유니티는 먼저 객체에 가장 많은 영향을 주는 지향성 광원을 우선 광원으로 선택하고 렌더링 패스를 할당해 시작점으로 삼는다. 그 다음 같은 객체에 가장 큰 영향력을 끼치는 4개의 점 광원들을 선택하고 같은 조각 셰이더를 이용해 렌더링 한다. 이후 픽셀 단위로 영향력이 큰 4개의 점 광원을 선택하고 재처리한다. 나머지 광원은 구형 조화Spherical Harmonics라는 기술로 거대한 전구인 것처럼 처리한다.

일부 광원의 렌더 설정값을 중요하지 않음(Not Important)으로 설정하거나 픽셀에 영향을 주는 광원의 개수를 Edit → Project Settings → Quality → Pixel Light Count로 제한해 앞서 살펴본 여러 과정을 단순화할 수 있다. 반대로 광원의 렌더 설정을 중요함(Important)으로 설정하면 기타 설정들이 무시되고 해당 광원은 언제나 픽셀에게 영향을 끼치게 된다. 따라서 개발자는 두 설정을 잘 조합해 적절히 사용해야 한다.

광원마다 새롭게 렌더링을 해야 하는 포워드 렌더링 디자인은 광원의 수가 늘어나면 드로우 콜 수를 폭발적으로 증가시킨다. 따라서 병목현상의 주원인이 CPU인 프로그램에서는 가능하면 포워드 렌더링을 사용하지 말아야 한다.

유니티 포워드 렌더링 매뉴얼[12]에서 보다 자세한 정보를 얻을 수 있다.

6.4.2 디퍼드 셰이딩

디퍼드 셰이딩Deferred Shading은 지연된 그림자 또는 디퍼드 렌더링이라고 불리는데, 셰이더 모델 3.0 이상을 지원하는 GPU에서만 사용할 수 있다. 달리 말하면 대략 2004년 이후 만들어진 데스크톱 PC에 장착된 그래픽카드 대부분에서 디퍼드 셰이딩을 이용할 수 있다. 디퍼드 셰이딩은 한때 큰 인기를 누렸지만 사용이 제한적이고 모바일 플랫폼에서 쓸 수 없어 포워드 렌더링을 대체하지는 못했다. 디퍼드 셰이딩만으로는 계단 현상 제거, 투명도, 그림자 등이 적용된 애니메이션 캐릭터들을 처리할 수 없으므로 반드시 포워드 렌더링의 도움을 받아야 했다.

지연된 그림자라고 불리는 이유는 그림자를 훨씬 나중에 처리하기 때문이다. 이는 성능 관점에서 엄청난 장점이 있다. 같은 픽셀당 광원일 경우 포워드 렌더링 대비 훨씬 적은 드로우 콜로 광원을 표현할 수 있다는 점이 그렇다. 디퍼드 셰이딩의 가장 큰 장점은 광원 셰이더를 단 하나의 셰이더 패스에 사용해 처리한다는 것이다. 디퍼드 셰이딩의 단점은 셰이딩이나 투명처리 같은 고급 광원 렌더링 기법을 사용하려면 포워드 렌더링의 힘을 빌려야 한다는 것이다.

---

12 옮긴이주_ https://docs.unity3d.com/kr/current/Manual/RenderTech-ForwardRendering.
   html

6.4.3 정점 광원 셰이딩(구버전)

기술적 관점에서 앞서 살펴본 두 가지 광원 렌더링 외에도 다양한 광원 렌더링 방법들이 있다. 비록 오래된 기술이기는 하지만 몇몇 광원 렌더링 시스템은 유니티에서도 사용할 수 있다. 이중 실제로 사용해 볼만한 것은 구버전 정점 광원 셰이딩이다. 구버전 정점 광원 셰이딩은 광원 시스템을 극도로 단순화한 방식으로, 픽셀마다 광원을 계산하지 않고 정점 단위로 광원을 계산한다. 즉, 표면은 개별 픽셀이 아니라 광원의 색에 영향을 받는다.

이 기법을 사용하면 그림자와 빛 처리가 적절히 이루어지지 않아 깊이 표현이 어렵기 때문에 3D 게임에서는 거의 사용하지 않는다. 주로 그림자 표현이 필요하지 않은 2D 게임에 사용된다.

6.4.4 실시간 그림자 표현

부드러운 그림자를 표현하는 데 드는 비용은 비싸다. 반면 날카로운 투박한 그림자 표현 비용은 저렴한 편이다. 그림자 설정으로는 그림자 해상도, 그림자 투영, 그림자 거리, 그림자 층 등이 있으며 Edit → Project Settings → Quality → Shadows에서 설정할 수 있다. 이들 옵션만 알아도 성능 관점에서 유니티 실시간 그림자 기술을 바라보고 이해할 수 있다. 이제부터는 광원 효과 최적화를 살펴보고 그림자에 대해 조금 더 깊이 들여다보자.

---

13 옮긴이주_ http://docs.unity3d.com/Manual/RenderTech-DeferredShading.html

6.4.5 광원 최적화

광원 관련 기술을 간단히 훑어보고 광원 표현의 부하를 줄일 기법을 살펴본다.

적절한 그림자 모드 사용하기

디퍼드 셰이딩과 포워드 렌더링 중 어느 것이 개발 중인 게임에 더 적합한지 확인하는 것은 중요하다. 디퍼드 셰이딩은 때때로 포워드 렌더링으로 인한 성능 부하를 많이 줄여주기 때문이다. 하지만 반드시 포워드 렌더링이 병목현상의 주범인 것은 아니다. 즉, 렌더링 모드를 바꾸는 것이 반드시 성능 향상과 직결되지는 않는다.

컬링 마스크

광원의 구성 요소인 컬링 마스크는 레이어에 기반을 둔 기법으로, 특정 레이어에 광원 렌더링이 적용되지 않게 해준다. 컬링 마스크는 한 레이어가 통째로 광원 렌더링의 대상에서 벗어나게 하기 때문에 광원에 의해 발생하는 부하를 줄여준다. 하지만 이러한 물체들은 하나의 레이어만을 속성으로 가질 수 있으며 이 레이어는 예전에 물리 최적화 때도 사용했던 레이어이기 때문에, 물리 최적화에 레이어를 맞춰 두었다면 컬링 마스크에 의한 광원 부하 감소가 생각보다 크지 않을 수 있다.

또 알아두어야 할 것은 디퍼드 셰이딩을 사용하면 컬링 마스크를 사용하는 데 제한이 생긴다는 점이다. 디퍼드 셰이딩은 광원을 전역 변수로 사용하기 때문에 컬링 마스크로는 단 4개의 레이어만을 제거할 수 있다.

합친 라이트 맵 사용하기

라이트 맵과 그림자 합치기는 프로세서 부하를 대폭 줄여주는 대신 프로그램의 크기와 메모리 사용량, 실행 중에 메모리 대역폭 사용량이 늘어난다. 사용 중인 광원 효과가 구버전 정점 광원 효과 또는 단 하나의 지향성 광원이 아니면 라이트 맵과 그림자 합치기를 통해 수식을 단순화할 수 있어 확실한 성능 향상 효과를 얻을 수 있다. 따라서 개발 중인 게임의 파일 크기가 문제가 되지 않는다면 언제나 합친 라이트 맵을 사용하는 게 좋다.

그림자 최적화

그림자 설정은 보통 드로우 콜과 필레이트에 영향을 받는다. 그림자 투영 설정은 그림자를 드리우는 객체와 그림자가 드리워지는 객체의 위치를 계산해야 하기 때문에 프론트엔드에 영향을 받는다. 그림자 투영 수를 변경하면 프론트엔드의 여유를 배로 늘릴 수 있다.

그림자 렌더링은 그림자를 드리우는 쪽과 그림자가 드리워지는 쪽 모두를 그림자 맵이라는 독립된 버퍼에 넣어 처리한다. 이 맵에 들어간 객체는 또 다른 드로우 콜을 소모하기 때문에 곱 단위로 연산량이 증가하게 된다. 따라서 많은 게임에서는 사용자가 자신의 하드웨어에 따라 그림자 효과를 줄이거나 아예 끌 수 있는 설정을 제공한다.

그림자 거릿값은 실시간 그림자 렌더링의 전역 곱 연산자로 얼마나 먼 거리까지 그림자를 표현할 것인지를 의미한다. 카메라에서 너무 멀리 떨어져 있는 그림자까지는 표현할 필요가 없기 때문에 사용자에게 얼마나 많은 그림자 효과를 보여주는게 타당한지 따져보고 그림자 거리를 설정해야 한다. 이 설정 또한 렌더링 되는 그림자 수를 극적으로 늘리거나 줄이기 때문에 사용자가 직접 바꿀 수 있도록 하는게 좋다.

그림자 해상도와 그림자 층은 메모리 대역폭과 필레이트를 많이 소모한다. 이 두 기술은 그림자 렌더링 과정에서 그래픽 이상을 줄여주지만 크기가 더 큰 그림자 맵이 필요하며 그려야 하는 캔버스의 크기에 따라 연산량이 달라진다.

> **TIP**
>
> 그림자의 계단 현상과 그림자 층에 대한 보다 자세한 정보는 유니티 개발자 문서[14]에서 확인할 수 있다.

---

14 http://docs.unity3d.com/Manual/DirLightShadows.html

사실 부드러운 그림자가 날카로운 그림자보다 메모리나 CPU 자원을 더 많이 사용하는 것은 아니다. 둘 사이의 유일한 차이는 셰이더의 복잡도다. 따라서 필레이트에 여유가 있다면 부드러운 그림자로 좀 더 멋진 그래픽을 구현하자.

6.5 모바일을 위한 최적화

유니티는 아마추어부터 중소 규모의 팀에 이르기까지 모바일 게임 개발 시 가장 선호하는 인기 개발 툴이다. 많은 이들이 유니티로 모바일 게임을 만들고 있다. 지금부터는 모바일 기기와 다른 플랫폼 간의 차이를 알아보고 모바일 기기만을 위한 최적화 기법에는 어떤 것이 있는지 살펴본다.

한 가지 기억해야 할 것은 여기서 다루는 많은 기법은 이미 불필요하거나 곧 불필요해질 수 있다는 점이다. 모바일 기기는 엄청나게 빠르게 발전하고 있어 지난 5년 동안 쌓아온 지식이 언제라도 무용지물이 될 수 있다. 따라서 다음 기법들을 받아들이기에 앞서 모바일 시장에 아직도 이러한 제한이 있는지 확인해야 한다.

6.5.1 드로우 콜 최소화

모바일 기기에서는 보통 필레이트보다 드로우 콜에서 병목현상이 더 많이 발생한다. 이 말은 필레이트 사용량을 무시하라는 소리가 아니라 개발 초기부터 메시 합치기, 배칭, 아틀라싱 기법을 적용하며 개발하는 것이 합리적이라는 뜻이다. 디퍼드 렌더링 기법이 모바일 기기에 더욱 적합한 만큼 디퍼드 렌더링을 사용하기 어려운 투명 효과와 애니매이트 캐릭터 사용은 자제하는 게 좋다.

6.5.2 머티리얼 수 줄이기

이 개념은 드로우 콜을 줄인다는 측면에서는 배칭, 아틀라싱과 관련이 있다. 비디오 메모리 용량과 메모리 대역폭이 데스크톱 PC 대비 상대적으로 작은 모바일 기기의 특성도 고려한 개념이다.

6.5.3 수량과 텍스처 크기 줄이기

모바일 기기의 텍스처 캐시는 보통 데스크톱 PC용 GPU의 텍스처 캐시보다 매우 작다. 예컨대 아이폰 3G는 OpenGL ES1.1을 사용해 단순한 정점 렌더링 기술과 최대 1024×1024 크기의 텍스처만을 지원한다. 아이폰 3GS, 아이폰 4와 아이패드 1세대에서는 OpenGL ES 2.0을 지원하면서 텍스처 크기가 2048×2048로 더 커졌다. 이후 세대의 아이폰과 이이패드는 4096×4096 크기의 텍스처까지 지원한다. 따라서 목표하는 모바일 기기의 텍스처 크기 한계를 반드시 알아야 한다. 그러나 최신 기기가 가장 보편적인 기기인 것은 아니다. 많은 게이머가 원한다면 낮은 사양의 하드웨어도 지원해야 한다.

GPU가 받아들일 수 없을 만큼 너무 큰 텍스처는 초기화 과정에서 CPU에 의해 다운스케일Downscale이 된다. 이로 인해 로딩 시간이 좀 더 늘어나고 의도치 않게 그래픽 품질도 떨어질 수 있다. 비디오 메모리과 텍스처 캐시의 용량 제약이 심한 모바일 기기에서는 텍스처 재사용이 필수인 점도 명심하자.

6.5.4 텍스처 크기를 2의 지수인 정사각형으로 만들기

이 내용은 '4장 당신의 아트 자원을 활용하라'에서 이미 다뤘었다. 내용을 다시 복습하면 GPU는 정사각형이 아닌 형태의 텍스처를 압축하는 게 쉽지 않으며 때로는 압축을 할 수 없을 수도 있다. 그러므로 한 변의 길이가 2의 지수인 정사각형을 텍스처 크기의 표준으로 삼아야 한다.

6.5.5 셰이더에는 가능하면 낮은 해상도의 자료형을 사용하자

모바일 GPU는 셰이더 자료형의 해상도에 매우 민감하다. 따라서 처음부터 자료 공간을 확보하기 위해 가능한 한 낮은 해상도의 자료형을 사용하는 게 좋다. 아울러 자료형 변환도 가급적 피해야 한다.

6.5.6 알파 테스팅 하지 않기

모바일 GPU는 아직 데스크톱 PC의 GPU만큼 최적화가 이뤄지지 않았기 때문에 모바일 기기에서 알파 테스팅을 진행하면 매우 큰 부하가 발생한다. 따라서 모바일 기기에서는 가능하면 알파 블렌딩 기능을 쓰지 않는 것이 좋다.

6.6 요약

여기까지 차근차근 읽은 독자에게 찬사를 보낸다. 이 장은 유니티의 한 구성 요소에 대한 정보라고 하기에는 너무 방대하고 가장 복잡하기 때문에 넓고 깊은 이해를 동시에 요구한다. 어려웠겠지만 이 장을 이해했다면 렌더링 파이프라인에 대한 여러 노하우와 렌더링 성능을 향상할 수 있는 다양한 기법을 자신의 것으로 만들 수 있었을 것이다.

지금쯤이면 알고리즘 개선을 빼고는 모든 종류의 성능 개선에는 대가가 따른다는 것을 알게 됐을 것이다. 따라서 병목현상을 해결하기 위해 한 가지 방법만을 고집하지 말고 다양한 방법을 따로, 혹은 동시에 적용하며 각각의 최적화 방법에 익숙해지자.

자, 지금까지 추상적인 시스템을 자세히 공부했으니 이제부터는 유니티의 엔진과 C#을 구체적으로 살펴보자. 다음 장에서는 스크립트 코드들을 좀 더 깊이 살펴보고 CPU와 메모리의 관리를 개선할 방법들을 알아본다.

chapter 7

메모리 관리의 주인

유니티에서 메모리를 정확하게 사용하려면 유니티 엔진의 기저부와 모노 프레임워크Mono Framework를 이해해야 한다. 메모리 관리를 포함한 엔진의 기저부가 어려워 유니티를 선택했을 만큼 공포심을 가진 개발자도 있을 것이다. 이러한 개발자는 보통 인터페이스, 레벨 디자인, 아트 자원 관리 같은 상부 개념들을 선호하는 경향이 있다.[01]

많은 게임은 자원 관리와 같은 엔진의 기저부를 잘 알지 못한 채 개발된 나머지 시스템 자원을 지나치게 낭비하는 경향이 있다. 메모리 관련 문제가 한번이라도 일어나면 엔진에 필수적인 하부 구조와 메모리에 대한 이해 없이는 문제를 파악하기도 해결하기도 매우 어렵다.

따라서 C#에서 메모리를 어떻게 할당하는지, 메모리와 C#, 모노 플랫폼이 어떻게 상호작용하는지, 모노 프레임워크가 엔진의 기저부를 어떻게 움직이는지, 공개돼 있는 다양한 라이브러리 중 어떤게 올바른 라이브러리인지를 알아야 스크립트 코드를 효율적으로 작성할 수 있다. 그러므로 이 장에서는 유니티 엔진의 기저부, 모노 플랫폼, C#과 닷넷 프레임워크의 작은 나사 하나하나까지 살펴볼 것이다.

자, 일단은 유니티 엔진에서 익숙한 부분, 즉 우리가 만든 게임의 스크립트 코드를 직접 다루는 모노 플랫폼부터 살펴보자.

---

01 옮긴이주_ 이런 개발법이 절대로 틀린 것은 아니다. 한국에서 공전의 히트를 기록한 리그 오브 레전드LOL, League Of Legends도 어도비 에어Adobe Air로 개발됐다.

7.1 모노 플랫폼

모노 플랫폼Mono Platform은 유니티라는 요리가 다양한 플랫폼의 입맛에 맞도록 만들어주는 마법의 소스다. 모노 플랫폼은 마이크로소프트 닷넷 프레임워크의 공용 라이브러리의 툴, 특징, API를 기초로 자체적인 프레임워크와 라이브러리를 만든 오픈소스 프로젝트다. 즉, 모노 프레임워크는 마이크로소프트의 기본 닷넷 클래스 라이브러리와 완전히 호환되지만 닷넷 프레임워크의 자료를 거의 혹은 전혀 사용하지 않고 오픈소스로 다시 만든 것이다.

모노 프로젝트의 목표는 닷넷 프레임워크를 기반으로 다양한 플랫폼에서 사용할 수 있는 프레임워크를 만드는 것이다. 즉, 하나의 프로그래밍 언어를 통해 리눅스, 맥 OS, 윈도와 같은 OS는 물론 x86 프로세서 ARM 프로세서 파워피씨PowerPC 등의 서로 다른 소프트웨어와 하드웨어 플랫폼에서 작동되게 하는 것이다. 모노 프레임워크는 C#이나 유니티 스크립트뿐 아니라 닷넷 프레임워크의 일반 중간 번역어(혹은 CILCommon Intermediate Language)로 컴파일할 수 있는 모든 언어를 지원한다. CIL로 컴파일 가능한 언어로는 부Boo, 에프샵F#, 자바, 비주얼 베이직Visual Basic 닷넷.NET, 파이썬넷PythonNet, 아이론파이썬IronPython 등이 있다.

유니티 엔진에 대한 오해의 하나는 모노 플랫폼만으로 만들었다는 것이다. 유니티는 주로 성능에 영향을 끼치는 오디오, 렌더링 엔진, 물리 엔진과 같은 백엔드는 C++로, 사용자가 직접 다루는 부분은 모노 플랫폼으로 개발됐다. 여타의 엔진들도 유니티처럼 렌더링, 애니메이션 처리, 자원 관리와 같은 핵심 기저부는 C++로, 게임 로직과 관련된 부분은 쉽게 이해하고 사용할 수 있도록 스크립팅 언어로 만들어졌다. 거듭 강조하는데, 유니티는 C++로 제작된 기저부 위에 사용자 논리를 이식할 스크립팅 언어로 모노 프레임워크를 사용하고 있다.

일반적인 스크립팅 언어는 가비지 컬렉터를 통해 복잡한 메모리 관리를 자동으로 처리한다. 여기에 다양한 안전 기능을 통해 실행 중에 부하를 다소 늘리는 대신 프로그래밍 활동 자체를 간소화한다. 몇몇 스크립트 언어로 작성된 코드는 실행 중에 기계 코드로 번역되기 때문에 미리 컴파일할 필요가 없다. 스크립팅 언어는 보통 단순한 프로그래밍 문법을 자랑한다. 그 덕분에 스크립팅 언어를 사용하면 기존 프로그래밍 언어를 모르는 사람들도 게임 로직을 추가하거나 수정하는 등의 작업에 참여 할 수 있어 작업 속도가 매우 빨라진다. 정리하면 스크립팅 언어는 실행 중에 CPU 부하가 늘어나고 하드웨어적/소프트웨어적 제어의 일부를 포기하는 대신 더욱 쉽고 빠르게 프로그래밍을 할 수 있게 해준다.

이러한 언어를 일반적으로 매니지드 코드$^{Managed\ Code}$로 이뤄진 매니지드 언어 $^{Managed\ Language}$라고 부른다. 엄밀히 말하면 매니지드 코드란 개념은 직접 목표 OS 와 하드웨어 환경에 맞게 원시 코드를 생성하는 네이티브 코드와 반대되는 개념이며, 마이크로소프트에서 개발한 일반 언어 실행 시간(CLR$^{Common\ Language\ Runtime}$ 차후에 자세히 다루겠다) 환경에서 실행할 수 있다. 그런데 CLR과 동시대에 유행하던 다른 언어(특히 자바) 간에는 많은 공통점이 있어 '매니지드'란 개념이 조금 더 넓은 의미를 가지게 됐다. 이제 매니지드는 가비지 컬렉션 여부와 관계없이 언어나 코드가 실행 환경과 무관한 범용 플랫폼 성격을 가졌다는 의미로 쓰이고 있다. 이에 이 책에서도 매니지드를 실행 환경과 무관하고 가비지 컬렉션을 자동으로 실행한다는 뜻으로 사용할 것이다.

매니지드 언어의 단점으로 꼽히던 부하는 점점 무의미해지고 있다. 일부 툴과 각 실행 환경에 대한 최적화, 하드웨어의 발달 덕분이다. 매니지드 언어에 있어 가장 중요한 논쟁거리는 자동 메모리 관리 시스템이다. 많은 개발자는 자동 메모리가 예측과 통제를 할 수 없어 프로그램의 품질을 떨어뜨린다고 우려한다. 게다가 매니지드 코드는 네이티브 코드의 성능을 따라갈 수 없기 때문에 매니지드 언어로 고성능을 요하는 프로그램을 개발해서는 안 된다고 주장한다.

이런 주장의 일부는 사실이기는 하다. 매니지드 언어는 분명 부하가 증대되는 측면이 있으며 메모리 할당과 제어 방식을 일부 제한한다. 하지만 결국은 균형의 문제라고 할 수 있다. 왜냐하면 모든 프로그램이 언제나 하드웨어 자원을 한계까지 뽑아내야 하며 추가 자원 소모가 반드시 병목현상과 이어지는 것은 아니기 때문이다. 예컨대 100%의 추가 부하를 일으키는 매니지드 언어가 있다고 가정해보자. 네이티브 코드로 표현하면 $30\mu s$[02]의 처리 시간이 소요된다. 이를 매니지드 코드로 바꾸면 100%의 추가 부하로 인해 $60\mu s$가 걸린다. 한데 게이머는 3만 분의 1초와 1.66만 분의 1초의 차이를 느낄 수 있을까? 느낄 수 없다면 해당 사용자 인터페이스 연산을 매니지드 코드로 제작해서는 안 될 이유가 있을까?

결국 실무에서 매니지드 언어로 개발하는 것은 단지 네이티브 언어로 개발하는 것과 조금 다른 고려 사항이 있어서다. 매니지드 언어는 보통 개발자의 개인적인 취향이나 정교한 제어보다 개발 속도가 더 중요할 때 선택된다.

7.1.1 컴파일 과정

통합 개발 환경IDE에서 C# 코드를 바꾸면 유니티 에디터로 돌아가는 순간, 컴파일이 진행된다. 그런데 C# 코드는 C++ 컴파일러처럼 바로 네이티브 코드로 변환되지 않고 CIL이라고 불리는 중간 언어로 컴파일된다. CIL은 자바의 바이트 코드와 비슷한 추상적인 언어로, CPU는 이해할 수 없어 CIL 코드로는 바로 실행될 수 없다.

---

02 옮긴이주_ 마이크로 초. 밀리 초의 1000분의 1(1백만 분의 1초)다.

CIL 코드는 같은 코드를 플랫폼에 상관없이 사용하도록 해주는 모노 가상 머신에서 실행된다. 이 모노 가상 머신은 바로 닷넷의 CLR 기능을 토대로 만들어졌다. 모노 가상 머신은 OS를 인식하고 적합한 가상 머신을 구동한다. 기반 OS가 iOS면 iOS에 적합한 가상 머신을, 리눅스면 리눅스 가상 머신을 구동시키는 것이다.

그러면 CIL 코드는 필요할 때마다 CLR을 통해 네이티브 코드로 또 다시 컴파일된다. CIL 코드를 네이티브 코드로 컴파일하는 컴파일러로는 크게 AOT[Ahead-Of-Time], JIT[Just-In-Time]가 있다. AOT는 미리미리, JIT 그때그때 컴파일을 한다. 두 컴파일러는 CIL 코드를 네이티브 코드로 바꾸는 시기만 다른 것이다. 참고로 두 컴파일러 중 어느 것을 사용할지는 OS에 따라 결정된다.

AOT 컴파일은 프로그램의 초기화 또는 빌드 과정에서 컴파일을 '미리' 진행한다. 어느 쪽이든 코드는 미리 컴파일되기 때문에 실행 중에 부하를 가중시키지 않는다. 유니티 5.2.2 버전 기준으로 AOT 컴파일이 가능한 플랫폼은 웹GL과 iOS뿐이다.

JIT 컴파일은 메인 스레드가 아닌 다른 스레드에서 코드를 실행하기 직전에 컴파일한다. 동적 컴파일링은 코드를 처음 실행시킬 때는 컴파일이 끝나야 실행되지만, 조금이나마 컴파일이 완료돼 실행되기 시작하면 같은 코드를 다시 컴파일하지 않아 네이티브 코드와 같은 속도로 프로그램을 실행할 수 있다.

수동 JIT 컴파일

실행 중에 뒤따르는 부하가 마음에 걸린다면 Reflection( ) 함수를 써 프로그램을 JIT 컴파일로 강제할 수 있다. Reflection( )은 코드의 자료형, 함수, 값, 메타데이터 등을 살펴볼 수 있는 C#의 유용한 기능이다. Reflection( ) 함수는 부하가 매우 크다. 따라서 게임 실행 중에는 최대한 사용해서는 안 되며, 꼭 써야 한다면 초기화 또는 로딩 시간에 사용해야 한다.

다음은 Reflection을 통해 함수 포인터를 얻어 JIT 컴파일링을 강제로 시도하는 예다.

```
var method = typeof(MyComponent).GetMethod("MethodName");
if (method != null) {
    method.MethodHandle.GetFunctionPointer();
    Debug.Log("JIT compilation complete!");
}
```

다음 코드는 public 함수에서만 사용할 수 있다. 공개되지 않은 함수들은
BindingFlags를 이용해 접근할 수 있다.

```
using System.Reflection;
// ...
var method = typeof(MyComponent).GetMethod("MethodName", BindingFlags.
NonPublic | BindingFlags.Instance);
```

JIT 컴파일을 다시 하는 것은 '특정 코드'의 JIT 컴파일이 CPU 순간 부하의 주원
인이라고 확신할 때만 해야 한다. JIT 재컴파일로 인한 CPU 부하를 확인하려면
전체 프로그램을 다시 실행해 모든 코드를 JIT로 컴파일한 것과 하나의 함수만을
다시 컴파일한 상황을 비교하면 알 수 있다.

닷넷 플랫폼 내부에서 JIT 컴파일을 강제하는 공식 함수는 RuntimeHelpers.
PrepareMethod( )다. 안타깝게도 유니티 속 모노 플랫폼(2.6.5)은 해당 함수가
제대로 이식돼 있지 않다. 따라서 유니티가 좀 더 최신의 모노 플랫폼을 사용하지
않는 이상은 지금 배운 방법을 사용할 수밖에 없다.

메모리 사용 최적화

대부분 엔진에서는 비효율적인 스크립트 코드를 C++로 바꾸면 성능 문제를 해결할 수 있다. 그런데 유니티의 C++ 코드로 기저부/코드를 최적화하려면 일반적인 무료^{Free}, 퍼스널^{Personal}, 프로^{Pro} 라이선스가 아닌 특별한 라이선스를 케이스마다, 타이틀 단위로 구매해야 한다. 따라서 개발 예산이 충분치 않다면 C# 스크립트 수준에서 최대한 성능을 최적화해야 한다. 자 이제부터는 최적화에 관해 이야기하겠다.

첫째, 유니트 스크립트^{UnityScript}와 부^{Boo}로 한정 짓고 살펴보지 않겠다. (물론 많은 글은 해당 언어들로 표현될 것이다.)

둘째, C#으로 작성된 스크립트 코드라고 해도 유니티 엔진 자체가 C#으로만 만들어지지 않았으면 각각의 코드는 해당 코드가 사용된 메모리 영역을 차지한다.

셋째, 따라서 모든 스크립트 작업이 악명 높은 가비지 컬렉터를 부르지는 않으며 메모리 할당 기법을 통해 가비지 컬렉터를 피할 수도 있다.

마지막으로 프로그램을 사용하는 플랫폼에 따라 가비지 컬렉터와는 다른 메모리 문제가 발생할 수도 있다. 특정 플랫폼에서 메모리 관련 문제가 발생한다면 모든 가능성을 열고 살펴봐야 한다.

7.2.1 유니티의 메모리 영역

유니티 엔진의 메모리 영역은 크게 세 가지다. 각각의 메모리 영역은 다른 자료들을 저장하고 각기 다른 작업에 사용된다.

첫 번째 영역은 네이티브 영역이다. 이 영역은 C++로 작성된 유니티 엔진의 기저부로 목표 플랫폼에 따라 네이티브 코드로 컴파일된다. 이 메모리 영역에는 텍스처와 메시 같은 에셋 데이터, 물리 렌더링 인풋 시스템과 같은 하부 시스템, GameObject와 컴포넌트 같은 기본 클래스의 위치 데이터와 물리 객체 구성 요소 등이 있다.

두 번째 메모리 영역은 매니지드 영역이다. 이 영역이 바로 가비지 컬렉터가 관리하는 영역으로, 모노 플랫폼이 작업하는 곳이다. 스크립트 객체나 사용자 클래스들은 이 메모리 영역에 저장된다. 또 여기에서 네이티브 메모리 영역의 객체들을 호출하기 위한 (Wrapper) 객체들이 생성된다. 이 호출 객체들은 모노 코드와 네이티브 코드를 연결하는데, 호출 객체 등을 통해 같은 객체를 서로 다른 영역에서 너무 자주 부르면 이전 장에서 배운 것처럼 게임 성능에 악영향을 끼친다.

새로운 게임 객체나 구성 요소가 생성되면 매니지드 영역과 네이티브 영역 모두에 메모리가 할당된다. 물리 시스템이나 렌더링 시스템은 직접 네이티브 메모리 영역에 있는 객체의 트랜스폼 정보(위치 정보)를 제어하지만, 스크립트 코드에 적힌 트랜스폼 정보는 참조 자료로서 매니지드 영역에서 네이티브 영역으로 넘겨진다. 이런 식으로 서로 다른 영역으로 넘나드는 작업은 부수적인 연산을 발생시키기 때문에 '2장 스크립팅 전략'에서 본 것처럼 적용에 앞서 회전, 위칫값 등의 연산을 마무리 짓는 방법으로 부하를 줄여야 한다.

마지막 메모리 영역은 외부 DLL을 위한 네이티브 메모리 영역으로, 프로젝트에 사용한 다이렉트X, OpenGL, 기타 DLL들을 위한 곳이다. 이 영역에 모노 C# 코드를 적용시키면 모노 코드와 네이티브 간의 메모리 공간 전환과 비슷한 일이 일어난다.

네이티브 메모리

유니티 엔진의 소스 코드 없이는 네이티브 도메인을 직접 제어할 방법은 없는데, 다양한 스크립트 함수를 이용하면 간접적으로 제어할 수는 있다. 기술적으로는 GameObjects, Graphics Objects, Profiler 등을 위한 다양한 메모리 할당자가 있는데, 이들은 네이티브 코드의 벽 뒤에 숨겨져 있기 때문에 직접 사용할 수 없다.

이렇게 숨겨진 메모리 할당자도 프로파일러의 메모리 창을 통해 확인하는 것은 가능하다. 네이티브 메모리 영역은 'Unity'라고 이름 붙여진 영역에 전부 통합돼 있으며 상세 창^{Detailed View}을 이용해 현재 프레임에 대한 다양한 정보를 얻을 수 있다
([그림 7-1] 참조).

그림 7-1 상세 창

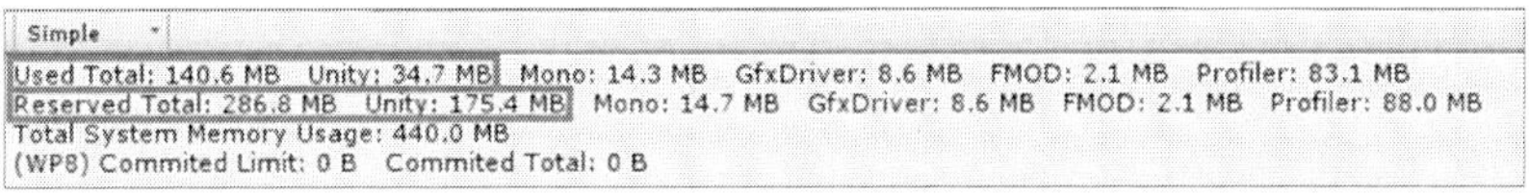

```
Simple    ▼
Used Total: 140.6 MB   Unity: 34.7 MB   Mono: 14.3 MB   GfxDriver: 8.6 MB   FMOD: 2.1 MB   Profiler: 83.1 MB
Reserved Total: 286.8 MB   Unity: 175.4 MB   Mono: 14.7 MB   GfxDriver: 8.6 MB   FMOD: 2.1 MB   Profiler: 88.0 MB
Total System Memory Usage: 440.0 MB
(WP8) Commited Limit: 0 B   Commited Total: 0 B
```

에디터 모드에서 상세 창의 씬 메모리 영역을 살펴보면 MonoBehaviour 객체들
은 내부 멤버들의 자료량과 무관하게 언제나 비슷한 양의 메모리를 소비한다. 그
이유는 실제 데이터가 저장된 것이 아니라 네이티브 메모리에 저장된 실제 객체를
호출하기 때문이다. MonoBehaviour 객체는 프로그램을 따로 실행시켰을 때(스탠
드얼론 모드)에는 156바이트만을 사용하지만, 에디터 모드에서는 376바이트의 메
모리를 사용한다.

> **TIP**
>
> 에디터 모드에서의 메모리 소비는 다양한 디버깅과 편집기 후크 데이터로 인해 스탠드얼론 버전과
> 차이가 있다.

Profiler.GetRuntimeMemorySize() 메서드를 사용하면 특정 객체의 네이티
브 메모리의 할당 크기를 가져올 수 있다.

매니지드 객체 표현은 고유 표현에 본질적으로 연결된다. 네이티브 메모리 할당을
최소화하는 가장 좋은 방법은 단순히 매니지드 메모리 사용을 최적화하는 것이다.

매니지드 메모리

대부분의 현대 OS들은 동적 메모리를 스택과 힙이라는 두 가지로 개념으로 나눈
다. 스택은 메모리에 따로 할당된 영역으로, 일반적으로 작고 금방 사라질 데이터
저장에 이용된다. 스택에 저장된 메모리는 별도로 메모리 재할당을 할 필요가 없
다. 함수 내부에서 잠깐 불리는 지역 변수 스택에 의해 호출된 함수들은 스택의 호

출에 따라 자동으로 덮어 쓰이기 때문이다. 스택 메모리는 내용물을 지우기보다 스택 메모리의 주소를 반복해 재사용하는 식으로 관리된다.

스택은 일반적으로 오래 유지되지 않기 때문에 보통 몇 메가바이트 정도로 크기가 작다. 그렇기 때문에 스택의 크기보다 더 많은 스택이 호출되면 스택 오버플로우 Overflow가 발생한다. 스택 오버플로우는 보통 무한 루프나 한 함수가 가진 지역 변수의 개수가 너무 많을 때 발생한다. 사실 특별한 경우가 아니면 스택 오버플로우가 발생하는 일은 극히 드물다.

힙은 스택을 제외한 나머지 메모리의 영역을 의미하며, 동적 메모리의 대부분을 차지한다. 자료형(혹은 구조체의 크기)이 스택의 크기보다 너무 크거나 함수 외부에서 유지돼야 하는 변수(전역 혹은 스태틱 변수)들은 힙에 저장된다. 모노 플랫폼의 힙은 가비지 컬렉터에 의해 관리되기 때문에 매니지드 힙이라고도 불린다. 프로그램의 초기화 과정에서 모노 플랫폼은 메모리 덩어리를 OS에 요청해 힙을 만든다. 처음 생성된 힙은 보통 1메가바이트 정도의 작은 크기인데, 스크립트 코드에 의해 메모리가 호출될 때마다 크기가 조금씩 커진다. 프로파일러의 메모리 창에서 'Mono'라고 표기된 부분을 보면 할당된 힙의 크기를 알 수 있다.

그림 7-2 할당된 힙의 용량

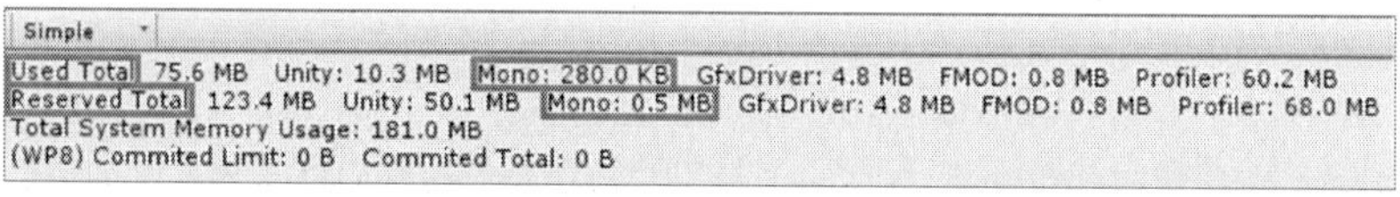

```
Simple    ▼
Used Total  75.6 MB   Unity: 10.3 MB   Mono: 280.0 KB   GfxDriver: 4.8 MB   FMOD: 0.8 MB   Profiler: 60.2 MB
Reserved Total  123.4 MB   Unity: 50.1 MB   Mono: 0.5 MB   GfxDriver: 4.8 MB   FMOD: 0.8 MB   Profiler: 68.0 MB
Total System Memory Usage: 181.0 MB
(WP8) Commited Limit: 0 B   Commited Total: 0 B
```

또한 Profiler.GetMonoUsedSize()와 Profiler.GetMonoHeapSize() 함수를 통해서도 현재 사용된 힙의 크기와 미리 준비된 힙의 크기를 알 수 있다.

가비지 콜랙션

모노 플랫폼은 프로그램이 메모리를 요청할 때 힙에 충분한 여유 공간이 있다면 메모리를 할당한다. 여유 공간이 충분하지 않을 때는 더 사용되지 않는 메모리들을 제거해 여유 공간을 만들고자 가비지 컬렉터를 호출하고 할당된 메모리를 점검한다.

유니티의 기반이 된 버전의 모노 플랫폼에서는 추적 가비지 컬렉터가 사용된다. 추적 가비지 컬렉터는 '표식-후-제거' 전략을 사용한다. 이 알고리즘은 두 단계로 이루어져 있다. 먼저 추적된 모든 객체에 분기점으로 사용할 비트를 추가한다. 분기 비트는 기본적으로 0으로 초기화된다.

가비지 컬렉션 작업이 시작되면 프로그램에서 접근 가능한 모든 객체의 분기 비트를 1로 설정한다. 여기서 접근 가능한 객체란 직접 참조할 수 있는 스태틱 또는 스택의 로컬 변수와 간접 참조할 수 있는 클래스의 멤버변수를 뜻한다. 가비지 콜레터는 이렇게 아직 참조되고 있는 객체를 판별한다.

두 번째 단계에서는 힙에 올라간 모든 객체의 분기 비트를 한번씩 확인하며 분기 비트가 0인 객체의 정보를 모은다. 동시에 분기 비트가 1인 객체들의 분기 비트를 0으로 되돌려놓는다.

두 번째 단계가 끝날 때 원래 분기 비트가 0으로 설정된 모든 객체는 할당을 해제해 빈 공간을 만든다. 그리고 다시 한번 프로그램에 요구하는 메모리와 빈 힙 공간을 비교한다. 이때 힙 공간이 충분하다면 해당 공간에 메모리를 할당한다. 힙 공간이 여전히 부족하면 OS에 새로운 힙 공간을 요청하고 힙 공간을 얻어 메모리를 할당한다. 이렇게 가비지 콜렉트는 마무리된다.

이처럼 할당과 해제를 통해 객체의 수는 적절히 유지된다. 그렇기 때문에 힙은 언제나 자료를 위한 적절한 공간을 가지며, 힙의 크기도 일정하게 유지된다. 하지만 현실에서는 자료들이 메모리에 할당된 순서대로 해제되지도 않고 자료형의 크기도 일정하지 않아 메모리 파편화가 일어난다.

메모리 파편화

파편화는 객체들이 할당되는 순서와 해제되는 순서가 다를 때 주로 발생한다. 다음의 예를 통해 힙 메모리 파편화의 네 단계를 살펴보자.

그림 7-3 힙 메모리 파편화 과정

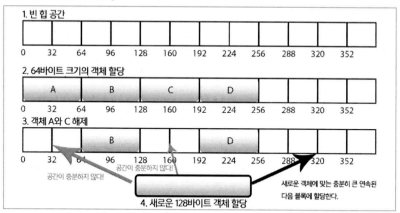

[그림 7-3]에서 다음의 순서대로 메모리가 할당된다.

1. 빈 힙 메모리 공간에서 시작한다. (1)
2. 64바이트 크기의 객체 4개 ABCD를 할당한다. (2)
3. 나중에 A와 C를 해제한다. (3)
4. 기술적으로는 128바이트의 메모리 공간이 남았지만 해제된 공간이 연속적이지 않고 2개의 64바이트 공간으로 나뉘어 있다. 64바이트보다 큰 객체를 집어넣기 위해서는 새로운 힙 공간이 필요하다.

시간이 지남에 따라 힙 메모리는 점점 복잡해지고 작은 조각으로 나뉘게 된다. 시스템은 새로운 객체를 할당할 수 있는 가장 작은 공간에 자동으로 집어넣기 때문이다. 이런 과정이 반복되면 힙 메모리 영역은 스위스 치즈처럼 사용이 불가능한 구멍들이 늘어난다. 이러한 파편화를 해결할 배경 지식이 없다면 점점 더 많은 힙 공간과 메모리, 하드드라이브까지 파현화가 영향을 미치게 된다. (이 때문에 가끔은 하드디스크 조각 모음을 하는 게 좋다.)

메모리 파편화에 의한 문제는 두 가지다. 먼저 시간이 지남에 따라 새 객체에 할당할 전체 메모리 공간이 줄어들게 된다. 둘째로 객체에 적당한 메모리 공간을 찾기 위한 시간이 늘어나 메모리 할당이 점점 느려진다.

즉, 힙 메모리가 얼마인지 만큼 힙 메모리 상태가 중요한 것이다. 다시 한번 말하지만 128바이트의 자유 힙 메모리가 연속된 위치에 있지 않으면 128바이트의 새 자료를 할당하기 위해 유니티는 가비지 컬렉션과 OS를 이용해 새로운 힙을 할당받는다.

실시간 가비지 컬렉션

지금까지 배운 것을 정리하면, 새 메모리 할당이 요청될 때 최악의 경우 다음과 같은 과정을 모두 마친 이후에야 새로운 메모리를 할당한다.

1. 객체를 할당할 수 있을 만큼 큰 연속 메모리가 있는지 확인한다.
2. 충분한 연속 메모리가 없다면 직/간접적으로 접근 가능한 참조자를 확인해 사용 중이라고 표시한다.
3. 전체 힙에 사용 중이라고 표시되지 않은 객체를 해제한다.
4. 다시 한번 객체를 할당하기에 충분한 연속된 메모리가 있는지 확인한다.
5. 아직도 새로운 메모리를 할당할 충분한 공간이 없다면 OS에 새 힙을 요청한다.
6. OS가 새로 할당해준 힙에 새로운 객체를 할당한다.

만일 새로 할당하려는 객체가 파티클 이팩트, 새로운 장면의 도입부, 컷 씬 전환 같이 중요한 객체라면 메모리 할당에 너무 많은 CPU 자원이 사용된 것일 뿐 아니라 가비지 컬렉터가 활동하는 순간 게이머가 랙을 느꼈을 수도 있다. 더 큰 문제는 시간이 지남에 따라 가비지 컬렉션의 작업 부하가 제곱으로 증가한다는 사실이다. 스캔하고 정리해야 할 힙 메모리 크기가 점점 더 늘어나기 때문이다.

결과적으로 힙 공간을 지혜롭게 관리하기란 매우 어렵다. 메모리 관리를 게을리할수록, 가비지 컬렉터의 활동은 지수적으로 증가한다. 따라서 아이러니지만 매니지드 언어를 쓰는 개발자도 네이티브 언어를 쓰는 것 못지 않게 메모리 관리에 신경써야 한다.

가비지 컬렉터는 메인 스레드와 결정 스레드 총 2개의 스레드로 동작한다. 가비지 컬렉터가 호출되면 메인 스레드가 힙 메모리를 해제할 공간에 표시를 한다. 이후 힙 메모리는 바로 해제되지 않고, 모노 플랫폼이 제어하는 결정 스레드에 의해 몇 초 후에 처리된다.

이 현상은 프로파일러의 메모리 창 중 Total Allocated block(총 할당 메모리, 녹색 선 부분)에서 확인할 수 있다. 가비지 컬렉션이 동작하고 실제 총 할당 메모리양이 감소하려면 몇 초가 걸린다. 이러한 시차를 생각할 때 해제하는 순간에 사용할 수 있는 메모리에 의존해서는 안 되며, 사용할 수 있다고 여겨지는 메모리를 한계치까지 사용하려고 해서도 안 된다. 앞으로 메모리 할당이 필요하면 항상 사용할 수 있는 버퍼 공간이 있는지 확인해야 한다.

끝으로 가비지 컬렉션에 대해 알아두어야 할 점은 플랫폼에 따라 다르지만 해제된 메모리가 OS에 반환되기도 한다는 것이다. 그러면 전체 힙 메모리의 크기가 줄어들게 되는데, OS 내부의 다른 프로그램 혹은 유니티의 네이티브 영역에 추가적인 메모리가 할당될 수도 있다. 하지만 이런 일이 반드시 일어나는 것은 아니기 때문에 OS로부터 받은 메모리는 계속 힙 메모리로 남게 된다는 것을 전제하고 메모리를 관리해야 한다.

가비지 컬렉션 전략

가비지 컬렉션에 의한 문제를 해결할 하나의 방법은 숨기기는 것이다. 게이머가 눈치 채지 못할 만한 상황에 가비지 컬렉션을 미리 수동으로 호출하는 것이다. 다음 함수로 가비지 컬렉션을 수동으로 호출할 수 있다.

```
System.GC.Collect();
```

가비지 컬렉션을 숨기기 좋은 타이밍은 새로운 레벨 로딩, 게임에 포즈가 걸리고 메뉴 화면이 나오는 사이, 컷신 전환 과정, 게이머가 순간적인 프레임 저하를 눈치채지 못하거나 게임이 멈추는 순간 등이다. Profiler.GetMonoUsedSize(), Profiler.GetMonoHeapSize() 두 함수를 사용해 현재 사용되는 힙 메모리의 정보를 확인해 가비지 컬렉션이 곧 필요한지 살펴보는 것도 좋은 전략이다.

메모리 관리를 위해 특정 객체를 직접 해제할 수도 있다. GameObject나 MonoBehaviour 같이 유니티 구성 요소를 포함한 객체들은 Dispose()라는 함수를 통해 네이티브 도메인의 메모리를 해제할 수 있다. 그러면 네이티브 영역의 메모리와 함께 매니지드 영역의 메모리도 해제된다. 드문 일이지만 유니티가 아닌 모노 연결체 중 IDisposable라는 인터페이스를 상속받은 경우 Dispose() 함수로 해당 메모리를 강제로 비울 수도 있다.

(저자가 찾은 바에 의하면) 강제 해제가 유용한 유일한 경우는 WWW 클래스뿐이었다. 유니티 웹 프로그램은 실시간으로 그래픽 같은 자료를 내려받고 압축을 해제하는데 최종적으로 압축이 해제된 파일을 위한 네이티브 메모리가 필요하다. 이 모든 파일들을 전부 메모리에 장기간 보관하는 것은 엄청난 낭비. 그러므로 Dispose() 함수를 이용해 메모리 버퍼를 빠르고 정확하게 비우는 게 좋다.

Resources.UnloadUnusedAssets() 같은 에셋은 메모리를 더 사용하지 않는 에셋을 해제하는 함수를 가지고 있다. 에셋은 네이티브 메모리 영역에 저장되기 때문에 엄격한 의미의 가비지 컬렉터가 동작하진 않지만 그와 같은 원리로 네이티브 메모리가 정리된다.

끝으로 한 번에 하나의 에셋을 해제할 수 있는 Resources.UnloadAsset() 함수도 있다. 이 함수는 에셋 정보를 검색하지 않고 지우기 때문에 좀 더 효율적이다. 유니티 5에서는 에셋 정보를 지울 때 멀티스레드를 이용하도록 개선돼 대부분 플랫폼에서 성능이 향상됐다.

그럼에도 불구하고 가장 좋은 전략은 가비지 컬렉션이 발생하지 않게 하는 것이다. 가능한 한 힙 메모리를 사용하지 않으면 가비지 컬렉션에 의한 성능 저하를 걱정하지 않아도 된다. 다양한 메모리 관리 전략들을 배우기 전에 일단 메모리의 이론을 살펴보도록 하자.

7.2.2 값 형식과 참조 형식

모노라고 해서 힙에만 메모리를 할당하지는 않는다. 닷넷 프레임워크(그리고 닷넷 프레임워크를 이식한 C# 언어에서는) 값 형식과 참조 형식이라는 개념이 있다. 이중 가비지 컬렉터가 동작하는 것은 참조 형식뿐이다. 참조 형식은 자료의 복잡도, 자료의 크기, 자료의 사용 형태 때문에 일반적으로 메모리에 오래 남아 있는다. 보통 클래스의 인스턴스와 큰 자료구조들이 참조 형식인데, 배열(나열한 자료가 값 형식 이던 참조 형식이던), 위임자, 모든 클래스, MonoBehaviour, GameObject를 비롯한 모든 개인 클래스가 바로 참조 형식이다.

값 형식은 일반적으로 스택에 할당된다. 원시 자료형인 bool 형, int 형, float 형 등이 대표적인 값 형식이다. 이 자료형이 다른 참조 형식(클래스의 멤버 혹은 배열의 일부)의 부분이 되면 이 원시 자료형의 유지 기간이 길거나 값이 크다고 판단돼 힙에 할당된다.

이론만으로 설명하기보다는 다음 코드를 통해 좀 더 자세히 살펴보자. 이 코드에서 int 형은 값 형식으로 인식되고 스택에 저장된다.

```
public class TestComponent : MonoBehaviour {
    void Start() {
        int data = 5; // 스택에 할당
        DoSomething(data);
    }  // 이 시점에 int 값은 스택에서 해제된다.
}
```

지역 변수인 int data는 Start( )가 종료됨과 동시에 스택에서 소멸한다. 앞서 살펴본 바와 같이 스택의 자료를 지우는 데에는 어떠한 추가 자원 소모도 없다. 스택 포인터를 기존의 위치로 되돌려, 새로운 자료를 덮어쓰는 식으로 삭제하기 때문이다. 더 중요한 점은 힙 메모리를 전혀 사용하지 않았기 때문에 가비지 컬렉터가 동작할 리가 없다는 것이다.

다음과 같이 int가 MonoBehaviour의 멤버변수가 된 순간 참조 형식으로 바뀌고 MonoBehaviour와 함께 힙에 할당된다.

```
public class TestComponent : MonoBehaviour {

    private int _data = 5;

    void Start() {
        DoSomething(_data);
    }
}
```

이와 유사하게 다른 int를 다른 클래스의 멤버변수로 선언해도 int는 클래스 일부분으로 힙에 할당된다.

```
public class TestData {
    public int data = 5;
}

public class TestComponent : MonoBehaviour {
    void Start() {
        TestData dataObj = new TestData(); // 힙에 할당됨

        DoSomething(dataObj.data);
    } // 'dataObj'와 멤버변수인 int data는 힙에 할당돼 여기서 해제되지 않고 다음번 가
        비지 컬렉션의 대상이 된다.
}
```

따라서 클래스 내부 자료라고 해도 멤버 함수에서 선언한 '지역 변수'와 클래스에 포함된 '멤버변수' 간에는 큰 차이가 있다. 두 경우 모두 Class 자체는 참조 형식이고 힙에 할당됨을 꼭 기억하자. 다음 코드는 외부에서 받아온 dataObj를 클래스 멤버변수인 testDataObj에 저장하는 DoSomething() 함수의 예다.

```
private TestData _testDataObj;

void DoSomething(TestData dataObj) {
    _testDataObj = dataObj; // 새로운 참조가 발생했다. 참조의 대상이 되는 dataObj는
                               이제 가지비 컬렉터의 대상이 된다.
}
```

이렇게 연속적인 코드[03]를 만들었다면 Start()라는 멤버 함수가 끝나도 dataObj를 참조하고 있는 객체가 아직 남아 있기 때문에 (DoSomething에서 testDataObj = dataObj로 새로운 참조를 만듦) 가비지 컬렉터가 이를 확인하기는 하지만 삭제하지는 않는다. dataObj를 완전히 지우기 위해선 testDataObj를 Null 값으로 바꾸거나 testDataObj가 dataObj가 아닌 다른 객체를 참조하도록 코드를 바꿔야 한다.

값 형식은 Null이면 안 되고 언제나 값을 가지고 있어야 한다. 만일 참조 형식이 값 형식을 받으면 값이 복사된다. 이는 값 형식의 배열에서도 마찬가지다.

```
public class TestClass {
    private int[] _intArray = new int[1000]; //값 형식들이 모인 자료 형식
    void StoreANumber(int num) {
        _intArray[0] = num; // 값을 배열에 집어넣는다.
    }
}
```

초기화된 배열을 생성하면 값이 0으로 설정된 1,000개의 int가 힙에 할당된다. 이후 StoreANumber() 함수가 호출되면 num의 값은 참조되지 않고 배열의 0번째 위치에 값에 복사 저장된다.

---

03 옮긴이주_ 앞서 본 두 코드는 전부 연속적으로 쓰여진 코드다.

지금까지 살펴본 참조 가능성의 미세한 차이는 데이터가 참조 형식인지, 값 형식인지를 결정하는 결정적인 요소다. 가비지 컬렉션이 동작하지 않도록 하려면 가능하면 값 형식을 사용하는 것이 좋다. 함수를 사용한 후 더 이상 사용할 일이 없으면 참조 형식 대신 값 형식을 사용하는 것이다. 서로 다른 함수끼리 값을 주고받으면 값 형식이 참조 형식으로 바뀌지 않으며, 해당 함수가 모두 종료될 때까지 스택에 남았다가 함수의 종료와 함께 자동으로 해제된다.

값에 의한 전달과 참조에 의한 전달

값 형식이든, 참조 형식이든 한 함수에서 다른 함수의 인자로 값이 전달될 때는 값 복사가 일어난다. 이를 '값에 의한 전달'이라고 부른다. 이때 참조 형식은 포인터를 복사하기 때문에 실제 자료의 크기와 무관하게 4나 8바이트의 메모리를 소모한다. 포인터 전달은 실제 전달하는 자료의 크기가 작기 때문에 속도가 빠르다.

그에 반해 값 형식은 자신을 복사한 새로운 자료를 만들어 값을 전달하는 값에 의한 전달이 일어난다. 일반적으로 값 형식의 자료형은 포인터와 비슷한 크기의 자료이기 때문에 큰 문제가 안 되지만, 구조체인 경우 값 형식이나 크기가 매우 커연산 자원을 많이 소모한다.

참조에 의한 전달은 ref 키워드를 사용한다. '참조에 의한 전달'과 '참조 형식 전달'은 전혀 다른 개념이라는 점에 주의하자. 참조에 의한 전달은 크게 값 형식을 참조(ref 사용), 값에 의한 전달, 참조 형식을 참조(ref 사용), 값에 의한 전달 총 네 가지다.

참조에 의한 전달은 변수에 대한 '포인터' 값을 넘겨주기 때문에 원본 변수를 외부에서도 변경할 수 있다. 이는 C 문법에서 & 연산자를 사용해 포인터로 변수를 받으면 외부에서 해당 변수를 수정할 수 있는 것과 원리가 같다. 따라서 다음 예제를 실행하면 10을 출력한다.[04]

---

04 옮긴이주_ myInt에 대한 포인터를 DoSomething에서 넘겨받았기 때문에 DoSomething에서 val을 조작하면 myInt을 조작한 것이 된다.

```
void Start() {
    int myInt = 5;
    DoSomething(ref myInt);
    Debug.Log(String.Format("Value = {0}", myInt));
}
void DoSomething(ref int val) {
    val = 10;
}
```

이 예제에서 DoSomething( )와 void DoSometing( )의 ref 키워드를 빼면 val은 myInt와 다른 DoSomething의 지역 변수로 변하기 때문에 val로 myInt를 조작할 수 없다. 이 경우 출력값은 5다. 이러한 개념들을 정확하게 알아야 이제부터 살펴볼 구조체, 배열, 문자열 자료형을 쉽게 이해할 수 있다.

구조체와 값 형식

C#의 구조체는 매우 독특하면서도 재밌다. C#의 대부분은 C++와 유사한데, C#의 구조체의 경우 C++의 구조체와 전혀 다른 특징을 가지고 있다. C++의 구조체는 본질적으로 클래스와 같은 자료형이며 기본 접근자가 public이라는 점이 클래스와 구조체를 구분 짓는 유일한 특징이다.

C#의 구조체 또한 기본적으로는 클래스와 유사한데, 이 둘의 차이는 구조체는 값 형식이고 클래스는 자료 형식이라는 점이다.

또 C#의 구조체는 상속을 지원하지 않고 초기화 값도 설정할 수 없다. 따라서 구조체의 모든 멤버 값은 0이거나 Null로 고정되며 기본 생성자를 오버라이드할 수도 없다. 이처럼 C#의 구조체는 클래스보다 제한사항이 많기 때문에 힙 대신 스택을 활용하고자 클래스를 구조체로 바꾸는 것은 그다지 현명한 선택이 아니다.

하지만 하나의 함수 내부에서 데이터 덩어리를 받았다가 넘기는 작업이 가능하다면 구조체를 사용해야 한다. 반드시 클래스를 사용해야 할 특별한 이유가 없다면 구조체로 힙 메모리 할당을 막는 쪽이 최적화에 유리하다.

```
public class DamageResult {
    public Character attacker;
    public Character defender;
    public int totalDamageDealt;
    public DamageType damageType;
    public int damageBlocked;
    // 그외
}

public void DealDamage(Character _target) {
    DamageResult result =
    CombatSystem.Instance.CalculateDamage(this, _target);
    CreateFloatingDamageText(result);
}
```

예제 속 클래스는 전투 시스템에서 UI 시스템으로 여러 데이터를 넘겨주는 일을 하고 있다. 이 클래스의 자료들은 단순한 계산을 통해 다양한 시스템의 인자로 값을 넘겨줄 뿐이기 때문에 구조체로 바꾸기 적합하다.

DamageResult를 클래스에서 구조체로 바꾸는 것만으로 힙을 절약하고 불필요한 가비지 컬렉션이 실행되는 것을 막을 수 있다.

```
public struct DamageResult {
    // ...
}
```

하지만 클래스를 구조체로 바꾸는 것이 만능은 아니다. 구조체는 값 형식이기 때문에 다른 함수에 인자로 사용되면 자신과 같은 구조체를 새로 만들어 값을 복사하기 때문이다. 물론 이렇게 복사된 구조체 또한 해당 함수가 종료되는 동시에 스택에서 해제된다. 그러나 연속적으로 여러 번 해당 구조체가 복사되는 경우 데이터 복사로 인한 시스템 부하가 적지 않다.

단일 int나 float 같은 작은 자료를 복사하는 것은 큰 문제가 아니다. 반면 엄청나게 큰 자료 덩어리인 구조체를 반복, 복사하는 것은 부하를 더하기 때문에 피해야 한다. 이 경우에는 ref 키워드를 사용해 구조체를 참조에 의한 전달로 처리하는 쪽이 나을 수 있다(이 경우 32비트나 64비트의 메모리 공간만 필요하게 된다). 하지만 참조에 의한 전달의 경우 외부 함수에서 구조체를 변경할 수 있기 때문에 readonly(읽기 전용. 초기화 시기에 생성자를 통해서만 값을 설정할 수 있고 이후에는 내부 함수로도 값을 변경할 수 없다)로 설정하는 것이 안전하다.

구조체가 참조 형식의 자료형을 가지고 있는 경우도 이렇게 처리해야 한다.

```
public struct DataStruct {
    public int val;
}
public class StructHolder {
    public DataStruct _memberStruct;
    public void StoreStruct(DataStruct ds) {
        _memberStruct = ds;
    }
}
```

이 코드는 얼핏 보면 스택에 할당된 구조체를 참조 형식에 저장하는 것처럼 보인다. 이 말은 힙에 할당된 StructHolder 객체가 스택에 있는 객체를 참조하는 것일까? 또 StoreStruct( ) 함수가 끝나면 구조체가 사라지는 것일까? 사실 이 두 물음은 질문부터가 잘못됐다.

실제로는 DataStruct의 인스턴스인 _memberStruct는 StructHolder 클래스의 멤버로 힙에 함께 할당되는 동시에 값 형식의 특징을 유지한다. 따라서 값 형식의 규칙에 의해 동작하게 된다. 즉, _ memberStruct의 값들은 Null일 수 없고 0 혹은 Null 값으로 초기화돼야 한다. 또 StoreStruct( ) 함수가 호출되면 ds의 값들이 _memberStruct로 복사되는데 이 모든 자료는 힙에 저장돼 있으므로 스택에 의한 정보 손실은 일어나지 않는다.

배열은 참조 형식이다

배열은 거대한 양의 자료를 모아두는 컨테이너라서 스택에서 값 형식으로 취급하기가 쉽지 않다. 따라서 배열은 내용물이 형식과 무관하게 참조 형식으로 취급되기 때문에 값을 넘길 때 전체를 복사하지 않고 참조를 넘긴다.

따라서 다음 코드는 힙에 할당된다.

```
TestStruct[] dataObj = new TestStruct[1000];
for(int i = 0; i< 1000; ++i) {
    dataObj[i].data = i;
    DoSomething(dataObj[i]);
}
```

이와 달리 앞의 예제와 결괏값이 같은 다음 코드는 구조체가 값 형식이기 때문에 스택에 할당된다.

```
for(int i = 0; i < 1000; ++i) {
    TestStruct dataObj = new TestStruct();
    dataObj.data = i;
    DoSomething(dataObj);
}
```

두 번째 코드는 스택에 하나의 TestStruct만 생성되는(물론 DoSomething( )에서 인자로 받았으므로 더 늘어날 수도 있지만) 반면, 첫 번째 코드는 1,000개의 TestStruct를 생성하고 힙에 할당한다. 물론 현실에서 해당 예제와 같은 코드가 있을 리 없다. 이 두 코드에서 한 가지 중요한 사실을 배울 수 있다. 그것은 바로 컴파일러는 상황을 자동으로 분석하지만 개발자가 원하는대로 코드를 최적화하지는 못한다는 점이다. 그러므로 어떤 경우에 값 형식을 이용하고 참조 형식과 값 형식을 어떻게 구분하며, 힙 할당이 스택 할당으로 왜 바뀌었는지를 알고 메모리 최적화를 하는 것은 전적으로 개발자의 능력에 달렸다.

그밖에도 배열에 대해 알아두어야 할 것이 있다. 하나는 참조 형식의 배열을 만들면 힙 어딘가, 다른 위치에 있는 값의 참조자를 모은 배열이 만들어진다는 것이다. 값 형식에 대한 배열은 힙에 값 형식들을 모아놓은 메모리 덩어리가 생성된다는 것도 알아두면 유용하다. 늘 말하지만 이렇게 만들어진 값 형식은 (실체 값이 있는) 0으로 초기화되며, 참조 형식의 배열들은 아직 참조된 것들이 없기 때문에 Null로 초기화된다.

문자열은 바꿀 수 없는 참조 형식이다

'2장 스크립트 전략'에서는 문자열에 대해 간단히 살펴봤었다. 이번에는 문자열을 올바로 사용하는 것이 왜 중요한지 살펴보겠다.

문자열은 기본적으로 char 형식의 배열이다. 따라서 언제나 참조 형식이며 참조 형식의 모든 규칙을 따른다. 문자열 값을 넘기면 실제 값이 아니라 포인터가 넘어가고 힙에 할당된다.

소제의 '바꿀 수 없다'는 문자열을 메모리에 할당하면 해당 문자열을 이후 수정할 수 없다는 뜻이다. char 배열은 연속된 메모리 공간을 필요하기 때문에 동적인 메모리 공간에서 문자열을 늘리거나 덧붙여 크기를 가변적으로 바꿀 수 없다. (문자열의 앞과 뒤에 있는 메모리가 이미 할당된 상황을 생각해보라. 이 문자열을 확장시킬 수 있겠는가?)

따라서 문자열이 수정되면 기존 문자열은 힙에 그대로 있고, 새로운 힙 공간에 수정된 문자열이 새로운 배열로 할당된다. 이렇게 힙 공간에 남게 되는 문자열은 가비지 컬렉터가 '사용되지 않는' 메모리로 보고 할당을 해제한다. 올바르게 사용하지 않은 문자열이 불필요한 힙 할당과 가비지 컬렉션을 일으키는 것이다.

다음 코드를 통해 실제로 문자열이 바뀌지 않는지 직접 확인해보자. 만일 문자열이 일반적인 참조 형식이라면 "World!"를 출력할 것이다.

```
void Start() {
    string testString = "Hello";
    DoSomething(testString);
    Debug.Log(testString);
}

void DoSomething(string localString) {
    localString = "World!";
}
```

그런데 실제 출력 결과는 "Hello"다. 어째서 이런 일이 발생한 것일까? 먼저 DoSomething( )에서 참조 형식인 testString 자료의 포인터를 받아 localString을 만든다. 따라서 한 주소를 가르키는 포인터가 동시에 2개가 있게 된다. 여기까지는 아무런 문제도 없다.

하지만 localString의 값을 변경하는 순간 문제가 발생한다. 문자열은 바꿀 수 없기 때문에 "World"는 기존 "Hello"의 메모리 위치에 쓰여지지 않고 새로이 할당 받은 힙 공간에 들어간다. 이후 바뀐 값을 참조하기 위해 LocalString이 기존 주소 대신 새로운 주소를 참조하도록 변경된다. 하지만 testString은 새로운 주소를 참조하도록 변경된 적이 없기 때문에 Debug.Log에서 확인할 수 있듯 기존 내용, 즉 "Hello"가 출력된다. 결국, DoSomething( ) 함수는 가비지 컬렉션의 대상이 될 새로운 문자열 값을 힙에 할당한 것 외에는 아무 일도 하지 않은 꼴이 되고 만다. 말 그대로 낭비가 아닐 수 없다.

만약 문자열을 ref 키워드를 이용해 '참조에 의한 전달' 방식으로 DoSomething( )의 인자로 넘기면 "World"가 출력될 것이다. 많은 개발자가 문자열을 값 형식으로 착각하는데, 이는 데이터 전달의 마지막 방식인 참조 형식을 참조에 의한 전달로 넘겨주는 방법일 뿐이다. DoSomething( )은 단지 원래 참조자가 참조하고 있던 대상을 바꾼 것뿐이다.[05]

---

05 옮긴이주_ 그러니까 원래 참조 형식이 참조하고 있던 '주소'를 바꾼 것이다.

문자열 연결

문자열 연결이란 하나의 문자열을 다른 문자열 뒤에 붙이는 작업이다. 이 작업은 지금까지 살펴봤듯 불필요한 힙 할당을 발생시킬 가능성이 높다. 특히 문자열 연결에 +와 += 연산자를 이용하면 할당의 연쇄 작용을 일으켜 상당한 메모리 자원 낭비한다. 문자열을 연결해 전투 결과를 출력하는 다음 코드를 살펴보자.

```
void CreateFloatingDamageText(DamageResult result) {
    string outputText = result.attacker.GetCharacterName() + " dealt " +
    result.totalDamageDealt.ToString() + " " + result.damageType.ToString()
    + " damage to " + result.defender.GetCharacterName() + " (" + result.
    damageBlocked.ToString() + " blocked)";
    // ...
}
```

이 결과물은 다음과 같은 문자열을 출력한다.

```
Dwarf dealt 15 Slashing damage to Orc(3 blocked)
```

해당 함수는 dealt, damage to, blocked이라는 여러 개의 리터럴 문자열(직접 입력된 문자열로 프로그램의 초기화 과정에서 메모리에 할당된다)을 지니고 있다. 이 함수는 이러한 다양한 변수를 해당 문자열에 조합하기 때문에 빌드 중에 바로 컴파일이 할 수 없고 실행 중에 동적으로 문자열을 만든다.

실행 중에는 한번에 한쌍의 문자열만 +나 += 연산자를 통해 합쳐지기 때문에 새로운 문자열이 계속 힙에 할당된다. 즉, 최종적으로 출력될 문자열이 만들어지기까지 거치게 되는 문자열들은 전부 힙을 낭비하게 된다.

이 코드에서는 최종 문자열이 만들어지기까지 9개의 서로 다른 문자열들이 만들어지고 할당된다. 다음은 이 과정에서 생성되고 가비지 컬렉션의 대상이 될 문자열들을 순서대로 적은 것이다. (연산자는 기본적으로 우측에서 좌측으로 실행되므로 가장 마지막 문자열부터 문자열 연결 작업이 시작된다.)

- "3 blocked)"
- " (3 blocked)"
- "Orc (3 blocked)"
- " damage to Orc (3 blocked)"
- "Slashing damage to Orc (3 blocked)"
- " Slashing damage to Orc (3 blocked)"
- "15 Slashing damage to Orc (3 blocked)"
- " dealt 15 Slashing damage to Orc (3 blocked)"
- "Dwarf dealt 15 Slashing damage to Orc (3 blocked)"

결국 해당 문자열을 만드는 데 최종 결과물의 49개 문자, 98바이트가 쓰인 게 아니라 총 262개, 524바이트의 char형 문자들이 사용됐다. 만일 이러한 문자열들이 다른 코드의 일부분으로 적용돼 있고, 적용된 코드가 프로그램 구석구석에 퍼져있다면, 프로그램 전반에서 엄청나게 많은 힙 메모리 용량을 낭비했을 것이다.

> **TIP**
>
> 만일 +나 +=로 연결될 두 문자열이 모두 상수 리터럴 문자열이고 합쳐진 결과물도 상수 리터럴 문자열이라면 컴파일러가 빌드 시간에 문자열을 미리 합칠 수 있다. 이 경우 힙 메모리 낭비가 발생하지 않는다.[06]

---

06 옮긴이주_ 두 문자열이 모두 상수 리터럴 문자형이고 결과물이 상수 리터럴 문자열이라면 애당초에 두 문자열을 +나 +=로 합치지 않고 하나의 문자열로 표현한 것과 다를 바가 없기 때문이다.

따라서 문자열을 생성할 때는 StringBuilder 클래스나 string 클래스의 멤버 함수를 이용하는 것이 좋다.

StringBuilder는 문자열을 버퍼를 통해 효율적으로 연결할 수 있는 문자열 클래스다. 물론 최종적으로 만들어진 문자열은 ToString( ) 함수를 통해 일반 문자열처럼 할당되지만, +나 += 연산자를 통해 최종 문자열을 만드는 과정에서 발생하는 메모리 낭비를 막을 수 있다.

StringBuilder 클래스를 효율적으로 사용하기 위해서는 일단 총 문자열의 크기를 예측하고 적절한 크기의 버퍼를 설정해야 한다. 앞서 본 예제의 경우 이름이 길고 데미지 수치도 크기 때문에 적절한 버퍼 크기는 100 정도다.

```
using System.Text;
// ...
StringBuilder sb = new StringBuilder(100);
sb.Append(result.attacker.GetCharacterName());
sb.Append(" dealt " );
sb.Append(result.totalDamageDealt.ToString());
// etc ...
string result = sb.ToString();
```

문자열의 최종 크기를 예측할 수 없는 경우 너무 크거나 작은 버퍼 용량을 할당할 수도 있다. (이 중 작은 버퍼 쪽은 온전한 문자열을 만들 수 없기 때문에 더 위험하다) 이럴 때는 string 클래스 내부 함수를 사용하는 게 더 나을 수 있다.

string 클래스의 내부 함수로는 Format( ), Join( ), Concat( )가 있다. 각 함수들은 내부적으로 조금 다르게 문자열을 생성하지만, 하나의 문자열을 만들어 단한 번 힙 메모리에 할당한다는 점은 같다.

StringBuilder 클래스와 String 클래스의 멤버 함수를 이용해 문자열을 만드는 것에는 정말 미묘한 차이가 있다. 둘 중 어느 쪽이 더 효율적인지는 단언할 수 없다. 구글에서 "c sharp string concatenation performance"(C# 문자열 연결 성능)이라고 검색해 봐도 수많은 사람들 사이에 이견이 있음을 알 수 있다. 따라서 한 방법을 고집하기보다는 일단 한 가지 방법을 써보고, 성능에 문제가 있으면 프로파일러로 두 방법을 비교해 가장 나은 것을 사용하는 게 현명하다.

박싱

기술 관점에서 C#의 모든 것은 객체다. 원시 자료형이라고 불리는 `int`, `float`, `bool`도 그 속을 들여다보면 `System.Object`를 상속받은 객체다(참조 형식이다). 이처럼 상속을 통해 `ToString()`을 비롯한 다양한 함수들의 도움을 받고 있다.

하지만 원시 자료형들은 일반적으로 참조 형식이 아니라 값 형식으로 취급된다. 이러한 원시 자료형이 객체와 같이 동작해야 할 때 CLR은 자동으로 박스라고 불리는 임시 객체에 원시 자료를 담아 참조 형식의 자료를 만들고 힙에 할당한다.

> **TIP**
>
> 박싱은 값 형식을 멤버로 가지는 참조 형식과 다르다. 박싱은 값 형식이 객체로 취급될 때만 쓰는 특별한 개념이다.

예를 들어 다음 코드에서 변수 `i`는 객체 `obj`에 박싱됐다.

```
int i = 128;
object obj = i;
```

다음 코드는 박스 내부의 값을 바꾸고 박스를 `int` 형식으로 푸는 과정을 보여준다. 그 결과 `i`는 256이 된다.

```
obj = 256;
i = (int) obj;
```

박스를 이용하면 자료형을 바꿀 수 있다. int를 담았던 obj의 박스를 float로 형 변환을 할 수도 있다.

```
obj = 512f;
float f = (float) obj;
```

당연히 bool 형으로도 형 변환을 할 수 있다.

```
obj = false;
bool b = (bool) obj;
```

박싱을 이용하면 자유자재로 형 변환을 할 수 있지만 가장 마지막으로 변환한 자료형이 아닌 다른 자료형으로 박스를 풀려고 하면 InvalidCastException 에러가 발생한다. 이 모든 것이 사실은 메모리 속 자료의 일종이라는 사실을 완벽하게 이해하기까지는 헷갈릴 수 있다. 지금은 박스를 통해 원시 자료형을 객체로 변환하고 변환된 객체를 통해 자료형을 변환할 수 있으며 가장 나중에 형 변환을 한 자료형으로 박스를 풀 수 있다는 것만 기억하자.

> **TIP**
>
> 박스 내부의 자료는 다양한 System.Convert.To…( ) 함수로 형 변환을 할 수 있다.

박싱은 앞서 본 코드와 같이 암시적으로도 이용할 수 있지만, System.Object로 명시적으로 형 변환을 할 수도 있다. 반대로 박스를 풀 때는 반드시 내부 자료 형식으로 명시적 형 변환을 해야 한다. System.Object를 인자로 사용한 함수에 값 형식 자료들을 전달할 경우에는 암시적으로 박싱이 되기도 한다.

그 대표적인 사례는 다양한 자료형을 문자열로 변환하는 데 사용하는 String.Format( ) 멤버 함수다. 이 함수는 System.Objects를 인자로 받기 때문에 다양한 자료형을 특별한 처리 없이 받아들일 수 있다. 그뿐만 아니라 이 함수에 인자로 사용된 int, float, bool 등은 암시적으로 박싱돼 힙 메모리에 할당된다. 이처럼 암시적 박싱을 하기 때문에 힙 메모리에서 주의해야 할 다른 하나가 Collections.Generic.ArrayList다. ArrayLists 또한 언제나 System.Object에 대한 참조를 사용해 암시적 박싱이 일어난다.

이외에도 System.Object를 인자로 받는 다양한 함수에 값 형식을 넘길 때는 박싱이 발생해 힙 메모리에 할당된다는 점에 주의하자.

7.2.3 데이터 배치의 중요성

대부분 개발자는 메모리에 자료가 어떻게 배치되는지에 관심을 두지 않는데, 조금만 신경을 쓰면 전체 성능을 크게 향상시킬 수 있다. 자료 배열의 경우 캐시 미스를 피하려면 다른 메모리 공간과 달리 자료들을 계속 읽어야 하기 때문이다.

가비지 컬렉션에서도 자료의 배치는 매우 중요하다. 만약 가비지 컬렉터가 문제가 있을 만한 공간을 건너 뛴다면 많은 시간을 절약할 수 있을 것이다.

우선 참조 형식의 자료들과 값 형식의 자료들을 분리해야 한다. 값 형식들 사이에 참조 형식이 하나만 끼어있어도 (구조체의 경우) 가비지 컬렉터는 이 값 형식 모두를 객체로 취급해 내부의 모든 멤버변수를 참조 형식으로 취급한다. 그러면 가비지 컬렉션은 해당 메모리를 전부 체크해야 한다. 만약 각각의 형식끼리 배열로 구성하면 가비지 컬렉터가 데이터의 상당 부분을 건너뛰게 할 수 있다.

예컨대 다음과 같은 구조체의 배열은 중간에 참조 형식이 끼어있기 때문에 가비지 컬렉터가 모든 구조체의 모든 멤버변수를 체크해 가비지 컬렉션에 많은 시간이 걸린다.

```
public struct MyStruct {
    int myInt;
    float myFloat;
    bool myBool;
    string myString;
}
MyStruct[] arrayOfStructs = new MyStruct[1000];
```

만약 구조체 대신 각각의 형식끼리 배열로 연결하면 가비지 컬렉터는 원시 값 형식인 int, float, bool은 건너뛰고 문자열만 검사한다. 그러면 가비지 컬렉션의 속도가 매우 빨라진다.

```
int[] myInts = new int[1000];
float[] myFloats = new float[1000];
bool[] myBools = new bool[1000];
string[] myStrings = new string[1000];
```

이 예제에서 가비지 컬렉터는 4개의 배열을 확인한 후 1,000개의 문자열을 확인한다. 모든 자료를 참조 형식으로 취급해 총 4,004번(배열당 1,000개 자료 + 배열) 체크해야 하던 작업량이 엄청나게 줄어든 것이다. 이처럼 참조 형식인지 값 형식인지만을 따져 참조가 활성화돼 있는지를 확인하는 가비지 컬렉터의 동작 원리를 이용하면 약 3,000번의 확인 작업을 줄일 수 있다.

7.2.4 유니티 API

유니티 API 중에는 자체적으로 힙 메모리를 할당시키는 명령어가 있다. 가비지 컬렉션의 활동을 줄이려면 힙 메모리 할당을 최소화해야 하는 만큼 다음 명령어는 주의해서 사용해야 한다. 결괏값을 배열로 반환하는 명령어는 특히 주의해야 한다. 다음 함수들은 힙에 메모리를 할당시키는 예제들이다.

```
GetComponents<T>(); // (T[])
Mesh.vertices; // (Vector3[])
Camera.allCameras; // (Camera[])
```

이런 함수들은 꼭 필요한 게 아니면 가급적 사용하지 않아야 한다.

유니티 개발진은 힙에 할당을 요청하는 함수들을 꾸준히 개선하고 있는데, 언젠가는 이들 함수가 공개될 것이다. 아마도 개선된 함수들은 새로운 배열을 만들기보다는 ParticleSystems처럼 기존의 배열을 참조하는 방식으로 바뀔 것이다. 이런 식으로 기존 버퍼를 재활용해 메모리 할당량을 줄이는 것이다.

7.2.5 foreach 반복문

foreach 반복문은 유니티 개발진 사이에서도 논란거리인 키워드다. 알려진 바에 의하면 유니티 C# 코드에 포함된 foreach 반복문은 구조체를 이용해 스택에 할당하지 않고 GetEnumerator ( ) 함수로 열거자 객체를 만들어 힙에 할당한다.

유니티에 사용된 모노 플랫폼(2.6.5 버전)에서는 모든 종류의 자료구조를 구조체 대신 클래스로 처리한다. 즉 List<T>, LinkedList<T>, Dictionary<K, V>, ArrayList 등은 힙 메모리를 할당을 받는다. 하지만 일반 배열을 이용한 foreach 문은 모노 컴파일러가 자동으로 일반 for 문으로 변경시키기 때문에 foreach 문을 사용해도 추가적인 힙 메모리 할당이 일어나지는 않는다.

그런데 foreach 문에 의해 생성되는 열거자 클래스는 전체 반복 횟수와 무관하게 단 하나뿐이고 이마저도 몇 번을 반복해 사용한다. 따라서 foreach 문에 의해 발생하는 힙 메모리 할당량은 그다지 크지 않다. 그렇다고 해도 업데이트마다 foreach 문을 사용하는 것은 좋지 않다. 대부분의 소규모 프로젝트에서 foreach 문에 의한 메모리 낭비는 그다지 크지 않더라도 말이다. 따라서 기존 프로젝트의 foreach 문을 바꾸는 것은 꽤 시간 낭비다. 그보다는 다음 프로젝트부터 foreach 문을 사용하지 않는 게 바람직하다.

만약 개발자가 C#과 비주얼 스튜디오, 모노 어셈블리를 이용해 수동으로 컴파일하는 데 익숙하다면 비주얼 스튜디오의 코드 컴파일을 통해 일반 자료구조의 위 에러를 수정하고 그 결과를 DLL로 에셋 폴더에 복사해 놓는 방식을 이용해도 된다.

일반적으로 Transform의 구성 요소에 대해 foreach 문을 사용하는 것은 Transform의 멤버들을 수정하는 지름길로 알려져 있다. 다음 예시를 보자

```
foreach (Transform child in transform) {
    // 멤버들에 무언가를 할 것
}
```

하지만 방금 배웠듯 이와 같은 코딩은 힙 메모리 할당을 발생시킨다. 따라서 힙 메모리 할당을 피하려면 다음과 같은 스타일로 코딩하는 게 좋다.

```
for (int i = 0; i < transform.childCount; ++i) {
    Transform child = transform.GetChild(i);
    // 멤버들에 무언가를 할 것
}
```

7.2.6 코루틴

일반적인 코루틴은 메모리 사용량이 적은 편이다. 그런데 yield가 되지 않으면 메모리 사용량이 늘어날 수 있다. 따라서 메모리 사용량이 과하게 많고 너무 많은 가비지 컬렉션이 발생하고 있다면 잠시 사용하던 코루틴을 줄이고 가급적 실행 중에 StartCoroutine( )을 너무 많이 쓰지 않도록 주의해야 한다.

7.2.7 클로저

클로저는 유용하지만 위험하다. 모든 익명 함수와 람다 표현이 클로저는 아니지만 일부 익명 함수와 람다 표현은 클로저가 될 수 있다. 특정 표현이 클로저인지는 함수가 지역의 범위를 벗어난 자료나 인자를 사용하는지에 따라 결정된다.

예컨대 다음의 익명 함수는 여타의 함수와 마찬가지로 인자로 받아들인 지역 변수의 범위 안에서 동작하기 때문에 클로저가 아니다.

```
System.Func<int, int> anon = (x) => { return x; };
int result = anon(5);
```

하지만 다음과 같이 지역 변수 범위에서 벗어난 자료는 클로저[07]다.

```
int i = 1024;
System.Func<int, int> anon = (x) => { return x + i; };
int result = anon(5);
```

컴파일러는 함수 외부의 변수 i를 참조 가능한 클래스로 변환한다. 해당 클래스는 실행 중에는 객체가 돼 힙에 할당되고, 이렇게 힙에 할당된 객체를 익명 함수가 읽는다. 그러면 원래 값 형식으로 만들어진 int i는 힙 대신 스택을 이용하는 값 형식의 장점을 잃게 된다.

---

07 옮긴이주_ 클로저란 이름 자체가 자유 데이터가 함수에 갇혀 있다는 뜻에서 왔다.

7.2.8 닷넷 라이브러리 함수

닷넷 라이브러리는 개발자의 일상적인 다양한 문제 해결을 돕는 함수 모음이다. 대부분 닷넷 라이브러리 클래스/함수들은 일반 용도에 최적화돼 있는데, 때로는 특정 상황에 최적화한 함수보다 성능이 떨어질 수 있다. 따라서 특정 상황에 더 잘 맞는 개인 함수로 닷넷 라이브러리의 함수를 대체해 성능 향상을 꾀할 수도 있다.

몇 가지 닷넷 라이브러리는 최적화를 고심하지 않고 빠르고 쉬운 해법만을 강조한 나머지 전체적인 성능 저해의 원인으로 이 되기도 한다. LINQ 기능과 정규 표현식^{Regular Expression} 기능이 대표적인 예다.

LINQ는 배열을 작은 DB로 취급해 SQL처럼 query를 사용할 수 있게 해준다. 코딩은 간단해지는 반면, 기저부는 매우 복잡해진다. LINQ는 (클로저를 사용하기 때문에) 결과적으로 쓸데없는 과부하가 걸리기 때문에 사용이 간편하나 성능 향상을 원한다면 사용을 피해야 한다. 추가로 JIT 컴파일을 지원하지 않는 iOS 같은 플랫폼에서도 LINQ를 사용할 수 없다.

Regex 클래스를 이용한 정규 표현식은 복잡한 문자열을 다양한 표현으로 나누거나 다양한 입력 값을 문자열로 바꾸는 데 사용된다. 정규 표현식은 매우 유용하지만 언어 현지화 등에서 불필요하게 자주 사용되는 경향이 있다. 때로는 직접 문자열을 바꾸는 것이 더 '현명'할 때도 있다.

이 두 기능의 최적화를 말하려면 이들 주제로 책을 내야 할 정도라 여기서는 더 이야기하지 않겠다. 단지 두 기능을 가능하면 사용하지 말고 좀 더 간단한 기능을 쓰자. 그도 아니면 LINQ나 정규 표현식을 잘 아는 고수에게 문제 해결을 부탁하거나 구글링을 통해 최적화를 하기 바란다.

7.2.9 임시 작업 버퍼

만일 임시 작업 버퍼를 만들어 자료들을 옮기는 방법을 주로 써왔다면 작업 버퍼를 필요할 때마다 새로 만들지 말고 기존의 작업 버퍼를 재사용해보자. 작은 크기의 작업 버퍼를 클래스마다 만들기보다는 일반 전역 클래스로 거대한 작업 버퍼 하나를 두는 식으로 버퍼의 재사용성을 높이는 것이다.

7.2.10 객체 풀링

객체 풀링은 메모리 해제와 재할당을 하지 않는 방향으로 메모리를 관리하는 기법이다. 이 방식은 생성된 객체가 필요하지 않을 때 해제하고 필요할 때 새로운 객체를 만들어 할당하지 않고 한번 만들어진 객체를 보이거나 숨기는 식으로 메모리를 관리한다.

잠시 객체 풀링의 예제를 살펴보기로 하자.

가장 먼저 객체가 자기 자신을 어떻게 재활용할지 결정해야 한다. 다음의 인터페이스는 재활용에 쓸 수 있는 함수를 만든다.

```
public interface IPoolableObject {
    void New();
    void Respawn();
}
```

해당 인터페이스는 New ( )와 Respawn ( )이라는 멤버 함수를 정의한다. 처음 만들어질 때는 New ( ), 재활용될 때는 Respawn ( )을 사용한다.

다음 ObjectPool 클래스 정의는 객체 풀링의 개념을 상당히 단순하게 구현한 것이다. 두 가지 기준(IPoolableObject(바로 앞 예제의 인터페이스)와 인자 없는 생성자(클래스에 new ( ) 정의된))에 맞는 객체 유형을 지원하기 위해 제너릭을 사용했다.

```
public class ObjectPool<T> where T : IPoolableObject, new() {
    private Stack<T> _pool;
    private int _currentIndex = 0;
    public ObjectPool(int initialCapacity) {
        _pool = new Stack<T>(initialCapacity);
        for (int i = 0; i < initialCapacity; ++i) {
            Spawn(); // N 객체 풀에서 인스턴스화
        }
        Reset();
    }

    public int Count {
        get { return _pool.Count; }
    }
    public void Reset() {
        _currentIndex = 0;
    }
    public T Spawn() {
        if (_currentIndex < Count) {
            T obj = _pool.Pop();
            _currentIndex++;

            IPoolableObject ip = obj as IPoolableObject;
            ip.Respawn();

            return obj;
        }
        else {
            T obj = new T();
            _pool.Push(obj);
            _currentIndex++;

            IPoolableObject ip = obj as IPoolableObject;
```

```
            ip.New();
            return obj;
        }
    }
}
```

이 코드는 New( )와 Respawn( )이 이식된 Poolable 객체의 예다. New( )와 Respawn( )은 public 멤버 함수로 적당한 시점에서 ObjectPool에 의해 호출된다.

```
public class TestObject : IPoolableObject {
    public void New() {
        // 최초의 인스턴스화하는 곳
    }
    public void Respawn() {
        // 이후 다시 불려올 때 데이터를 초기화하는 곳.
    }
}
```

마지막으로 풀링 기능을 적용한 100개의 TestObject 객체를 만들어보자.

```
private ObjectPool<TestObject> _objectPool = new ObjectPool<TestObject>(100);
```

먼저 _objectPool 객체의 Spawn( ) 함수가 100번 호출되면 기존 생성된 객체를 재활용해 호출자에 반환된다. 이때 스택 공간이 부족하면 더 많은 TestObject 객체가 스택에 추가된다. 마지막으로 _objectPool에서 Reset( ) 함수가 호출되면 이 모든 작업은 처음으로 돌아가서 다시 객체들을 재활용해 호출자에게 반환한다.

지금 만든 풀링 솔루션은 직접 정의하지 않거나 상속시킬 수 없는 Vector3나 Quaternion 같은 클래스에 적용할 수는 없다. 해당 클래스에 풀링 솔루션을 정의하려면 이 클래스를 멤버로 가진 클래스를 정의한 후 적용해야 한다.

```
public class PoolableVector3 : IPoolableObject {
    public Vector3 vector = new Vector3();

    public void New() {
        Reset();
    }

    public void Respawn() {
        Reset();
    }

    public void Reset() {
        vector.x = vector.y = vector.z = 0f;
    }
}
```

객체 풀링 시스템은 다양한 방법으로 응용할 수 있다. 객체 파괴를 담당하는 Despawn() 함수를 정의해 IDisposable 인터페이스와 블록으로 자동으로 숨기기/재활용을 하도록 할 수도 있고, 풀 밖에서 인스턴스화된 객체들을 풀에 넣게 할 수도 있다.

7.3 Prefab 풀링

이전의 풀링 시스템은 일반 클래스에만 적용할 수 있고 GameObject와 Mono Behaviour 같은 유니티 자체 객체들에는 적용할 수 없었다. 한데 GameObject 와 MonoBehaviour 같은 유니티 자체 클래스는 대량의 메모리를 요구 하기 때문에 만들고 지우는 데 대량의 CPU 자원이 들고 대량의 가비지 컬렉션을 일으킬 가능성도 높다. 이 문제를 한꺼 번에 해결한 방법이 프리팹 풀링Prefab Pooling이다. Prefab 풀링은 다른 풀링 기법과 마찬가지로 씬 초기화 과정에서 대량의 객체를 생성하고 생성된 객체를 메모리에 숨긴 상태로 두다가 호출이 있을 때 해당 객체의 숨김 상태를 해제한다. 결과적으로 Prefab 풀링은 초기화 과정에서 대량의 CPU 부하와 메모리 자원 소모, 가비지 컬렉션 발생을 줄여준다.

직접 Prefab 풀링을 만들기 어렵다면 에셋 스토어에서 다양한 Prefab 풀링 솔루션들을 구입해 사용할 수 있다.

그러나 풀링 시스템을 바닥에서부터 직접 만들어 보면 유니티 엔진을 이해하는 데 큰 도움이 된다. 미리 만들어진 시스템을 이용하기보다는 개발 중인 게임에 더욱 적합한 풀링 시스템을 만들 수도 있다. 지금부터는 Prefab의 기본 개념을 살펴보고 실제 활용 가능한 풀링 시스템을 만들어본다.

Prefab 풀링 시스템에 대한 기본 아이디어는 같은 Prefab 참조를 기반으로 인스턴스화된 모든 GameObjects 목록을 관리하는 시스템을 만들어 활성화 상태와 무관하게 관리하는 것이다. [그림 7-4]의 다이어그램은 4개의 서로 다른 Prefab을 상속받은 객체(오크, 트롤, 오거 그리고 드래곤)를 관리하는 Prefab 풀링 시스템이다.

그림 7-4 Prefab 풀링 시스템 예

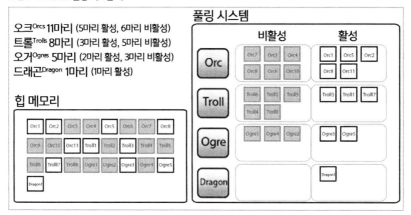

[그림 7-4]에서 왼쪽의 힙 메모리 부분은 메모리상의 객체를, 오른쪽 풀링 시스템은 힙 메모리상의 객체를 참조한 객체들을 보여주고 있다.

[그림 7-4]는 11마리의 오크와 8마리의 트롤, 5마리의 오거와 1마리 드래곤이 인스턴스화돼 있다. 그 중 11개 객체는 활동 중이고 14개 객체는 비활성화돼 있다. 이때 비활성화된 객체들은 화면상에 나타나지는 않지만 메모리에서 해제되지 않고 유지되고 있다. 이를 통해 객체의 생성과 소멸로 인한 CPU 부하를 최소화하고 가비지 컬렉션도 피한 것이다.

[그림 7-5]는 오크 한 마리를 새로 활성화하는 과정이다.

그림 7-5 오크 한 마리를 새로 활성화하는 과정

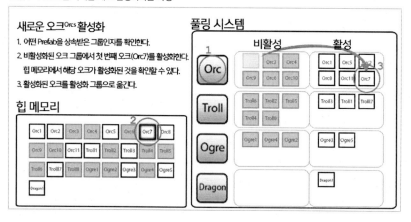

1. 어떤 Prefab을 상속받은 그룹인지를 확인한다.

2. 비활성화된 오크 그룹의 첫 번째 객체를 활성화한다. 힙 메모리에서 해당 객체가 활성화된 것을 확인할 수 있다.

3. 활성화된 오크를 활성화 그룹으로 옮긴다.

오크 풀에서 비활성화된 객체 중 첫 번째 객체(7번 오크)가 다시 활성화되면서 활성화 풀로 옮겨진다. 이제 활성화된 오크는 6마리, 비활성화된 오크는 5마리다.

[그림 7-6]은 오거 객체 하나를 비활성화하는 과정이다.

그림 7-6 오커 한 마리 비활성화하기

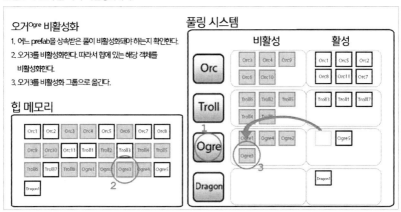

1. 어느 Prefab을 상속받은 풀이 비활성화돼야 하는지 확인한다.

2. 오거3를 비활성화한다. 따라서 힙에 있는 해당 객체도 비활성화된다.

3. 오거3를 비활성화 그룹으로 옮긴다.

이번에는 활성화 풀에 있던 오거 하나를 비활성화 풀로 옮겨 활성화된 오거 1마리
와 비활성화된 오거 4마리가 남았다. [그림 7-7] 다이어그램은 비활성화된 그룹에
필요한 객체가 없을 때 새로운 객체를 생성하고 활성화하는 과정이다.

그림 7-7 새로운 객체를 생성하고 활성화하는 과정

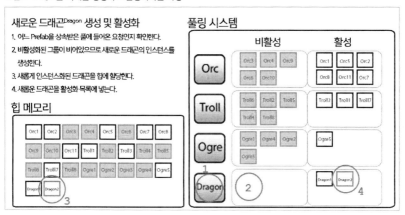

1. 어느 Prefab을 상속받은 풀에 들어온 요청인지 확인한다.

2. 비활성화된 그룹이 비어있으므로 새로운 드래곤의 인스턴스를 생성한다.

3. 새롭게 인스턴스화한 드래곤을 힙에 할당한다.

4. 새롭게 만든 드래곤을 활성화 목록에 넣는다.

이 시나리오에서는 준비되지 않은 드래곤을 위해 추가적인 메모리를 할당해야 한다. 따라서 실행 중에 GameObjects를 추가적인 메모리에 할당하지 않는 애초의 목적을 달성하려면 처음부터 필요한 만큼의 객체를 미리 생성해놓아야 한다. 객체마다, 상황마다 적당한 객체의 숫자가 다르기 때문에 테스트와 디버깅을 통해 실행 중에 총 얼마만큼의 객체들이 필요한지 확인해야 한다.

이러한 사항들을 기억하고 지금부터는 Prefab 풀링 시스템을 실제로 만들어보자.

7.3.1 풀링 가능한 구성 요소

가장 먼저 풀링이 가능한 구성 요소의 인터페이스를 정의해보자.

```
public interface IPoolableComponent {
    void Spawned();
    void Despawned();
}
```

이 코드의 IPoolableComponent는 IPoolableObject과 많은 차이가 있다. GameObject는 많은 부분을 유니티 엔진에서 미리 처리하기 때문에 일반 객체들보다 직접 제어할 수 있는 부분이 적다.

가장 먼저 GameObject는 New ( ) 함수에 접근할 수 없다. 다른 클래스로부터 해당 멤버 함수를 상속 받지도 못한다. GameObject를 인스턴스화하기 위해서는 씬에 물체를 생성하거나 실행 중에 위치와 회전값만을 넣을 수 있는 GameObject. Instantiate ( ) 함수를 실행해야 한다. 물론 GameObject의 구성 요소 중 처음 호출됐을 때 함께 호출되는 Awake( ) 함수를 통해 값을 설정할 수도 있지만, 이는 특정 구성 요소만 설정할 수 있을 뿐, GameObjects 전체를 활성화 또는 비활성화 할 수 있는 것은 아니다.

GameObject 전체에 IPoolableComponent 인터페이스를 직접 이식하는 것은 불가능하다. 이 때문에 IPoolableComponent는 풀에 넣고 싶은 GameObject의 구성 요소 중 '최소한 하나'에 이식해야 한다.

결국 Spawned( )는 풀링된 GameObject가 재활성화될 때마다 모든 구성 요소에서 한번씩 불러와야 한다. 이와 반대로 비활성화될 때는 Despawned( ) 함수가 호출돼야 한다. 여기가 바로 GameObject의 생성 및 소멸 시 멤버들을 제어하고 처리할 행동을 설정할 시작점이다.

GameObject를 비활성화하는 것은 간단하다. SetActive( ) 함수를 이용해서 액티브 상태를 false로 바꾸면 된다. 액티브 상태를 false로 바꾸는 것만으로 모든 충돌체와 물리 객체가 물리 시스템과 렌더링 시스템에서 제거되는 등 유니티 엔진 자체의 모든 하부 시스템에서 한번에 상호작용을 정지한다. 물론 2장 스크립팅 전략에서 다뤘듯 코루틴은 Update( )와 GameObject들의 활동과 무관하게 동작한다. 따라서 GameObject 비활성화 과정에서 해당 객체를 사용하고 있던 코루틴은 StopCoroutine( )나 StopAllCoroutines( ) 함수로 잠시 멈춰야 한다.

추가로 Despawn( ) 함수는 자체적으로 만든 하위 시스템과 구성 요소 간의 연결도 끊어줘야 한다. 예를 들어 2장 스크립팅 전략에서 만든 메시지 시스템의 연결은 Despawn( ) 함수로 해제해야 한다.

불행하게도 GameObject를 재활성화하는 과정은 이보다 더 복잡하다. 여타의 조치를 취하지 않은 채 비활성화된 객체를 다시 활성화하면, 기존 객체가 가지고 있던 값이 그대로 사용되기 때문이다. 예를 들면 값 수정이 없이 다시 활성화된 객체는 비활성화되기 직전의 위치에서 비활성화되기 직전의 속도로 움직이게 된다.

이 문제는 유니티 엔진 자체의 구성 요소들이 잠겨 있어 내부를 살펴보거나 이들을 상속을 받을 수 없기 때문에 더욱 심각하다. 따라서 다음 코드와 같이 비활성화할 때는 물리 객체를 직접 재설정하는 코드를 넣어두어야 한다.

```
public class ResetPooledRigidbodyComponent : MonoBehaviour,
IPoolableComponent {
    Rigidbody _body;
    public void Spawned() { }
    public void Despawned() {
        if (_body == null) {
            _body = GetComponent<Rigidbody>();
            if (_body == null) {
                // 물리 객체가 없으니 그냥 끝내면 됨
                return;
            }
        }
        _body.velocity = Vector3.zero;
        _body.angularVelocity = Vector3.zero;
    }
}
```

이렇게 특정한 값을 재설정하기 가장 좋은 시기는 GameObject가 비활성화될 때다. 이는 여러 구성 요소에 이식된 IPoolableComponent 중 어느 것이 가장 먼저 Spawned() 함수를 호출할지 확신할 수 없기 때문이다. 물론 보통의 경우 다른 구성 요소에 의해 값이 바뀌진 않지만 특정한 값에 의존적인 구성 요소가 있고, 의존적인 구성 요소의 Spawned() 함수가 값의 재설정 이전에 호출됐다면 해당 구성 요소는 비활성화 시기의 값을 가지고 동작할 것이다. 따라서 값을 비활성화 시기에 미리 재설정하는 것이 가장 안전하다.

> **TIP**
>
> 값을 직접 받지 않고 다른 구성 요소로부터 얻는 구성 요소는 풀링 가능한 구성 요소를 만드는 데 가장 큰 위험 요소다. 풀링 가능한 구성 요소를 게임에 이식하기 위해서는 다른 구성 요소로부터 값을 얻는 구성 요소 사용을 최소화하고 디버깅을 통해 주기적으로 값에 이상이 없는지 확인해야 한다.

다음은 '2장 스크립팅 전략'에서 만든 `TestMessageListener` 클래스에서 이용할 수 있는 풀링 가능 구성 요소의 예다. 이 구성 요소는 객체가 활성화되고 비활성화될 때 기본적인 작업을 자동으로 수행한다.

```
public class PoolableTestMessageListener : MonoBehaviour, IPoolableComponent
{
    public void Spawned() {
        MessagingSystem.Instance.AttachListener(typeof(MyCustomMessage),
        this.HandleMyCustomMessage);
    }
    bool HandleMyCustomMessage(BaseMessage msg) {
        MyCustomMessage castMsg = msg as MyCustomMessage;
        Debug.Log(string.Format("Got the message! {0}, {1}", castMsg._intValue,
        castMsg._floatValue));
        return true;
    }
    public void Despawned() {
        if (MessagingSystem.IsAlive) {
            MessagingSystem.Instance.DetachListener(typeof(MyCustomMessage),
            this.HandleMyCustomMessage);
        }
    }
}
```

7.3.2 Prefab 풀링 시스템

이제 제작하려는 풀링 시스템에 필요한 것들을 이해했으니 이제 직접 만들어보자. 다음은 풀링 시스템에 필요한 요구 조건들이다.

Prefab으로부터 GameObject가 생성되면 위치와 회전값을 초기화할 수 있어야 한다.

- 비활성화된 같은 GameObject가 있다면 해당 GameObject를 재활성화해야 한다.
- 비활성화된 같은 GameObject가 없으면 Prefab으로부터 새로운 GameObject를 인스턴스화해야 한다.
- 어느 쪽이든 GameObject에 연결된 모든 IPoolableComponent가 Spawned() 함수를 호출해야 한다.

풀링 시스템에서 관리하는 GameObject에 대한 비활성 요청을 처리할 수 있어야 한다.

- 풀링 시스템에 의해 관리되는 GameObject 요청이 들어오면 GameObject에 연결된 모든 IPoolableComponent 인터페이스에서 Despawned() 함수를 호출할 수 있어야 한다.
- 요청된 객체가 풀링 시스템에서 관리되지 않는다면 에러를 반환해야 한다.

풀링 시스템에 필요한 요구 조건은 직관적이지만, 성능에 영향을 주지 않게 하는 것은 매우 어렵다. 풀링 시스템은 전역에서 접근할 수 있어야 하므로 싱글턴 패턴을 적용했다.

```
public static class PrefabPoolingSystem {
}
```

활성화 작업의 주 업무는 Prefab을 참조해 해당 Prefab의 인스턴스가 이미 풀링 시스템에 있는지, 비활성화된 상태로 대기 중인지 알 수 있어야 한다. 따라서 풀링 시스템은 같은 Prefab으로 만든 인스턴스의 활성화 목록과 비활성화 목록 총 2개의 목록을 관리해야 한다. 이 목록을 관리하는 클래스는 따로 추상화해 PrefabPool이라는 클래스를 만들었다.

풀링 시스템을 통해 최대 성능 향상을 얻기 위해서는 가능한 한 빠른 자료구조를 PrefabPool에 사용해야 한다.

먼저 활성화 과정에서는 Prefab을 조사해 PrefabPool로 집어넣을 수 있어야 하고, 비활성화 과정에서는 이미 활성화된 GameObject를 PrefabPool로 되돌릴 수 있는 또 다른 자료구조가 필요하다. 사전^{Dictionary}형이 이 모두를 만족하는 제일 나은 선택이었다.

이 자료구조들을 풀링 시스템에 정의한다.

```
public static class PrefabPoolingSystem {
    static Dictionary<GameObject, PrefabPool> _prefabToPoolMap = new
    Dictionary<GameObject, PrefabPool>();
    static Dictionary<GameObject, PrefabPool> _goToPoolMap = new
    Dictionary<GameObject, PrefabPool>();
}
```

다음으로는 객체를 활성화할 때 무엇을 해야 하는지 정의한다.

```
public static GameObject Spawn(GameObject prefab, Vector3 position,
Quaternion rotation) {
    if (!_prefabToPoolMap.ContainsKey(prefab)) {
        _prefabToPoolMap.Add(prefab, new PrefabPool());
    }
    PrefabPool pool = _prefabToPoolMap[prefab];
    GameObject go = pool.Spawn(prefab, position, rotation);
    _goToPoolMap.Add(go, pool);
    return go;
}
```

여기서 Spawn ( ) 함수는 참조된 prefab에게 초기 위치와 회전값을 전달한다. 만일 여러 개의 PrefabPool이 있다면 그 중 어느 풀에 해당 prefab이 속하는지 확인한 후 주어진 정보를 이용해 GameObject를 활성화해 요청자에게 돌려준다.

보통 가장 먼저 'Prefab-to-Pool' 맵을 확인해 풀 속에 이미 해당 prefab이 있는지 확인하고, 맵에 해당 prefab 항목이 없다면 하나를 생성한다. 이후 PrefabPool은 요청받은 prefab으로 만든 GameObject들을 확인해 비활성화된 GameObject가 있다면 활성화한 후 반환하고 비활성화 상태의 GameObject가 없다면 새로운 GameObject를 인스턴스화해 반환한다.

사실 지금 만들고 있는 이 클래스는 이러한 과정들을 크게 신경 쓰지 않는다. 이 클래스는 단지 PrefabPool에 의해 만들어져 'GameObject-to-Pool' 맵에 들어가고 요청자에게 반환될 뿐이다.

편의상 객체의 좌표를 월드 좌표의 중앙으로 고정하는 오버로딩 함수를 정의해 사용해도 된다. (눈에 보이지 않고 어딘가에 존재하기만 하면 되는 GameObject에 유용하게 사용할 수 있다.)

```
public static GameObject Spawn(GameObject prefab) {
    return Spawn(prefab, Vector3.zero, Quaternion.identity);
}
```

> **TIP**
>
> 지금까지는 활성화 및 비활성화가 실제로 한 번도 일어난 적이 없었다는 점을 기억하자. 지금까지 만든 함수와 클래스들은 차후 PrefabPool에 의해 처리될 때까지는 아직 아무런 동작도 하지 않는다.

비활성화하려면 GameObject와 해당 GameObject를 관리하는 PrefabPool을 알아내야 한다. 보통은 PrefabPool을 반복문에 넣어 원하는 GameObject를 관리하는지 확인한다. 그러면 prefab마다 하나의 PrefabPool을 만들어야 하기 때문에 수십, 수백, 수천의 PrefabPool을 가장 빠르게 반복시킬 자료구조가 필요하다.

다행히 처음에 만든 GameObject-to-Pool 맵은 이미 활성화된 PrefabPool에 빠르게 접근할 수 있다. 이 맵은 심지어 주어진 GameObject가 풀링 시스템으로 관리되고 있는지도 빠르게 확인할 수 있다. 다음은 지금까지 살펴본 기능들을 직접 구현한 Despawn( ) 함수의 예다.

```
public static bool Despawn(GameObject obj) {
    if (!_goToPoolMap.ContainsKey(obj)) {
        Debug.LogError(string.Format("Object {0} not managed by pool system!",
obj.name));
        return false;
    }

    PrefabPool pool = _goToPoolMap[obj];
    if (pool.Despawn(obj)) {
        _goToPoolMap.Remove(obj);
        return true;
    }
    return false;
}
```

> **TIP**
>
> PrefabPoolingSystem과 PrefabPool의 Despawn( ) 함수는 둘다 참과 거짓 값을 반환해 객체가
> 제대로 비활성화됐는지 알려준다.

미리 만들어둔 2개의 맵 자료구조 덕분에 주어진 참조 자료를 관리하는 PrefabPool에 빠르게 접근할 수 있다. 속도는 (n)으로 늘어날 것이다.

7.3.3 Prefab Pools

원하는 Prefab Pools을 자동 관리하는 시스템을 만들었으니 이제는 풀을 정의할 차례다. 앞서 언급했다시피 PrefabPool 클래스는 주어진 Prefab으로부터 인스턴스화된 객체 중 활동 중인 객체의 자료구조와 비활성화된 객체의 자료구조가 모두 필요하다.

기술적으로 PrefabPoolingSystem 클래스가 이미 어떤 prefab이 어떤 PrefabPool에 의해 관리되고 있는지 알고 있다. 그러므로 PrefabPool을 PrefabPoolingSystem의 하부 구조로 만들면 해당 PrefabPool이 어떤 prefab을

관리하는지 알 수 있어 메모리를 절약할 수 있다. 결론적으로 PrefabPool이 유지 해야 하는 멤버 변수는 2개의 데이터 구조뿐이다.

하지만 활성화된 GameObject마다 해당 GameObject에 연결된 IPoolable Component 목록을 가지고 있어야 Spawned( ) 함수와 Despawned( ) 함수를 IPoolableComponent에서 실행할 수 있다. 이러한 목록을 실행 중에 가중되는 부하가 부담스럽기 때문에 간단한 구조체에 데이터를 캐시로 넣어두자.

```
public struct PoolablePrefabData {
    public GameObject go;
    public IPoolableComponent[] poolableComponents;
}
```

이 구조체는 GameObject에 대한 참조와 미리 캐시한 IPoolable Components 목록을 가지고 있다.

자 이제부터는 PrefabPool 클래스의 멤버변수를 정의해보자.

```
public class PrefabPool {
    Dictionary<GameObject, PoolablePrefabData> _activeList = new
    Dictionary<GameObject, PoolablePrefabData>();
    Queue<PoolablePrefabData> _inactiveList = new Queue<PoolablePrefabData>();
}
```

이미 언급했듯 활성화 목록은 주어진 GameObject에 맞는 PoolablePrefab Data를 빠르게 살펴볼 수 있는 Dictionary 자료구조로 만드는 게 가장 적합하다. 이는 비활성화 시에도 유용하다.

비활성 객체에 적합한 자료구조는 queue다. 사실 리스트[list]든 스택이든 상관이 없다. 비활성화된 객체들을 활성화할 때는 자료구조에서 하나의 자료를 회수하고 제거할 수 있으면 되기 때문이다.[08] 단지 queue는 한번 호출로 자료를 회수하고 제거할 수 있어(편의성 때문에) 선택했다.

7.3.4 객체 활성화

현재 개발 중인 풀링 시스템에서 GameObject를 활성화한다는 의미가 무엇인지 정의해보자. prefabPool에서 특정 GameObject를 prefab을 이용해 특정한 위치와 회전 값을 가지고 활성화하라는 요청이 있다고 가정해보자. 가장 먼저 할 일은 해당 prefab으로 만들어진 비활성화된 인스턴스가 있는지 확인하는 것이다. 만일 있다면 비활성화된 queue에서 하나를 골라 제거하고 다시 활성화한다. 없다면 해당 prefab으로부터 GameObject.Instantiate()를 사용해 새로운 GameObject를 인스턴스화해야 한다. 이 과정에서 GameObject의 참조를 저장할 PoolablePrefabData 객체와 해당 GameObject에 연결된 모든 IPoolableComponents 관련 목록을 만들어야 한다.

일련의 과정 이후 실제로 GameObject를 활성화할 수 있다. 위치와 회전값을 주고 모든 IPoolableComponents 구성 요소들의 Spawned() 함수를 호출한다. 객체가 재생성된 이후에는 활동 중인 객체의 리스트에 이를 넘기고 요청자에게 반환하면 된다.

이를 정의하면 다음의 Spawn()와 같다.

```
public GameObject Spawn(GameObject prefab, Vector3 position, Quaternion
rotation) {
    PoolablePrefabData data;
    if (_inactiveList.Count > 0) {
        data = _inactiveList.Dequeue();
    } else {
        // 새 객체 생성
        GameObject newGO = GameObject.Instantiate(prefab, position, rotation)
```

08 옮긴이주_ 모든 자료구조들에 들어있는 기능이다.

```
        as GameObject;
        data = new PoolablePrefabData();
        data.go = newGO;
        data.poolableComponents = newGO.GetComponents<IPoolableComponent>();
    }

    data.go.SetActive(true);
    data.go.transform.position = position;
    data.go.transform.rotation = rotation;
    for (int i = 0; i < data.poolableComponents.Length; ++i) {
        data.poolableComponents[i].Spawned();
    }
    _activeList.Add(data.go, data);

    return data.go;
}
```

7.3.5 인스턴스 미리 활성화

풀에 남아있는 인스턴스 객체가 없을 때는 `GameObject.Instantiate()`를 통해 새로운 객체를 인스턴스화해야 한다. 이 때문에 풀링 시스템이 실시간 객체 인스턴스화와 힙 메모리 할당을 완전히 없애지는 못한다. 하지만 풀링 시스템의 목적이 실행 중에 객체 인스턴스화를 최소화하는 것인 만큼 씬 초기화 시점에 필요한 객체들을 충분히 생성해 풀에 할당하는 게 좋다.

> **TIP**
>
> 한번에 서너 개만 등장하는 폭발 파티클 이펙트 객체를 100개나 생성하는 것은 낭비다. 이와 반대로 필요한 개수보다 너무 적은 객체를 미리 생성하는 것 또한 실행 중에 객체 생성을 최소화하고자 한 풀링 시스템의 목적과 배치된다. 따라서 씬 초기화 시기에 얼마나 많은 객체를 인스턴스화하고 메모리에 올려두어야 메모리 낭비가 없을지를 잘 판단해야 한다.

`PrefabPoolingSystem` 클래스에 `prefab`으로부터 원하는 개수의 객체들을 미리 생성시킬 함수를 정의해보자. 해당 함수는 N개의 객체를 생성하는 즉시 비활성화된다.

```
public static void Prespawn(GameObject prefab, int numToSpawn) {
    List<GameObject> spawnedObjects = new List<GameObject>();

    for (int i = 0; i < numToSpawn; i++) {
        spawnedObjects.Add(Spawn(prefab));
    }

    for (int i = 0; i < numToSpawn; i++) {
        Despawn(spawnedObjects[i]);
    }

    spawnedObjects.Clear();
}
```

이 함수는 다음의 코드처럼 씬 초기화 시점에 처리되는데, 해당 스테이지에 사용될 객체들를 미리 생성한다.

```
public class OrcPreSpawner : MonoBehaviour
    [SerializeField] GameObject _orcPrefab;
    [SerializeField] int _numToSpawn = 20;
    void Start() {
        PrefabPoolingSystem.Prespawn(_orcPrefab, _numToSpawn);
    }
}
```

7.3.6 객체 비활성화

마지막으로 할 일은 객체를 비활성화하는 것이다. 지금까지 살펴봤듯 비활성화 과정에는 연결된 모든 IPoolableComponent 구성 요소에서 Despawned() 함수를 호출해 객체를 제거하는 동시에 비활성화 리스트로 옮기는 작업을 반복 수행해야 한다.

다음은 이러한 작업을 수행하는 PrefabPool 클래스의 Despawn() 함수 예다.

```
public bool Despawn(GameObject objToDespawn) {
    if (!_activeList.ContainsKey(objToDespawn)) {
        Debug.LogError("This Object is not managed by this object pool!");
        return false;
    }

    PoolablePrefabData data = _activeList[objToDespawn];

    for (int i = 0; i < data.poolableComponents.Length; ++i) {
        data.poolableComponents[i].Despawned();
    }
    data.go.SetActive(false);

    _activeList.Remove(objToDespawn);
    _inactiveList.Enqueue(data);
    return true;
}
```

함수는 가장 먼저 해당 객체가 풀에 의해 관리되는지 확인한다. 해당 객체의 PoolablePrefabData 정보를 조회해 IPoolableComponent에 대한 참조 리스트를 확인하고 모든 IPoolableComponent에서 Despawned() 함수를 호출한다. 끝으로 활성화 리스트에서 해당 객체를 제거한 후 비활성화 queue에 집어넣어 차후 재활성화되기를 기다리게 된다.

7.3.7 Prefab 풀링 테스트

다음은 지금까지 만든 PrefabPoolingSystem 클래스를 테스트하기 위한 테스트 클래스다. 이 클래스는 3개의 prefab을 가지고 5개의 인스턴스를 초기화 과정에서 미리 생성시킨다. 1, 2, 3을 누르면 각 GameObject들을 활성화하고 Q, W, E를 누르면 해당 타입의 랜덤 인스턴스를 비활성화한다.

```
public class PoolTester : MonoBehaviour {
    [SerializeField] GameObject _prefab1;
    [SerializeField] GameObject _prefab2;
    [SerializeField] GameObject _prefab3;
```

```
List<GameObject> _go1 = new List<GameObject>();
List<GameObject> _go2 = new List<GameObject>();
List<GameObject> _go3 = new List<GameObject>();

void Start() {
    PrefabPoolSystem_AsSingleton.Prespawn(_prefab1, 5);
    PrefabPoolSystem_AsSingleton.Prespawn(_prefab2, 5);
    PrefabPoolSystem_AsSingleton.Prespawn(_prefab3, 5);
}

void Update() {
    if (Input.GetKeyDown(KeyCode.Alpha1)) { SpawnObject(_prefab1, _go1); }
    if (Input.GetKeyDown(KeyCode.Alpha2)) { SpawnObject(_prefab2, _go2); }
    if (Input.GetKeyDown(KeyCode.Alpha3)) { SpawnObject(_prefab3, _go3); }
    if (Input.GetKeyDown(KeyCode.Q)) { DespawnRandomObject(_go1); }
    if (Input.GetKeyDown(KeyCode.W)) { DespawnRandomObject(_go2); }
    if (Input.GetKeyDown(KeyCode.E)) { DespawnRandomObject(_go3); }
}

void SpawnObject(GameObject prefab, List<GameObject> list) {
    GameObject obj = PrefabPoolingSystem.Spawn(prefab, Random.
    insideUnitSphere * 8f, Quaternion.identity);
    list.Add(obj);
}

void DespawnRandomObject(List<GameObject> list) {
    if (list.Count == 0) {
        // 비활성화할 객체가 없음
        return;
    }

    int i = Random.Range(0, list.Count);
    PrefabPoolingSystem.Despawn(list[i]);
    list.RemoveAt(i);
}
}
```

prefab마다 5개가 넘는 인스턴스를 활성화하려고 하면 새로운 인스턴스를 만들게 된다. 새로운 인스턴스가 만들어질 때는 당연히 추가로 힙 메모리를 할당받지만, 미리 만들어둔 객체들을 활성화하고 비활성화할 때는 새로운 힙 메모리 할당이 없다. 이는 프로파일러^{Profiler}의 메모리 창에서 확인할 수 있다.

7.3.8 Prefab 풀링과 씬 로딩

이 시스템에는 미리 밝히지 않은 단점이 하나 있다. PrefabPoolingSystem이 스태틱 클래스라서 씬이 종료된 이후에도 풀링 시스템의 사전에는 기존에 풀링된 인스턴스에 대한 참조가 그대로 남게 된다는 점이다. 한데 유니티 엔진은 씬이 종료되는 순간 DontDestroyOnLoad( ) 함수가 설정된 객체를 제외한 모든 객체의 소멸자를 호출한다. 결과적으로 해당 사전은 참조 불가능한 참조로 가득한 사전이 돼 버린다. 이는 다음 씬에서 심각한 문제를 일으킬 수 있다.

따라서 PrefabPoolingSystem이 전체 풀링 시스템을 리셋해 이런 이벤트를 방지하도록 할 멤버 함수가 필요하다. 해당 멤버 함수는 새 씬이 로드된 순간 호출돼 새 씬의 Prespawn( )을 준비해야 한다.

```
public static void Reset() {
    _prefabToPoolMap.Clear();
    _goToPoolMap.Clear();
}
```

알아둬야 할 것은 씬 전환 과정에서 가비지 컬렉션이 호출된다면 이렇게 명시적으로 PrefabPools 내부 사전들의 참조를 비울 필요가 없다는 점이다. 해당 사전은 씬의 해제와 함께 해제된 PrefabPools 객체들만을 참조하기 때문에 가비지 컬렉션에 의해 자동으로 지워진다. 이와 반대로 가비지 컬렉션이 씬 사이에 호출되지 않는다면 PrefabPools과 PooledPrefabData의 참조들은 지워지지 않는다.

7.3.9 Prefab 풀링 요약

여기까지 GameObject와 prefab에 의한 힙 메모리 할당을 줄이는 것을 살펴봤다. 먼저 풀링 시스템의 주의점에 대해 간단히 정리해보자.

- 객체를 재활성화할 때는 중요한 값을 다시 입력하는 것을 잊지 말아야 한다. (물리 객체의 속도 등)
- 필요 이상으로 너무 많이 혹은 너무 적은 prefab의 인스턴스를 미리 만들지 말아야 한다.
- IPoolableComponents의 Spawned()와 Despawned() 순서에 주의해야 한다. 다른 IPoolableComponents에 의존적인 Spawned()와 Despawned()가 있을 수 있음을 늘 주의하자.
- 씬이 로딩되는 동안에는 PrefabPoolingSystem의 Reset()을 불러 사전에 잘못된 참조들을 지워야 한다.

이외에도 시스템에 추가하면 유용한 몇몇 기능들이 있다. 이 기능들은 실습 과제로 남겨둔다.

- 현재로서는 초기화 시기에 추가된 IPoolableComponents만이 활성/비활성화 과정에서 Spawned()과 Despawned() 함수를 호출할 수 있다. 실행 중에 추가 자원을 소모하더라도 활성/비활성화 과정에서 PrefabPool이 IPoolableComponents의 변경 내역을 추적하도록 바꿀 수 있다.
- prefab의 루트 자식에 연결된 IPoolableComponents는 이 시스템의 적용을 받지 못한다. 이 문제는 PrefabPool이 GetComponentsInChildren<T>를 이용하게 수정하면 해결할 수 있다. GetComponentsInChildren<T>는 prefab이 많은 단계의 계층 구조Hierarchies로 만들어져 있는 경우 추가 자원을 소모할 것이다.
- PrefabPoolingSystem보다 먼저 만들어진 prefab 인스턴스들은 풀링 시스템에 의해 관리받지 못한다. 이러한 객체들에 사용 가능한 구성 요소를 만들고 PrefabPoolingSystem 클래스가 새로운 구성 요소가 적용된 객체들을 인식해 적절한 PrefabPool에 참조를 넘기도록 할 수도 있다.
- IPoolableComponents 간에 우선순위를 설정해 Spawned()과 Despawned() 함수 순서를 직접 제어하게 할 수도 있다.
- 객체들이 얼마나 오랫동안 비활성 상태를 유지하고 있었는지 확인할 수 있는 카운터를 만들어 씬에 유지되는 시간 대비 상대 비율을 계산하고 프로그램 혹은 씬 종료 시 출력되게 할 수 있다. 특정 prefab으로 충분히 혹은 과다하게 많은 인스턴스를 미리 만들었는지 알 수 있다.
- 이 시스템은 자동으로 prefab 인스턴스들에 DontDestroyOnLoad()를 사용하도록 만들

어져 있지 않다. 참, 거짓으로 해당 활성 객체가 유지돼야 하는지를 밝히거나 Reset ( ) 동안 제거되면 안
되는 객체 목록을 만들어보자.

- Spawn ( ) 함수를 바꿔 요청자에 넣은 인자들을 IPoolableObject 전달해 초기화한다.
  2장 스크립팅 전략에서 만든 메시징 시스템의 BaseMessage 클래스에서 상속받은 개별
  메시지 객체와 유사하게 만들면 쉬울 것이다.

7.4 유니티와 모노의 미래

우리 모두 알다시피 유니티는 http://www.mono-project.com에서 찾을 수
있는 최신 버전의 모노 프로젝트 코드로 만들어지지 않았다. 대신 내부적으로 몇
가지 버그를 수정한 자체 버전의 모노 프레임워크를 사용하고 있다.

> **TIP**
>
> 유니티 모노 깃허브[09]에서 유니티를 만드는데 사용된 모노를 확인할 수 있다.

모노 프레임워크 구성 요소들이 서로 다르게 라이선스돼 있기 때문에 유니티의 모
노 프레임워크가 자주 업데이트되고 있지는 않다. 유니티 4가 발표되면서 내부 모
노 프레임워크 버전이 2.6으로 업데이트됐고, 2010년 중반쯤 2.6.5로 업데이트되
며 닷넷 2.0/3.5를 지원하게 됐다. 그 이후로는 유니티 모노 프레임워크가 업데이
트되지 않고 있다. 2015년 5월 발표된 닷넷 4.5 기능을 지원하는 모노 최종 버전에
비하면 약 5년 정도 뒤처진 C#과 닷넷 프레임워크 기능을 사용하고 있는 것이다.

유니티 테크놀로지스Unity Technologies는 유니티 6가 나오기 전에 모노 프레임워크를
업그레이드하겠지만 2015년 9월 유니티 5.2가 나온 때 까지도 모노 프레임워크
업데이트가 이뤄지지 않고 있다. 따라서 대체 언제 모노 프레임워크가 업그레이드
돼 혜택을 누릴 수 있을지 알 수 없다. 유니티 테크놀로지스에서는 라이선스 문제

---

09 https://github.com/Unity-Technologies/mono/

로 어려움을 겪는 모노 대신 마이크로소프트와 일부 닷넷 프레임워크의 기능에 대한 협상을 직접하고 있다고 한다. (향상된 static, JIT, 그리고 AOT 컴파일러와 CLR 등)

TIP

마이크로소프트에서 발표한 닷넷 프레임의 미래를 MSDN 블로그[10]에서 볼 수 있다.

한편 유니티 테크놀로지스에서는 이러한 서드파티 의존성을 해결하기 위해 노력하고 있다. 유니티 5 버전에서는 WebGL 기반의 유니티 프로그램을 위한 향상된 새로운 컴파일 방식을 추가했다. 이러한 노력의 일환으로 IL2CPP가 유니티에 적용됐다.

TIP

IL2CPP에 대해서는 유니티 테크놀로지스의 IL2CPP 발표 자료[11]를 참고하자.

IL2CPP는 Intermediate Language To C++(C+로 만드는 중간 단계 언어)의 약자로, 기존 닷넷 프레임워크처럼 다양한 플랫폼에서 사용할 수 있다. IL2CPP에 대한 아이디어의 핵심은 C#의 스크립트 코드를 중간 단계 언어로 바꾼 후 다시 C++로 컴파일하는 것이다. 빌드 과정 중 만들어진 C++ 코드는 원하는 플랫폼의 컴파일러를 통해 해당 플랫폼에 맞는 코드로 변환해 멀티 플랫폼을 지원함으로써 실행 중에 컴파일을 해야 하는 부담을 덜었다.

이러한 과정은 다양한 '코드 필터'를 통해 최적화하기 때문에 사용자는 알 수 없고 손을 댈 수도 없다. 고급 개발자에게 컴파일 과정에 개입할 여지를 줄지는 아직 확정된 바는 없다. 에디터의 경우 빠른 개발 프로세스를 위해 변함없이 C# 닷넷으로 구성될 전망이다.

---

10 http://blogs.msdn.com/b/dotnet/archive/2014/04/03/the-next-generation-of-net.aspx
11 http://blogs.unity3d.com/2014/05/20/the-future-of-scripting-in-unity/

이 기술의 가장 큰 장점은 성능이다. (JIT로 만든 유사 네이티브 코드는 완전 네이티브 C++ 코드보다는 확실히 느릴 것이다.) 이를 통해 더 빠른 포팅, 더 빠르고 유연한 유니티 엔진 기능 개발, 더 나은 가비지 컬렉션이 가능해진다. 아직 IL2CPP가 적용된 플랫폼은 웹GL뿐이지만 안정화되면 더 많은 플랫폼에 적용될 전망이다.

> **TIP**
>
> IL2CPP에 대한 더 자세한 정보는 유니티 테크놀로지스 블로그에서 찾아볼 수 있다. IL2CPP 소개 글[12]에서는 IL2CPP에 대한 다양한 정보와 많은 참고 링크를 확인할 수 있다.

유니티 테크놀로지스가 유니티용 C++ API를 제공하지 않는 이유는 무엇일까? 공식적인 답변은 없지만 추측해보면 C++에 익숙하지 않은 사용자가 유니티를 사용하고 있고 C#과 유니티 스크립트를 지원하지 않는 유니티 엔진은 지금의 유니티와 전혀 다른 제품이 될 가능성이 높아서 일 것이다. 즉, 사용자 층을 둘로 나누고 둘 중에 한 쪽 사용자 층만 돈이 되고 다른 쪽에서는 별다른 이득을 남지 않는 상황에 놓이게 될 가능성이 높은 것이다. 흥미로운 것은 확장팩을 출시하는 많은 게임들도 비슷한 현상을 겪고 있다. 돈이 안 되는 쪽의 지원이 골치 아픈 문제가 될 수 있다.

뿐만 아니라 같은 중간 단계 코드를 공유하는 닷넷 언어들이 많기 때문에 CIL로 컴파일한 이후 다중 플랫폼 개발에 도움이 될 만한 많은 바이너리 인터페이스와 라이브러리들 덕분에 C++ 개발보다는 닷넷 프레임와 IL2CPP를 채택한 것이 아닌가 싶다.

즉 유니티 엔진 내부에서는 많은 변화가 진행되고 있기 때문에 IL2CPP의 성패를 논하기에는 아직 이른감이 있다. 한 가지 확실한 것은 유니티 개발진은 놀라운 변화를 일으키기 위해 준비하고 있다는 점이다.

---

12 http://blogs.unity3d.com/2015/05/06/an-introduction-to-ilcpp-internals/

7.5 요약

7장에서는 유니티 엔진의 내부와 C#을 이해하기 위한 컴퓨터 프로그래밍의 콘셉트와 이론을 주로 살펴봤다. 유니티 엔진과 C# 덕분에 메모리에 대한 고민이 많이 줄었지만 아직도 개발자가 게임을 개발할 때 신경써야 할 것들이 많다. 컴파일 과정, 다양한 메모리 영역, 값 형식과 참조 형식의 복잡성, 값에 의한 전달과 참조에 의한 전달, 박싱, 객체 풀링, 유니티 API 자체의 문제 등이 대표적이다. 그러나 이번 장에서 충분히 공부하고 연습했다면 이러한 여러 문제를 스스로 해결할 수 있을 것이다.

이 장에서 배운 다양한 기술들의 궁극적인 목표는 명시적 프로그램의 성능을 개선하는 것이다. 프로그램 자체의 최적화만큼 개발에서 중요한 것은 작업 흐름을 최적화하는 것이다. 한데 유니티 엔진에는 공식 문서로 명시되지 않은 채 커뮤니티와 경험에 의존해 해결해야 하는 문제점들이 많다. 따라서 다음 장에서는 이러한 미묘한 문제와 작업 흐름을 개선할 수 있는 다양한 프로젝트 관리법, 씬의 효율적인 사용법, 에디터 기능 향상, 지금까지 배워온 최적화 기법들을 적용하는 데 필요한 시간을 벌 만한 팁을 소개한다.

chapter **8**

전략적 기술과 팁

유니티 엔진에서 작업 흐름을 향상시킬 수 있는 소소한 기능이 여럿 있다. 그러나 에디터의 기능 중 많은 부분이 문서로 작성돼 있지 않고 알려져 있지 않아 산적한 여러 문제를 해결할 방법을 알기 전까지는 찾아보지 않게 된다.

인터넷에는 다른 유니티 개발자에게 유익한 블로그와 포럼의 글이 많지만, 이 대부분은 한번에 약간의 기능만을 다루는 경향이 있다. 즉, 이들을 한데 모아둔 자료는 없다고 할 수 있다. 그로 인해 중급 및 고급 개발자의 웹브라우저 즐겨찾기에는 인터넷을 검색하다가 알게 된 팁이 넘쳐난다. 그러나 정작 즐겨찾기를 해두고 잊어먹는 경우도 많아 유용하게 활용하지는 못하고 있다.

그래서 이번 장에서는 이러한 여러 조언과 팁을 한데 모아 소개한다. 개발 시간을 절약할 수 있는 참고용 자료로 이번 장을 봐주기를 바란다.

8.1 에디터 단축키 팁

유니티 에디터에는 빠른 개발을 도와주는 단축키가 많다. 이를 대부분은 매뉴얼에 잘 정리돼 있다. 그럼에도 매뉴얼을 꼼꼼히 읽어보는 사람은 거의 없을 것이다. 그래서 유용하지만 잘 알려지지 않은 단축키를 정리해봤다.

> **TIP**
> 윈도 단축키를 기재하고 괄호 안에 맥 OS의 단축키를 병기했다.

8.1.1 게임 오브젝트

게임 오브젝트^{GameObject}는 계층 구조 안에서 선택하고 Ctrl+D (Cmd+D)를 눌러 복사할 수 있다.

비어있는 `GameObject`는 Ctrl+Shift+N (Cmd+Shift+N)을 눌러 생성할 수 있다.

Ctrl+Shift+A (Cmd+Shift+A)를 누르면 구성 요소 추가 메뉴를 빠르게 열 수 있다. 여기에 추가하고자 하는 구성 요소의 이름을 입력하면 된다.

8.1.2 씬 창

Shift+F 또는 F를 2번 누르면 씬 창에 있는 카메라가 객체 하나를 따라간다. 이 기능은 속도가 빠른 객체를 추적하거나 씬에서 객체가 왜 누락됐는지 원인을 밝히는 데 유용하다.

Alt 키를 누르고 마우스 왼쪽 버튼을 클릭한 후 드래그하면 씬 창의 카메라가 현재 선택된 객체 주변을 공전한다(그 객체 주변을 둘러보는 것이 아니다). Alt 키를 누르고 마우스 오른쪽 버튼을 클릭한 후 드래그하면 카메라가 줌인/줌아웃된다.

Ctrl 키를 누르고 마우스 왼쪽 버튼을 클릭한 후 드래그하면 선택된 객체가 움직이면서 격자에 자동으로 맞춰진다. 위젯을 객체 주변으로 회전시키고 싶을 때도 같은 방식으로 하면 된다. 편집/스냅 셋팅 메뉴를 선택하면 객체가 축 단위로 스냅되는 격자를 편집할 수 있는 창이 열린다.

객체를 움직이면서 V 키를 누르면 객체들이 정점을 기준으로 스냅하도록 강제할 수 있다. 선택한 객체는 가장 가까이에 있는 정점, 즉 가장 가까이에 있는 객체의 커서에 붙게 된다. 이것은 수동으로 위치 벡터를 조정할 필요 없이 플랫폼과 다른 타일 기반의 시스템과 같은 레벨 조각들을 정렬하는 데 매우 유용하다.

유니티 4.2에서 4.6 버전까지는 충돌체 객체를 선택한 채로 Shift 키를 누르면 씬 창을 통해 충돌체를 조정할 수 있는 작은 틈새가 드러났다. 해당 기능은 다른 기능들과의 충돌 때문에 유니티의 5에서는 삭제됐다. 이 기능을 쓰고 싶다면 Collider 구성 요소에 있는 Collider 편집 버튼을 이용해야 한다.

8.1.3 배열

배열의 구성 요소들을 선택한 채로 Ctrl+D(Cmd+D)를 누르면 조사 창에 노출된 배열 요소들을 복사할 수 있다. 그러면 배열 요소를 복사하고 현재 선택된 영역 바로 다음에 배열이 삽입된다.

Shift+Delete(Cmd+Delete)를 누르면 참조 형식 배열에서 입력된 값을 제거할 수 있다(예컨대 GameObject 배열). 이것은 선택한 위치의 참조 형식를 제거하고 해당 배열을 줄어들게 만든다. 한 번 단축키를 누르면 참조 값이 Null로 바뀌고, 단축키를 한 번 더 누르면 해당 주소가 제거된다. 원시 자료형의 배열(int, float 등)은 Shift 키(Cmd 키) 없이 Delete 키를 누르면 값을 삭제할 수 있다.

씬 창에서 마우스 우클릭 드래그와 W, A, S, D 키를 사용하면 일반적인 1인칭 카메라 컨트롤 스타일에서 카메라를 움직일 수 있다. Q와 E 키로는 각각의 카메라를 수직 축으로 움직일 수 있다.

8.1.4 인터페이스

계층 구조 화살표(부모 객체 명 왼쪽에 있는 작은 회색 화살표)에 Alt 키를 누르고 클릭하면 다음 레이어가 아닌 전체 계층 구조를 볼 수 있다. 이 기능은 계층 구조 창, 폴더에 있는 GameObjects, 프로젝트 창, 조사 창 등에 있는 prefab에도 사용할 수 있다.

흔한 실시간 전략 시뮬레이션[RTS] 스타일로 객체의 선택 상황을 저장하고 복구할 수도 있다. 계층 구조 창이나 Project 창에서 Ctrl+Alt+〈0-9〉(Cmd+Alt+〈0-9〉)

키로 객체 선택 상황을 저장할 수 있으며, Ctrl+Shift+⟨0-9⟩(Cmd+Shift+⟨0-9⟩)로는 저장된 객체의 선택 상황을 불러올 수 있다. 이 기능은 같은 객체 묶음을 반복적으로 선택하고 수정할 때 특히 유용하다.

Shift+스페이스 바는 현재 창을 에디터 화면에 가득 채운다. 다시 한번 누르면 원래의 크기와 위치로 복귀된다. Ctrl+Shift+P(Cmd+Shift+P) 키는 플레이 모드 중 포즈 버튼의 단축키다.

8.1.5 그 외

특정 유니티 키워드나 클래스에 대한 공식 문서는 모노디벨롭MonoDevelop에서 반전 선택한 후 Ctrl+'(Cmd+')를 눌러 확인할 수 있다. 단축키를 누르면 시스템 기본 브라우저에서 유니티 개발 문서가 열리고 해당 단어나 클래스를 검색해 보여준다.

최근 공개된 유니티용 비주얼 스튜디오 툴VSTU, Visual Studio Tools for Unity에서는 Ctrl+Alt+M을 누른 직후 Ctrl+H를 이어 누르면 같은 기능이 활성화된다. (이 기능에 대한 OS X 단축키는 없다.)

8.2 에디터 인터페이스 팁들

지금부터는 에디터Editor와 에디터 인터페이스에 대한 팁들을 살펴보자.

8.2.1 일반

Script Execution Order 항목(Edit → Project Settings → Script Execution Order)에서는 Update와 Fixed Update 시기에 어떤 스크립트가 먼저 실행될지, 즉 우선순위를 결정할 수 있다. 오디오 처리 같이 시간에 민감한 시스템을 제외하면, 이처럼 복잡한 문제를 푼다는 것은 여러 구성 요소들이 서로 밀접하게 관련돼 있음을 의미한다. 이를 문제로 본다면 전혀 다른 각도로 문제를 바라볼 수도 있을 것이다.

물론 반복적인 기초 코드를 처리하기 위한 특정한 객체를 다른 객체들보다 먼저 호출하는 것은 도움이 될 것이다.

소스 제어 솔루션을 이용한 통합 유니티 프로젝트는 조금 골치가 아프다. 통합 유니티 프로젝트의 첫걸음은 에셋을 관리하는 .meta 파일을 만드는 것이다. 통합 메타데이터 파일을 만들지 않으면 로컬 유니티 프로젝트에서 데이터를 불러올 때마다 자신들의 메타데이터 파일을 만들어야 한다. 이 경우 충돌이 일어나기 쉽기 때문에 모두가 같은 버전을 사용해야 한다. 메타 데이터 파일을 봐야 할 경우 Edit → Project Settings → Editor → Version Control → Mode → Visible Meta Files 에서 메타 데이터가 보이게 설정하면 된다. 그러면 모든 파일 구조에서 .meta 파일을 보고 소스 제어 솔루션을 이용해 업로드할 수도 있다.

때로는 에셋 데이터를 바이너리 대신 텍스트 형식으로 저장하는 게 도움이 된다. 텍스트 형식으로 저장된 많은 파일들은 YAML 포맷으로 저장돼 사람이 읽고 이해하기 쉽다. 또 `ScriptableObjects`를 이용해 재료를 저장하면 이 파일들은 유니티 에디터나 직렬화 시스템을 이용하지 않아도 텍스트 편집기로 간단하게 수정할 수 있다. 이를 통해 개발 시간을 많이 단축할 수 있다. 또한 특정 데이터 값을 검색하거나 다양한 타입의 값들을 다중 수정할 때도 유용하다. 이 기능은 Edit → Project Settings → Editor → Asset Serialization → Mode → Force Text에서 설정할 수 있다.

에디터에서 만들어진 로그 파일들은 우측 상단의 '햄버거 아이콘(3개의 수평선으로 이뤄진 아이콘)'을 클릭하고 에디터 로그 열기Open Editor Log를 누르면 콘솔 창에서 확인할 수 있다. 최근 프로젝트를 빌드했다면 압축돼 들어간 에셋 파일들의 압축 크기 분석 자료가 포함돼 있을 것이다. 파일의 크기 순으로 정렬한 이 자료는 어떤 에셋이 큰지(주로 텍스처 파일이 가장 크다), 어떤 파일이 예상보다 더 많은 공간을 차지하는지 알려준다.

그림 8-1 에디터 로그 파일 확인하기

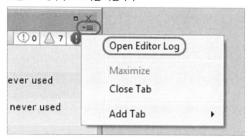

이미 만들어진 창의 제목 부분을 마우스 오른쪽 버튼으로 클릭해 Add Tab을 선택하면 에디터에 추가 창이 열린다. 이 기능은 창 복제도 가능해 한 번에 2개의 조사 창을 열 수도 있다.

그림 8-2 에디터에 추가 창 열기

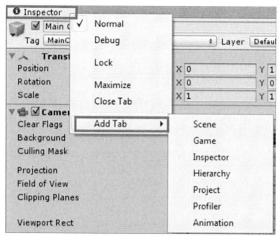

잠금 아이콘을 이용해 선택된 창을 고정하지 않는 이상 창 복제는 큰 쓸모가 없다. 예컨대 객체를 선택하면 조사 창이 자동으로 해당 객체의 데이터를 업데이트하는데, 잠금으로 멈춘 조사 창은 고정된 순간의 정보를 계속 보여준다.

그림 8-3 창 잠금 기능

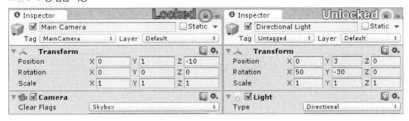

다음은 창 잠금을 응용한 기술이다.

- 서로 다른 객체에 대한 같은 종류의 창(조사, 애니메이션 등)을 나란히 띄워 놓고 자료를 비교하거나 복사한다
- 프로젝트 창을 복제해 큰 데이터를 옮긴다.
- 다른 객체가 의존하고 있는 객체에 변화를 줄 때 의존 중인 객체에 어떤 변화가 생기는지 살펴본다.
- 프로젝트 창에서 다양한 객체들을 선택해 조사 창의 배열에 드래그-앤 드롭으로 넣을 때 원래 선택해 놓은 것을 날려버리지 않는다.

8.2.2 조사 창

암산하거나 계산기를 꺼내놓지 않아도 조사 창에 식을 넣어 계산할 수도 있다. 예 컨대 int 공간에 4*128을 집어넣으면 512가 계산돼 나온다.

이전 단축키에서 본 것처럼 배열 자료들에 마우스 오른쪽 버튼으로 클릭해 '배열 요소 복제'나 '배열 요소 삭제'를 선택하면 목록에서 곧장 복제하거나 지울 수 있다.

구성 요소의 컨텍스트context 메뉴는 우측 상단의 작은 cog 아이콘을 클릭하거나 구성 요소의 이름을 마우스 오른쪽 버튼으로 클릭해 활성화할 수 있다. 모든 구성 요소의 컨텍스트 메뉴에는 모든 값들을 한 번에 초기값으로 되돌리는 리셋 옵션이 있다. 이 기능은 위치 구성 요소를 살펴볼 때, 객체의 위치와 회전을 0, 0, 0으로 만들고 크기를 1, 1, 1로 바꿀 수 있어 유용하다.

많은 개발자가 조사창 위쪽에 있는 되돌리기Revert 버튼을 통해, prefab으로부터 만들어진 GameObject를 원래 prefab에서 만들어진 초기 상태로 되돌릴 수 있다는 것을 안다. 하지만 특정한 값의 이름에서 우 클릭을 한 뒤 '값을 prefab으로 되돌리기Revert Value to Prefab'를 선택해 선택한 값만 초기 상태로 되돌리고 나머지 값들은 현재 상태를 유지시킬 수 있다는 것은 모르는 경우가 많다.

조사 창에는 특별한 디버그 모드가 있다. 이 기능은 잠금 아이콘 옆에 있는 햄버거 아이콘을 클릭한 후 디버그를 선택해 활성화할 수 있다. 이 기능을 활성화하면 개인적인 조사 기능들을 비활성화하고 GameObject와 이에 연결된 모든 구성 요소들의 Private 영역을 포함한 모든 원시 자료Raw Data를 보여준다. 물론 Private 영역의 자료는 회색으로 변해 조사 창에서 수정할 수 없지만, 플레이 모드 중에 개별 자료와 다른 숨겨진 값들을 살펴보는 데는 큰 도움이 된다. 이 디버그 모드는 내부적인 ObjectID도 보여주기 때문에 유니티의 직렬화 시스템을 통해 충돌을 해결하는 작업을 할 때도 큰 도움이 된다.

조사 창에 직렬화된 자료의 배열 이름은 보통 Element ⟨요소 번호⟩라고 표시한다. 배열의 자료들이 직렬화된 클래스이거나 구조체여서 많은 자식 정보를 가지고 있으면 배열의 요소 번호로 자료를 찾는 게 쉽지 않다. 만약 배열에 들어간 클래스의 가장 첫 번째 자료가 문자열이면, 그 문자열이 조사 창에서 해당 자료의 이름으로 나타나기 때문에 자료를 좀 더 쉽게 찾을 수 있다.

그림 8-4 직렬화된 자료의 배열 검색

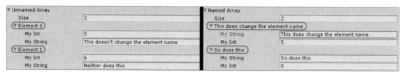

메시 객체가 선택됐을 때 조사 창 아래에 위치한 미리보기 창이 너무 작아 실제 씬에서 해당 메시가 어떻게 그려질지 보기 어렵다. 이때 미리보기 창의 위쪽 바를 우 클릭하면 미리보기 창은 조사창과 분리돼 더 커진다. 커진 창에서 메시의 디테일을 살펴본 후 커진 창을 닫으면 미리보기 창은 다시 조사 창의 아래쪽에 붙어 있는 원래 상태로 되돌아간다.

8.2.3 프로젝트 창

프로젝트 창의 검색 바에서 오른쪽 작은 아이콘을 클릭하면 특정한 타입의 객체들을 필터링 할 수 있다. 이 기능은 필터링 가능한 타입 목록을 제공하는데, 이를 통해 해당 타입의 모든 객체를 한 번에 볼 수 있다. 재밌는 사실은 해당 기능을 사용하면 검색 바에 t:<선택한 타입>이라는 문자열이 입력되며 검색이 이루어진다.

검색 바에서 타입명에 해당하는 문자열을 직접 검색하면 좀 더 빠르게 타입 기반 필터링을 사용할 수 있다. 예컨대 t:prefab이라고 검색하면 계층 구조에 없는 Prefab까지 모두 보여준다. t:texture는 텍스처를, t:scene은 모든 씬을 보여준다. 검색 창에 두 가지 이상의 필터를 입력하면 검색 창은 두 가지 필터로 and 검색을 수행하지 않고 모든 객체를 보여준다. 좀 더 세세한 검색을 위해서는 필터를 함께 쓰는 것이 아니라 한 가지 필터에 일반 문자열을 함께 써야 한다. 예를 들어 t:texture normalmap이라고 검색하면 이름에 normalmap이 포함된 텍스처 파일을 검색한다.

AssetBundle 기능과 내장된 라벨링(이름 붙이기) 시스템을 이용하는 대신, 프로젝트 창의 검색 바에서 1:<라벨 종류>를 이용해 해당 라벨이 달린 객체들을 한 번에 검색할 수 있다.

만약 MonoBehavour 스크립트가 메시나 텍스처 같은 유니티 에셋에 대한 직렬화된 참조를 사용한다면(공개[Public]돼 있거나 직렬화 필드 [SerializeField]를 사용하고 있다면) 스크립트에서 기본값을 직접 설정할 수 있다. 프로젝트 창이나 참조 창에서 해당 에셋에 대한 스크립트 파일을 선택하면 드래그 앤 드롭으로 기본 설정을 넣을 수 있는 필드가 나타난다.

그림 8-5 기본값 설정

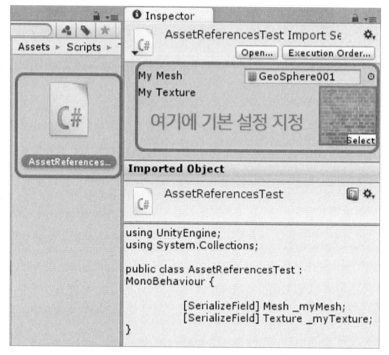

기본적으로 프로젝트 창은 파일과 폴더를 서로 다른 두 단락으로 나누고 다르게 취급한다. 만약 프로젝트 창에서도 일반적인 계층 구조 방식의 폴더와 파일 구조를 사용하고 싶다면 컨텍스트 메뉴(우측 상단의 햄버거 아이콘)에서 한 단락 배치One Column Layout를 설정하면 된다. 일부 에디터 배치에서 이 기능을 이용하면 공간이 크게 절약되기도 한다.

프로젝트 창에서 아무 객체나 오른쪽 클릭하고 의존성 설정Select Dependencies을 하면 해당 객체가 필요한 모든 자료, 즉 연결된 텍스처, 메시, MonoBehaviour 스크립트 파일 등을 보여준다. 만일 씬 파일에 대한 의존성을 확인하면 마찬가지로 해당 씬이 참조하고 있는 모든 것들의 목록을 보여준다. 이 기능은 에셋 정리를 할 때 특히 유용하다.

8.2.4 계층 구조 창

많은 개발자가 계층 구조 창에서 현재 활성화된 씬에 대해 구성 요소를 기준으로 검색할 수 있다는 사실을 모르고 있다. 헷갈리게도 이 검색 기능은 프로젝트 창에서 타입 기준 검색과 같은 예약어, 즉 t:<구성 요소 이름>를 사용하고 있다. 예를 들어 t:light라고 계층 구조Hierarchy 창 검색 바에 입력하면 해당 씬에서 광원Light 구성 요소를 지닌 모든 객체를 확인할 수 있다.

이때 대소문자는 중요하지 않지만 구성 요소 이름과 문자열이 완전하게 일치해야 검색이 된다. 해당 타입으로부터 상속을 받은 구성 요소들도 검색이 되기 때문에 t:renderer라고 검색하면 렌더러Renderer에서 상속을 받는 메시 렌더러Mesh Renderers, 스킨드 메시 렌더러Skinned Mesh Renderers 등도 함께 보인다.

8.2.5 씬과 게임 창

씬 창의 카메라는 일반적으로 게임 창에서 보이지 않지만 앞서 배운 단축키를 이용하면 씬 창의 카메라를 움직이는 것이 훨씬 더 쉬워진다. 에디터에서 객체를 선택한 후 GameObject → Align with View(Ctrl+Shift+F / Cmd+Shift+F)를 이용하면 해당 객체를 씬 카메라의 위치와 회전 값으로 정렬할 수 있다. 달리 말하면 객체의 위치와 회전 값을 설정하는 데 씬 카메라를 이용할 수 있다.

비슷하지만 반대되는 기능으로, 객체를 선택한 후 GameObject → Align View to Selected 옵션을 설정하면 씬 카메라가 해당 객체의 위치와 회전 값으로 이동한다. 이 기능은 해당 객체가 올바른 위치에 올바른 방향을 바라보고 있는지 확인할 때 유용하다.

씬 창에서도 계층 구조 창에서 사용한 것과 같은 구성 요소 필터링 검색을 이용할 수 있다. 다시 한번 예약어를 말하면 검색 바에 t:<구성 요소>를 넣으면 된다.

유니티 에디터의 우측 상단 끝에는 레이어Layers라는 드롭다운 메뉴가 있다. 이 메뉴에는 씬 창에서 레이어 기반 필터링과 잠금 두 가지 기능이 있다. 눈 모양 아이콘을 클릭하면 해당 레이어의 모든 객체가 보이거나 사라진다. 잠금 아이콘을 클릭하면 해당 레이어의 모든 객체가 선택할 수 없게 바뀐다. 이 기능을 이용하면 기타 객체들의 위치를 조정하면서 이미 완벽한 자리에 놓여진 백그라운드 객체를 건드리지 못하게 할 수 있다.

그림 8-6 레이어 기반 필터링과 잠금 기능

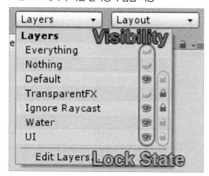

GameObject에 특별한 아이콘이나 라벨을 설정하는 기능은 익히 잘 알려져 있다. 이 기능은 렌더링 되지 않는 객체들을 찾는 데 도움을 준다. 빛이나 카메라는 씬 창에서 쉽게 찾을 수 있도록 이미 설정된 아이콘들을 가지고 있다.

게임 창에서도 Gizmo(추가 기능) 기능을 이용해 아이콘/라벨 설정 기능을 사용할 수 있다. Gizmo 버튼은 게임 창 우측 상단에 있으며 드롭 다운 메뉴를 통해 어떤 추가 기능을 보이게 할 것인지를 설정할 수 있다.

8.2.6 플레이 모드

플레이 모드에서 수정한 사항은 자동으로 저장되지 않기 때문에 색조를 바꿔 플레이 모드임을 확실히 알려주는 기능이 있다. 이 기능은 Edit → Preferences → Colors → Playmode tint인데, 여기에 바꿀 색의 값을 넣으면 해당 기능을 이용할 수 있다.

플레이 모드에서 설정한 것이 마음에 들면 Ctrl+C(Cmd+C)로 클립보드에 복사한 후 플레이 모드가 끝나면 Ctrl+V(Cmd+V)로 씬에 다시 붙여 넣으면 된다. 그러면 클립보드에 복사한 시점의 모든 값을 저장된 그대로 옮길 수 있다. 모든 값이 아닌 일부 값만 옮기고 싶다면 구성 요소의 컨텍스트 메뉴에서 컴포넌트 복사^{Copy Component}와 컴포넌트 붙여넣기^{Paste Component} 기능을 사용하면 된다. 이 기능을 사용할 때는 클립보드에서 한번에 하나의 객체/구성 요소나 값을 저장할 수 있다.

플레이 모드에서 여러 객체의 변동 사항을 저장하는 또 다른 방법은 원하는 객체를 프로젝트 창에 드래그 앤 드롭해 해당 객체의 prefab을 만드는 것이다. 객체가 원래 prefab에서 만들어졌다면 기존 prefab을 새 prefab으로 덮어 쓰면 해당 prefab을 상속받은 모든 객체의 인스턴스가 한번에 바뀐다. 기존 prefab을 새 prefab으로 덮어 쓰려면 새 prefab을 기존 prefab에 드래그 앤 드롭하면 된다. 이 기능은 플레이 모드가 실행 중일 때에도 가능한데, 덮어쓰기 확인 창이 나오지 않기 때문에 위험할 수 있다. 이 기능을 사용할 때는 잘못된 prefab을 덮어 쓰지 않도록 특히 주의하자.

(에디터의 포즈버튼 우측에 있는) 프레임 건너뛰기^{Frame Skip} 버튼을 누르면 한 프레임씩 화면을 끊어 볼 수 있다. 이 기능은 물리 동작이나 게임 행동을 한 프레임씩 분석하는 데 유용하다. 주의사항은 프레임을 끊어볼 때 Fixed Update와 Update가 각각 한번씩, 같은 횟수로 호출된다는 점이다. 실제 게임에서는 Fixed Update와 Update가 정확하게 한번씩 호출되는 일이 드문 만큼, 프레임 건너뛰기로 확인한 물리/게임 행동이 완벽하게 실제 게임과 같은 것은 아니다.

8.3 스크립팅 팁

이제부터는 스크립팅에 도움이 되는 기능과 팁을 살펴보자.

8.3.1 일반

새로운 스크립트, 셰이더, 셰이더 계산 파일들에 대한 기본 템플릿을 수정할 수 있다. 일전에 살펴본 대로 이 기능을 이용하면 빈 업데이트 함수들을 제거해 불필요한 부하를 줄일 수 있다. 해당 파일들은 다음 위치에서 찾을 수 있다.

윈도: \<Unity install\>\Editor\Data\Resources\ScriptTemplates\
맥 OS: /Applications/Unity/Editor/Data/Resources/ScriptTemplates/

유니티 5.1 버전에서는 에셋 클래스가 추가되며 Assert[01] 기반 디버깅이 가능해졌다. 기존에는 Exception 기반 디버깅만 가능했기 때문에 새 기능이 반가울 것이다. 유니티 개발 문서[02]에서 Assert에 대한 자세한 정보를 찾아볼 수 있다.

Debug.Break( ) 함수는 플레이 모드 중인 에디터를 포즈시키는 것과 같은 역할을 한다. 이 코드는 그래픽 이상 현상이나 씬에서 복잡한 단축키(Ctrl + Shift + P)를 대신하는 용도로 사용할 수 있다.

8.3.2 특성

특성은 C#의 거의 모든 대상에 사용할 수 있는 준-레벨 태그다. 일반적인 특성은 멤버 자료(필드)나 클래스에 특별한 속성으로 적용돼 같은 객체라도 다르게 처리할 수 있도록 해준다. 중급이나 고급 유니티 개발자는 특성에 대한 C#의 개발 문서들을 읽고 자신만의 특성을 이용해 작업 효율을 높일 수 있다. 기본적으로 유니티 엔진에 내장된 특성 중 제대로 사용할 만한 가치가 있는 특성은 많지 않다.

---

01 옮긴이주_ Assert는 프로그램 전체가 강제적으로 멈추고 에러를 반환하는 방식이고, Exception은 해당 에러를 기록만 하고 프로그램을 강제로 멈추지 않는다.

02 옮긴이주_ http://docs.unity3d.com/ScriptReference/Assertions.Assert.html

변수 특성

public 변수는 실행 중에 아무데서나 접근 및 수정이 가능하기 때문에 버그가 발생하면 추적이 어렵고 무효 값이 되지 않도록 특히 신경야 한다. 어려운 위험 요소에도 불구하고 public 변수는 조사 창에 변수를 노출시키는 가장 쉬운 방법으로 알려져 있다. 때로는 프로그램 구조상 변수를 공개해야 하는데 조사 창에서는 보이지 않았으면 하기도 한다. 이럴 때 조사에서 가릴 것 [HideInInspector] 특성을 부여하면 해당 값은 코드상으로는 공개이지만 조사 창에서는 보이지 않는다.

하지만 이보다 더 좋은 방법은 변수를 private 또는 protected로 정의하고 직렬화 필드 [SerializeField] 특성을 부여해 에디터 기반으로 개발하는 것이다. 이 특성이 부여된 비공개나 상속된 변수들은 조사 창에서 조작 가능하며, 실행 중 다른 구성 요소에 의해 오염될 가능성도 없다.

범위 [Range] 특성은 int 형이나 float 형 필드에 적용 가능한 특성으로, 해당 값을 조사 창에서 슬라이더로 표시되도록 만든다. 이때 최소 값과 최대 값을 설정해 값의 범위를 제한할 수도 있다.

변수의 이름을 바꾸면 IDE(모노디벨롭이나 비주얼 스튜디오)에서 수정했더라도 유니티가 MonoBehaviour를 재컴파일 하고 구성 요소의 인스턴스들에게 적절한 변화를 가하는 동안 내부 값이 사라지게 된다. 이럴 때 이전 직렬화 이름 [FormerlySerializedAsName] 특성을 추가하면, 컴파일 시기에 해당 특성에 따라 변수명을 바꾸면서도 내부 값은 사라지지 않게 할 수 있다.

[FormerlySerializedAsName] 특성을 사용할 때 주의해야 할 점은 이름 변환 작업이 완료된 후 수동으로 모든 값들을 바꾸고 다시 저장하기 전까지 해당 특성을 지워선 안 된다는 점이다. '.prefab' 자료 파일은 아직도 옛날 변수명을 가지고 있을 것이기 때문에 다음번에 파일이 로드(예컨대 에디터를 끄고 다시 켤 때)될 때 [FormerlySerializedAsName] 특성을 가진 변수의 원형이 어디 있는지 찾으려면 해당 특성이 필요하다. 결론적으로 해당 특성은 꽤 유용하지만 너무 자주 쓰면 코드를 복잡하게 만든다.

클래스 특성

선택 기반 [SelectionBase] 특성을 가진 GameObject는 씬 화면에서 해당 객체에 달린 구성 요소를 클릭해 선택했을 때 해당 GameObject가 루트로 선택된다. 해당 특성은 다른 객체의 자식인 메시 객체가 있을 때 메시 렌더러 구성 요소 대신 부모 객체를 한 번 클릭으로 선택하고 싶을 때 유용하다.

필요 구성 요소 [RequireComponent] 특성은 한 구성 요소가 다른 구성 요소에게 의존적일 때 유용하다. 이를 이용하면 개발자가 아닌 디자이너들이 유니티로 GameObject를 수정할 때 의존성에 대한 문서를 작성하고 주의시키는 일이 필요 없어진다.

에디터에서 실행 [ExecuteInEditMode] 특성이 달린 객체는 Update ( ), OnGUI ( ), OnRenderObject ( ) 함수들이 호출된다. 하지만 다음과 같은 문제점이 있다.

- The Update ( ) 함수는 씬에서 변경이 있을 때만 호출된다.
- OnGUI ( ) 함수는 게임 창의 이벤트에만 호출되며, 씬 창과 같이 다른 창에서 발생한 이벤트에는 호출되지 않는다.
- OnRenderObject ( ) 함수는 씬이나 게임 창에서 다시 그리기 이벤트가 발생하면 호출된다.

여러 단점에도 불구하고 해당 함수들은 일반적인 에디터 스크립트와 다른 진입점과 이벤트 연결을 가지기 때문에 나름의 쓸모가 있다.

8.3.3 로그 기록

로그 기록은 로그 텍스트 형식을 풍부하게 만든다. 디버그 문자열은 〈b〉(bold), 〈i〉(italics), 〈color〉등의 다양한 태그들을 지원한다. 이 기능은 다른 종류의 로그 메시지를 구분하거나 특정 요소를 강조하는 데 사용할 수 있다.

```
Debug.Log ("<color=red>[ERROR]</color>This is a <i>very</i>
<size=14><b>specific</b></size> kind of log message");
```

그림 8-7 디버그 로그

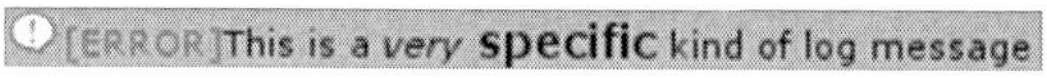

[ERROR]This is a *very* **specific** kind of log message

MonoBehaviour 클래스는 이용 편의를 위해 Debug.Log( )와 같은 작업을 하는 print( ) 함수를 지원한다.

해당 함수는 개인적인 로그 기록 클래스를 만드는 데 유용하며 로그 메시지의 끝 부분에 자동적으로 \n\n를 추가한다. 또 해당 함수를 사용하면 불필요한 UnityEngine.Debug:Log(Object) 메시지를 콘솔 창에서 제거할 수 있다.

8.3.4 유용한 링크들

그밖에도 유니티 개발에 도움이 될 만한 다양한 튜토리얼이 있다. 튜토리얼은 유니티 홈페이지[03]에서 확인할 수 있다.

유니티에 대한 질답 글 중 개발 과정에서 쉽게 마주칠 수 있는 다양한 스크립팅과 컴파일 에러가 일목요연하게 정리된 것이 있다. 해당 글은 유니티 질물과 답변 게시판[04]에서 확인할 수 있다.

03 https://unity3d.com/learn/tutorials/topics/scripting
04 http://answers.unity3d.com/questions/723845/what-are-the-c-error-messages.html

ScriptableObjects는 실행 중에 꼭 인스턴스화되지 않아도 되는 게임 자료들을 저장하기에 적당한 객체다. 이 객체들은 다른 클래스와 같이 멤버 함수와 변수를 가질 수 있고 직렬화가 가능하며 다형성도 지원한다. 이 객체는 스크립트로만 생성 가능하며 Resources.Load( ) 함수를 사용해 아무 때나 메모리에 로드할 수 있다. (이점이 기타 클래스와 구별되는 특징이다.) 이와 반대로 특정 순간에 어떤 ScriptableObjects가 메모리에 있도록 제어할 수 있어 메모리 관리가 쉬워진다. ScriptableObjects에 대한 다양한 차이와 기능을 설명하기에는 책의 지면이 부족하기 때문에 적지 않겠다. 대신 유니티 개발자 튜토리얼 영상[05]을 보면 ScriptableObjects를 좀 더 쉽게 이해할 수 있을 것이다.

> TIP
>
> ScriptableObjects 비디오는 초심자 카테고리에 있지만, 실제로는 중급 수준의 주제다. 초심자들에게는 ScriptableObjects나 직렬화 기능과 같은 특별한 기능들을 이해하려 하기보다는 prefab과 친숙해지는 게 더 좋을 것이다.

중첩 코루틴Nested Coroutines은 문서화가 미진하지만, 스크립팅이 유용한 분야의 하나다. 다행히 다음의 서드파티 포스트에 중첩 코루틴에 대한 상세한 설명이 있으니 한번쯤 살펴보도록 하자.

- http://www.zingweb.com/blog/2013/02/05/unity-coroutine-wrapper

다음 유니티 문서에서는 유니티 API에 특정한 기능이 언제 추가됐는지 확인할 수 있다.

- http://docs.unity3d.com/ScriptReference/40_history.html

---

05 https://unity3d.com/learn/tutorials/modules/beginner/live-training-archive/scriptable-objects

에디터/메뉴 개인화 팁

메뉴 아이템 [MenuItem("My Menu/Menu Item _k")]이라는 특성을 이용하면 메인 메뉴나 조사 창의 컨텍스트Context 메뉴에 나만의 메뉴를 추가할 수 있다. 예시된 특성 코드는 k를 단축키로 설정하고 있다. 특정한 문자 하나를 단축키로 사용하고 싶다면 원하는 문자 앞에 _를 붙이면 된다. 만약 단축키에 보조 키를 합성하고 싶다면 Ctrl(Cmd)는 %, Shift는 #, 그리고 Alt는 &를 문자 앞에 붙이면 된다. 예컨대 예시에서 단축키를 K 키에서 Ctrl+K로 바꾸고 싶다면 _k를 %k로 바꾸면 된다.

메뉴 아이템은 해당 메뉴의 유효성 확인 함수가 필요한지를 확인하는 bool 값과 계층 구조에서 메뉴의 순서를 결정하는 int 값을 추가 인자로 사용할 수 있다.

다음 페이지에 메뉴 아이템의 단축키 설정자와 특별한 키, 유효성 확인 함수를 만드는 방법이 상세히 소개돼 있다.

- http://docs.unity3d.com/ScriptReference/MenuItem.html

EditorGUIUtility.PingObject() 함수를 이용하면 계층 구조에 있는 객체들도 조사 창에서 GameObject에 대한 참조를 클릭할 때처럼 '핑'하게 만들 수 있다.

기본 에디터 클래스가 만들어진 것과 같이 많은 사람들이 에디터 스크립트를 쓸 때 논리와 콘텐츠 그리기를 한 클래스에서 모아 놓는다. 하지만 PropertyDrawers를 사용하면 조사 방식의 그리기를 메인 에디터의 다른 클래스에서 대신 사용할 수 있다. 이를 이용하면 입력과 유효성 확인을 화면 표시와 분리할 수 있어서 좀 더 정밀한 필드 단위의 화면 표현이 가능하며 코드의 재사용성도 더 높일 수 있다. PropertyDrawers는 심지어 유니티에 기본적으로 만들어져 있는 벡터와 쿼터니언에도 사용할 수 있다.

PropertyDrawers가 개별 필드들을 직렬화하는 데 사용하는 Serialized Properties는 이미 만들어진 되돌리기, 다시하기, 다중 수정 기능을 사용해 더 좋은 에디터 스크립트를 쓸도록 도와준다. 자료 유효성 확인이 조금 문제가 되지만, 필드의 세터 속성에서 OnValidate()를 부르면 해결할 수 있다. 2013년 있었던 유니티 테크놀로지스의 개발자 팀 쿠퍼^{Tim Cooper} 개발자의 강연⁰⁶을 보면 직렬화와 유효성 확인 방식의 장단점을 좀 더 자세히 알 수 있다.

[ContextMenu]나 [ContextMenuItem] 특성을 이용하면 구성 요소의 컨텍스트 메뉴나 개별 필드의 컨텍스트 메뉴를 추가할 수 있다. 이 특성을 이용하면 에디터 클래스를 길게 적어 내려가거나 개인화한 조사자를 사용하지 않아도 구성 요소의 조사 활동을 입맛에 맞게 바꿀 수 있다.

고급 개발자라면 AssetImporter.userData 변수를 이용해 개인적인 자료를 유니티 메타 데이터 파일에 저장할 수 있다는 사실을 알고 있을 것이다. 유니티 코드 덩어리 속에서 Reflection도 유용하다. 유나이트^{Unite} 2014에서 라이언 힙플^{Ryan Hipple}의 강연을 보면 유니티 에디터에서 Reflection을 이용한 다양하고 유용한 기술과 팁들을 배울 수 있다.

- https://www.youtube.com/watch?v=SyR4OYZpVqQ

Reorderable Lists는 유니티 4.5 버전에서 소개됐지만 문서로 작성되지 않은 기능이다. 이 기능을 사용하면 제네릭 리스트<T>에 대해 조사 창이 허용돼 드래그 앤 드롭으로 요소 쉽게 재정렬할 수 있다. 하지만 이 기능은 소개된 이후 마무리되지 않아서 개인 에디터 클래스로 정의해야 온전하게 사용할 수 있다. 다음 유니티 답변 포스트는 Reorderable Lists를 어떻게 사용해야 되는지 꽤 정확하게 설명하고 있다.

- http://answers.unity3d.com/questions/826062/re-orderable-object-lists-in-inspector.html

---

06 https://www.youtube.com/watch?v=Ozc_hXzp_KU

유니티 에디터 외적인 주제이지만 유니티 개발 흐름을 돕는 다양한 기법과 팁을 살펴보자.

구글로 유니티 관련 문제와 고민을 검색할 때는 검색어 앞에 "site:unity3d. com"를 붙이면 좀 더 빠르게 자료를 찾을 수 있다. 어떤 이유로든 유니티 에디터가 갑자기 꺼졌다면 당황하지 말고 다음 경로의 파일 확장자를 the.unity(씬 파일)로 고친 후 에셋 폴더에 붙여 넣으면 마지막 작업을 복구할 수 있다.

```
\<project folder>\Temp\_EditModeScene
```

개발 환경이 윈도라면 비주얼 스튜디오를 이용하자. 모노디벨롭^{MonoDevelop}이 몇 년 동안 문제를 일으키며 개선이 안 되고 있기 때문에 이미 많은 개발자는 작업 효율을 높이고자 기능이 더 풍부하고 더 유용한 Resharper 같은 플러그인을 지원하는 비주얼 스튜디오 커뮤니티 에디션$^{Visual Studio Community edition}$을 사용하고 있다.

만일 실시간 디버깅 때문에 아직도 모노디벨롭를 사용하고 있다면 VSTU$^{Visual Studio Tools for Unity}$를 사용해보자. VSTU 덕분에 비주얼 스튜디오는 유니티 에디터와 좀 더 잘 어울리고, 심지어 비주얼 스튜디오로 C# 코드들을 실시간으로 디버깅할 수 있다. 비주얼 스튜디오가 마이크로소프트에 의해 만들어진 것은 사실이나 비주얼 스튜디오의 인터페이스가 너무 거슬려서 도무지 사용할 수 없다면 비주얼 스튜디오로 스크립트 코드 개발 효율을 향상시킬 기회를 포기해야 하겠지만.

다음 비디오에서는 VSTU를 이용한 유니티와 비주얼 스튜디오 연동에 대한 상세한 정보를 확인할 수 있다.

- https://channel9.msdn.com/Events/Visual-Studio/Visual-Studio-2015-Final-Release-Event/Building-Unity-games-in-Visual-Studio

다음 링크에서는 다양한 게임 프로그래밍의 디자인 패턴들(엄밀히 말하면 일반 프로그래밍용 디자인 패턴이지만 게임 개발에 꼭 들어맞는 것뿐이다)을 무료로 사용할 수 있다.

- http://gameprogrammingpatterns.com/contents.html

기회가 될 때마다 유니티 콘퍼런스에서 발표되는 강연 비디오를 보는 것도 도움이 된다(기회가 된다면 참석하도록 하자). 콘퍼런스마다 숙련된 개발자가 패널로 나와 유니티 엔진과 에디터로 할 수 있었던 신나고 멋진 일들을 설명한다. 이와 더불어 unity3d.com, 트위터, 레딧, 스택 오버플로우 그리고 유니티 질문과 답변(unity3d.com, Twitter, reddit, Stack Overflow and Unity Answers), 새로운 유니티 관련 커뮤니티에 참여하는 것도 큰 도움이 된다.

이 책에 포함된 모든 팁들은 누군가가 공유한 지식이나 아이디어를 정리한 것이다. 따라서 최신 팁과 기술, 힌트를 알고 싶다면 유니티 커뮤니티에 참여하는 것이 최선이다.

8.5.1 다른 팁들

끝으로 어디에도 포함시키기 어려운 팁들을 조금 소개하겠다.

빈 GameObjects에 뭔가 센스 있는 이름을 붙여 씬의 객체들을 잘 정리해보자. 이 기법의 유일한 문제는 위치나 회전이 바뀔 때 빈 객체의 Transform 정보가 포함되고, 다시 계산할 때도 포함된다는 것이다. 적절한 객체 참조 Transform 변화 캐시 또는 localPosition/localRotation을 사용하면 이 문제도 쉽게 해결할 수 있다. 씬 정리에 의한 작업 효율 향상의 대부분은 사소한 성능 저하보다 훨씬 더 큰 가치를 준다.

애니메이터 덮어쓰기 제어 기능[Animator Override Controllers]은 유니티 4.3 버전에서 소개된 이후 잊혀졌는지 언급되는 것을 보기 힘들다. 이 기능은 기본 애니메이션 제어기[Animation Controller] 대신 기존에 있던 애니메이션 제어기를 사용해 다른 애니메이션 파일의 특정한 상태를 덮어쓴다. 이 기능을 이용하면 애니메이션 제어기를 여러 번 복사하고 수정하지 않고 애니메이션의 상태만 바꾸면 되기 때문에 작업 흐름이 훨씬 유연해진다.

유니티 5가 실행될 때 자동으로 프로젝트 마법사가 나와 최근에 사용한 프로젝트를 선택할 수 있게 할 수도 있다. 마지막에 사용한 프로젝트를 자동으로 여는 유니티 4의 시작 방식을 더 좋아한다면 Edit → Preferences → General → Load Previous Project로 기존 방식을 적용할 수 있다. 유니티 4에서는 이 설정의 이름과 방식이 정반대였다는 점이 흥미롭다. 유니티 4에서는 Edit → Preferences → General → Always Show Project Wizard로 유니티 5 방식의 시작화면을 사용할 수 있다. 프로젝트 마법사를 사용하면 여러 개의 유니티 에디터를 동시에 열 수 있다.

유니티 에디터의 놀라운 개인화 기능과 꾸준히 개발되는 다양한 기능들을 이용하면 작업 효율을 높일 기회가 많다. 에셋 스토어에는 다른 개발자가 문제를 해결하기 위해 내놓은 해결책이 많은데, 이를 둘러보는 것만으로도 아이디어를 얻을 수 있고 또 약간의 돈을 지불하면 짜증나는 문제를 쉽게 해결할 수 있다. 에셋 스토어에서 팔고 있는 에셋은 엄청나게 많은 대중을 대상으로 하기 때문에 놀라운 툴이나 스크립트를 저렴한 가격에 살 수 있다. 이들을 직접 만드는 것은 엄청난 시간과 노력이 들기 때문에 에셋 스토어를 간간히 둘러보고 필요한 것은 구입하는 게 오히려 더 많은 개발 비용을 줄여준다.

8.6 요약

이제 이 책은 끝났다. 지금까지 즐거웠기를 바란다. 마무리로 이 책의 핵심을 말하면 첫째, 무언가 바꾸기 전에는 언제나 반드시 꼭 프로파일링을 통해 병목현상의 원인을 분석해야 한다. 하루 종일 코드 덩어리와 씨름하며 유령과 숨바꼭질 하던 일이 단 5분의 프로파일링으로 해결될 수 있음을 기억하자. 둘째, 대부분의 성능 개선책은 반드시 또 다른 비용을 소모한다. 따라서 성능 개선책을 적용시킬 때는 비용과 결과를 비교 분석해 새로운 병목현상을 발생하지 않았는지, 다른 부분을 희생시키지 않았는지 확인해야 한다. 해당 병목현상의 근본 문제를 충분히 이해해 또 다른 성능을 위험에 빠뜨리지 않도록 해야 한다.

성능 개선은 현대 컴퓨터의 하드웨어의 복잡성 덕분에 작은 차이로 큰 보상을 얻을 수 있는 재밌는 작업이다. 세상에는 프로그램의 성능을 개선하거나 작업 흐름을 개선할 수 있는 수많은 방법이 있다. 충분한 시간과 노력을 투자해 숙련되지 않으면 배우기 어려운 방법도 있지만 대부분은 문제를 정확하게 분석하기만 하면 해결은 의외로 간단할 때가 많다. 자, 이제 당신의 지식을 총동원해 최고의 게임을 만들어보자.